著 スーザン・フォワード
訳 亀井よし子

となりの脅迫者

Emotional Blackmail

Susan Forward

家族・恋人・友人・上司の言いなりをやめる方法

Japanese translation rights arranged with
HarperCollins Publishers
through Japan UNI Agency, Inc., Tokyo

本書に登場するおもな相談者と悩み

リズ……週に一度の講座を受講したいが、夫マイケルは母親として身勝手だと言って許してくれない。離婚話がもちあがると、二度と子どもたちには会わせないと言ってどんどん強硬な態度になる。

トム……母親に泣きながら頼まれたため、クリスマス休暇に妻と旅行する計画をあきらめた。

キム……出版社勤務。上司にいつも前任者のミランダと仕事の成果を比較され、オーバーワーク気味。

セアラ……婚約者のフランクに結婚相手としてふさわしいかどうか試され続けている。思いどおりにならないことがあると、式は見合わせようなどと言って脅される。

ヘレン……ボーイフレンドのジムは、同居したがっている。ヘレンはまだその気にならないと言って断るが、ジムは遠回しながら、ヘレンに罪悪感を抱かせることで同居に成功する。

ボブ……浮気をしたことを妻のステファニーに執拗に責められて、その償いのためにすべて彼女の言いなりにならなければならない。どう夫婦関係を修復すればいいのか分からない。

アレン……再婚したばかり。妻のジョーはひとりでいることに耐えられず、夫が出かけようとすると、どれほどつらいかを泣いて訴える。元の妻ベヴァリーにも、子どもたちに会うことをしぶられている。

ジョッシュ……家具デザイナー。敬虔なカトリック教徒の父に、ユダヤ教徒の恋人ベスとの結婚を強く反対されている。ベスと結婚するなら事業への資金援助はストップすると脅される。
シェリー……勤務先の社長チャールズとの不倫関係を解消したいが、解雇をちらつかされて、怯えている。
カレン……娘のメラニーにお金を貸す余裕はないと告げると、またドラッグ依存症に戻ってやると言われる。
イヴ……アーティスト。一緒に暮らす画家エリオットの依存心に嫌気がさすが、「きみと一緒にいられないなら、死ぬ」と泣きつかれ、怖くて別れられない。
パティ……夫のジョーが、自分から要望は口にしないくせに、それを察してやらないと、大げさにため息をついてふさぎこんでしまう。
ゾーイ……広告代理店の女性重役。部下のテスが友情をかさに「あなたがなんとかしてくれなければ、クビになってしまう」と強引に助けを求める。
ジュリー……脚本家を目指している。ボーイフレンドで裕福なビジネスマン、アレックスは「プロデューサーを紹介してほしければ、あのへんな友だちと付き合うな」と要求する。
ジャン……五十代、宝石商として成功したビジネスウーマン。折り合いが悪く疎遠だった妹のキャロルからいきなりお金を貸してほしいと頼まれる。困っている家族を助けるのは当然だと言われるが。
リン……四十代後半の国税調査官。主夫ジェフは経済的にリンに頼りながら、要求が通らないとふいと家を何日も空けてしまう。リンはひとりにされるのがとてもつらいので、夫の要求を受け入れてしまう。

マリア……外科医の夫ジェイは何人もの女性と浮気をしているにもかかわらず、マリアが離婚をほのめかすと、ぼくは家族のために身を粉にして働いているのに、きみは家族をバラバラにするのかと非難する。

マーガレット……教会の独身者グループで知り合って結婚した夫カルがグループセックスに参加することを強要する。拒否すると自由で開放的な女性だと思っていたのにと落胆してみせる。

ロジャー……三十代半ばの脚本家。恋人アリスが、早く結婚して子どもが欲しいと言い、それを嫌がるロジャーを心的外傷を負った病人であると決めつける。

キャサリン……セラピストのロンダに、性格に問題があるから困難を抱え込むのだと決めつけられる。

ロバータ……幼いときに父親から虐待を受けていたことを、家族の誰も認めようとせず、ロバータひとりを精神的に問題があると決めつける。

リー……母親の思いどおりにしないと、いとこのキャロラインと比較されて非難される。

レスリー……離婚した娘が自分を頼りにしているので、自らの自由を犠牲にしなければと思い込んでいる。

マット……体重が増え続ける妻のエイミーが嫌になり始めた。一方でエイミーも夫が冷たいがゆえに、食べずにはいられないというジレンマに陥っている。

もくじ

プロローグ

週に一度、夜間講座に通いたい、と夫に言ったんです。すると夫は、いやに穏やかな、そのくせ結構きつい口調でこう言うんです――「好きにすればいい。どうせきみはいつも自分の思いどおりにするんだから。ただし、きみが帰ってきても、いつもぼくが家で待ってるなんて思わないでもらいたい。**ぼくはいつもきみのことを考えて行動してる。なのに、きみはどうしてぼくのことを考えてくれないのかな**」。夫の言い分に筋が通ってないのは分かってます。でも、夫にそう言われると、なんだか自分がすごく勝手なことをしているような気になって。結局、講座の登録料は返してもらうことにしました。――リズ

クリスマス休暇には妻と旅行する予定でした。二人してもう何カ月も前から楽しみにしてたんです。で、母に電話して、やっと切符が手に入ったよ、と言ったんです。すると、母が泣きそうな声で言うんです――「それじゃ、クリスマスディナーはどうなるの？　クリスマスはいつも家族全員でお祝いしてきたじゃないの。なのに、あなたたちが顔を見せないなんて、それじゃせっかくのクリスマスが

台なしになるわ。**母親に対して、そんなひどいことするなんて。私にはクリスマスがあと何回残されてると思う?**」そう言われちゃ、母の言い分をのむほかないじゃありませんか。妻が怒るでしょうね。でも、罪悪感に取りつかれながら休暇旅行を楽しむなんてできませんから。――トム

いま取りかかってる大型プロジェクトのことなんですが、誰かに手伝ってもらうか、もっと現実的な締切にしてもらわなければ、やっていけません、と上司に申し出たんです。たまには息抜きの時間も必要ですと言ったとたんに、上司にかみつかれました。「きみが子どもたちの待つ家に帰りたいと思う気持ちはよく分かる。そりゃ、たしかにいま子どもたちは寂しい思いをしてるだろう。だけど、彼らだってわれわれがきみのために考えている昇進のことを知れば喜んでくれるはずだ。いまわれわれに必要なのは、あのプロジェクトに全身全霊で打ち込んでくれるチームプレイヤーだ――きみはそういう人物だと思ってたんだけどなあ。でも、もういい。早く帰って、もっと子どもたちとの時間を楽しむといい。ただし、これだけは忘れないでほしい。**子どもたちとの時間がきみの優先事項なら、昇進のことは考え直さなきゃならない**」。完全に痛いところを突かれた気がします。どうすればいいか分からなくなりました。――キム

これはいったいどういうことだろう。私たちはなぜ特定の人物に「また私の負けだ。私はいつも折

れている。今度もまた自分の本当の気持ちを伝えられなかった。どうして私はいつも自分の気持ちを貫き通すことができないのだろう。なぜ自分の意志をはっきり伝えられないのだろう」という思いをさせられるのだろう。またいいようにやられてしまった――私たちはそう感じている。そのために自分がいら立っていることや腹を立てていることを知っている。相手を喜ばせるために、自分の希望をあきらめたことを知っている。しかし、本当はどうすればいいのかは分からない。なぜ私たちの周りには私たちに心理的な圧力をかけ、敗北感を抱かせる人がいるのだろう。

このように「どうしても勝てない」状況にあるときに、私たちの目の前に立ちはだかっているのは、「心理操作の達人」である。彼らは、自分の希望を通せたときには、いやに優しげな態度を見せるが、いったんそれができないと悟ると、私たちを脅して自分の思いどおりにしようとしたり、私たちに大きな罪悪感を押しつけたりする。

そのため私たちは、もしかしたら彼らは自分の思いを通すために、最初から何かの企みをしているのでは、と感じることさえある。しかし実際には、彼らの多くは、自分が私たちに苦痛を与えているとは思ってもいないし、その外見も、優しそうだったり、悩み多き人のようだったりで、脅迫的な人物には見えないものだ。

では、私たちが日常出会う「心理操作の達人」とは、どういう人物だろう。一般的には、それは人生のパートナー、親、きょうだい、友人など、私たちにとって大切な人物である。大切な人物だからこそ、彼らの心理操作に出合うと、私たちはまるで子どものように、それに屈してしまうことになる。人生のほかの面では、たぶん、一人前の大人として、まともな対処の仕方をしているはずなのに、彼らの「心理操作」に直面すると、戸惑いのあまりどうしてよいか分からなくなる。あっという間に彼らの手玉に取られてしまうのだ。

例えば、私のクライアントであるセアラの例を見てみよう。

セアラは法廷専門のレポーターとして働く快活な女性で、およそ一年前からフランクという建設業者と付き合っている。二人はともに三十代のお似合いのカップルだ。ずっと良好な関係を保ってきたのだが、それも結婚の話が出るまでのことだった。

「結婚の話が出たとたんに私に対する彼の態度が一変したのです」とセアラは訴える。「私が彼にふさわしい相手であることを私自身に証明させようとしているかのようでした」と言うのだ。

それがはっきりしたのは、フランクに誘われて出かけた彼の山荘でのことだった。ロマンティックな週末になるはずだったのが、「山荘に着いてみると、そこら中に防水シートとペンキの缶が置いてあって、フランクが私に刷毛《はけ》を差し出したんです」。結局、二人は一日中、ほとんど口もきかずにペンキを塗り続けたという。ようやくひと休みしようと腰を下ろしたとき、フランクが大きなダイヤモンドの婚約指輪を取り出した。

「これ、どういうこと？　と私は尋ねました。すると彼が、きみがちゃんと協力できる女性かどうか、結婚後、一から十までぼくに頼らないでもやっていける女性かどうかを知りたかった、と言うんです」。もちろん、話はそれだけでは終わらなかった。

結婚式の日取りを始め、何もかも決めたのですが、私たちの仲はまるでヨーヨーのように上がったり下がったりを繰り返しました。彼は次々にプレゼントをくれるのですが、同時に私を試し続けるのです。ある週末、私が彼の姉のところに行って子どもの世話をすることを渋ると、**きみは家族意識が十分じゃない、もしかしたら、式は中止にすることを考えたほうがいいかもしれない**、と言いだしました。私が自分の仕事の幅を広げようと考えていると言うと、彼のことを本気で考えていないということにされてしまいます。だから、もちろん、仕事を広げるという話は一時保留にしました。そんなことの繰り返しで、**そのたびに私のほうが折れてきました。**それでも、彼はほんとにすばらしい人だ、きっと結婚に不安を感じていて、私と一緒にやっていくことにもっと自信を持ちたいだけなんだ、と自分に言いきかせてきました。

フランクの脅しはそれほど激しくはなかったが、それでもセアラにはかなりの威力を発揮した。脅しには「甘いご褒美《ほうび》」が伴っていたからだ。いったん彼女が脅しに負けて彼の要求を聞き入れると、彼はたちまち魅力的なご褒美を差し出して、脅しという現実を覆い隠した。その結果、セアラは、フランクとの仲を修復しては、また心理的脅迫を受けるという、悪循環に陥った。

彼女がフランクの心理操作に負けたのは、さしあたり、彼を幸せにすることが大切に思えたからだ。もちろん、セアラはフランクの脅しにいら立ちと怒りを感じていた。しかし、自分が取った行動を正当化した。そうしなければ彼との仲を維持できない、と考えたのだ。

これは、脅された人物が自分を犠牲《ぎせい》にして相手の要求を受け入れることで、一時的な安定に逃げ込んだ例である。衝突を、あるいは対決を避けたのだ。ただそれによって、セアラはフランクとのあいだに健康的な人間関係を築くチャンスを逃すことになった。

人間関係に波風を立てる原因は数多いが、この例で見るようないら立たしい相互作用もそのひとつに挙げられる。にもかかわらず、私たちはそれをきちんと理解していない。それどころか、このような相互作用を単なる「ミスコミュニケーション（伝達不十分）」として片づけてしまうことが多い。

当事者は、とかく「私は感情でことに当たり、彼は理性でことに当たっている」「彼女はぼくとは違う思考様式でことに当たろうとしている」と考えようとする。しかし、実際には、人間関係の軋轢《あつれき》はコミュニケーションスタイルの違いよりも、一方がもう一方の犠牲のうえに自分の思いを通そうとすることから起きるものだ。そこにあるのは、単なる「伝達不十分」ではなく、力の闘いなのである。

私は長年にわたって、そうした闘いと、そこから生まれる「行動の悪循環」を理解する方法を探してきた。その過程で気づいたのが、例えばセアラのような人物が受けているのは、まぎれもなく「恐《きょう》喝《かつ》」――「大切な人からの心理的恐喝《エモーショナル・ブラックメール》」だ、ということだった。そして、私がそう言うと、クライアントはほぼ例外なく納得してくれた。

「恐喝」という言葉に犯罪や恐怖、強制といった不穏なイメージがあるのは知っている。夫や両親、職場の上司、きょうだい、子どもなど、大切な人をそうした文脈のなかで考えるのが難しいことは十分に理解している。それでも、私の知るかぎり、やはり「恐喝」という言葉こそが、事態を正確に説明する唯一の言葉だと考えられる。

ここで、ひとつだけはっきりさせておきたいのは、大切な人があなたにエモーショナル・ブラックメール（以下、「ブラックメール」）を仕掛けているからといって、それでその人との関係が呪《のろ》われているわけではない、ということである。私たちが大切な人からブラックメールを受けていることを正直に認め、自分を苦しめている行動を改め、それによってより強固な土台の上にその人との関係を築き直す必要がある、というだけのことだ。

エモーショナル・ブラックメールとは

エモーショナル・ブラックメールとは、身近な人物が、直接的・間接的に、自分の思いどおりにさせてくれなければあなたを罰すると脅すことで、私たちの心をあやつろうとするときに使う、強力な手段のことである。その核心には、必ずひとつの基本的な脅しがひそんでいる。その現れ方はさまざまだが、その意味するところは次の一点に絞られている。**私の言うとおりにしなければ、きみは苦しむことになるだろう。**犯罪につながる恐喝者なら、ある人の過去についての情報を持ち出し、その人の名声を損なうと脅したり、秘密を暴露されたくなければ金を払えと脅したりするかもしれない。ところが、ブラックメール発信者は、もっと微妙なところを突いてくる。彼らは私たちとの関係をどれほど大切にしているかを知っている。私たちの弱いところを知っている。私たちが心の奥深くにおさめた秘密を知っていることも多いだろう。しかも、私たちのことをどれほど愛していても、このとが自分の思いどおりに運ばないと知ると、親密な間柄だからこそ知っている情報を使って脅しをかけ、自分の欲しいもの、すなわち私たちの屈服を勝ちとろうとする。

私たちが彼らに愛されたい、受け入れてもらいたいと思っていることを知っていれば、ブラックメール発信者は、もうきみを愛さない、受け入れてやらないと脅すだろう。愛されたければ、あるいは受け入れてもらいたければ、それなりの努力をすべきだ、と迫るかもしれない。もしあなたが寛大で心優しい人でありたいと思っているなら、彼らの要求に応じないでいると、「自分本位」で「思いやりのない」人物というレッテルを貼られることになるかもしれない。もしあなたが収入と安定を望むなら、彼らはそれを提供するためと称して条件を突きつけたり、それを保証しないと脅したりするかもしれない。いったんそんな脅しをまともに受け取ってしまえば、あなたの今後の決断と行動は、彼らの思いのままになるかもしれない。
いったんそうなってしまえば、お決まりの悪循環に陥ることになるだろう。

霧にまかれて

ブラックメールを突きつけられると、人は自分でも思いがけない反応をしてしまうことがある。普段は有能な人でさえ例外ではない。なぜそうなってしまうのだろう。

最大の理由はブラックメール発信者が自分たちの行動に分厚い「ＦＯＧ（霧）」のベールをかけていることにある。ここで言う「ＦＯＧ」とは、文字どおり「霧」という意味であると同時に、「恐怖心（Fear）」「義務感（Obligation）」「罪悪感（Guilt）」――ブラックメール発信者の「三種の神器」――の頭文字を組み合わせた言葉でもある。発信者は私たちとの関係に「ＦＯＧ」を吹き込み、状況を見えなくして、それによって私たちがそのなかを横切ることを恐れ、彼らに屈しなければという気持ちになるように仕向けている。

「ＦＯＧ」を払いのけることはとても難しい。ここではまず、あなたがいま、ブラックメールを受けているかどうか、あるいは過去に受けたことがあるかどうかを知るために、次のようなチェックリストを紹介しよう。

あなたにとって大切な人が――

□自分の思うようにしてくれなければ、あなたの人生をめちゃくちゃにしてやる、と脅す。
□自分の思うようにしてくれなければ、あなたとの関係にピリオドを打つ、と絶えず脅す。
□自分の思うようにしてくれなければ、自分なんかどうなってもいい、自分を傷つける、あるいは鬱《うつ》になる、と脅したりほのめかしたりする。
□いくらあなたが彼らの要求に応じても、さらに多くを求める。
□いつもあなたが譲歩するもの、と思い込んでいる。
□いつもあなたの気持ちや希望を無視したり、度外視したりする。
□あなたの行動を条件に、気前のいい約束をして、ほとんどそれを守らない。
□あなたが彼らの思うような行動をしないと、必ずあなたに「身勝手」「悪者」「ケチ」「冷淡」「薄情」などというレッテルを貼る。
□あなたが譲歩すると称賛の言葉を浴びせ、譲歩しないと罵倒《ばとう》する。
□自分の思いどおりにするために、お金を武器にする。

以上の項目にひとつでも心当たりのある人は、ブラックメールを突きつけられている。ただし、あなたの立場と気持ちを改善するために、すぐにでも実行に移せる方法がたくさんあることを忘れないでほしい。

受信者がいなければブラックメールは成立しない

この本の第1部では、ブラックメールはその受信者にどのような影響をおよぼすのか、なぜある種の人々はブラックメールに特別に弱いのかを、正確に解き明かしたい。ブラックメールの発信と受信がどのようにして成立するかを詳しく説明し、発信者と受信者がそれぞれ何を求め、それをどのように手に入れるのかを紹介したい。ブラックメール発信者の心理も探りたい。ただし、その作業自体は初めのうちは少し煩雑に思えるかもしれない。発信者の手法や性格が必ずしも一様ではないからだ。

なかには受動的な発信者もいれば、極端に攻撃的な発信者もいる。しかし、表面的には異なっていても、彼らには共通の大きな性格的特性がある。そして、それが彼らのブラックメール発信行為の活力源となっている。発信者が「ＦＯＧ」をはじめとする武器をどう使うかを説明し、彼らを駆り立てるものを理解するための手がかりを提供したい。

あなたの身近にもブラックメールを発信する人物がいるかもしれない。彼らにとってブラックメール発信とは、自分が安心し、元気でいるためのチケットを手に入れる行為なのだ。外見的にはいかに自信にあふれているように見えても、彼らがブラックメール発信という手段に頼るのは、その内面に強い不安が渦巻いているからだ。しかし、彼らがパチンと指を鳴らしたときに、私たちがぎょっとして飛び上がれば、彼らは一瞬、自分の力を感じることができる。そしてまさにその瞬間に、ブラックメールは彼らの不安と傷つきやすい心を守るための盾として機能し始める。

私たちの役割

しかし、私たちの助けがなければ、恐喝は根づくことができない。ブラックメールは発信者と受信者の両方がいなければ成立しない。そこで、次に必要なのは、ブラックメールの受信者である私たちがどんな役割を果たしているかを知ることだろう。

人間は誰でも「ホットボタン」と呼ばれる弱点を持っている。そのボタンに触れられると、それまでの人生で心にためこんできたいら立ちや後悔、不安、恐怖、怒りなどが飛び出してくる。ブラックメール発信者はそれを巧みに利用する。そこで、この本では、なぜ私たちのなかに「ホットボタン」が埋め込まれることになったのか、どんなときにそのボタンが作動するのかを明らかにしたい。

ブラックメールと闘うためにもっとも必要なのは、被害者意識に落ち込むのではなく、自分の人生に責任を持って問題を解決しようとする態度だろう。発信者の行動にこだわり、彼らさえ変われば状況はよくなる、と考えるのはやさしい。しかし、それでは問題は解決しない。

何よりも大切なのは、自分自身を理解し、ブラックメール発信者とのかかわり方を変える勇気とやる気を見つけることである。私たちが屈服することで本当はブラックメール発信者に恐喝の仕方を教えているのだ、と認めるのはつらいことかもしれない。しかし、私たちの服従はブラックメール発信者にとっての甘い報酬である。私たちが彼らの特定のメッセージに対する報酬を与えるたびに、私たちは、**自分でそれに気づいているといないとにかかわらず**、彼らに「もう一度同じことをしてもいいのだ」ということを、何よりも強力に教えていることになる。

選択という新しい武器

この本の第2部では、あなたがブラックメールを突きつけられたときにどう対処すればいいかを、段階を追って説明したい。とかく人間はことに当たるときに、自分にできる対処法は限られていると思うものだが、実際には、自分で思う以上にたくさんの選択肢を持っているものだ。選択肢がいくつもあるということは、それだけ力が与えられているということでもある。たとえブラックメールを受けて怯《おび》えや不安を感じていても、それに負けずに立ち向かうための戦術を紹介し、自信を失わずにいられる方法を示したい。チェックリスト、簡単な訓練、実践のためのシナリオ、自己防衛的にならない具体的なコミュニケーションテクニックなども紹介したい。どれも、私がここ十五年のあいだに人々に紹介し、改良を加え、効果を上げてきたものばかりだ。

また、この本にはブラックメールの受信者になったときに、私たちの内面に生まれる、倫理的・道義的・心理的疑問を解決するための指針が提示されている。ここで言う疑問とは、次のようなものだ――

＊「わがまま」と、自分の欲求や優先事項に正直であることとの境目はどこか。
＊怒りを感じたり、落ち込んだりすることなしに、どこまで相手の要求を受け入れることができるのか。
＊発信者の要求に屈したら、私の健全な自我、すなわち統合性（訳注――いくつもの要素が組織されてできあがった全体としての人間性。完全性、無欠性とも言う）は損なわれるのか。

私たちはいったいどこまで相手に責任を持つべきなのだろう。それを知るための手段を、事例別に紹介したい。それを知ることこそ、あなたを相手の心理操作から解放するもっとも大切な鍵のひとつなのだから。

脅しと屈服のメカニズムを理解し、その悪循環から自分自身を解放するすべを手に入れたとき、私たちは大きな喜びと活力を手にすることができるだろう。

私はこの本を、心理操作というねじれた蔓《つる》によって大切な人間関係の息の根を止めようとする恋人、親、同僚、友人などとのあいだに、良好な関係を維持しようとして苦しむ人々のために書いた。

あなたがこの本の手順どおりに闘っているあいだ中、私があなたのそばについていることはできない。それでも、時として困難な、しかし、人生をより良いものにするための行動を取るあなたを、常に精神的に支えている。どうかそれを忘れないでいただきたい。ブラックメール発信者とだけでなく、自分自身とのあいだにも、新しく健康的な関係を打ち立てるための大切な努力をするあなたを、私は常に支えている。ブラックメール発信者と対決するには、本物の勇気がなければならない。この本はそのための力を与えてくれるだろう。

第1部

ブラックメールの発信と受信

第1章　エモーショナル・ブラックメールとは

大切な人に向けて行われる心理的恐喝《エモーショナル・ブラックメール》、すなわちブラックメールの世界は混乱している。

しかも、この世にはたしかに、強力で明白なブラックメールを発信する人がいる。「おれと別れるなら、二度と子どもには会わせない」「私のプロジェクトを手伝わないなら、きみの昇進はおあずけだ」――これは明らかな脅しであり、その意図に疑問の余地はない。

ところが、それよりもっと多いのが、おおむね良好で前向きな人間関係のなかで発信される、より微妙なかたちでのブラックメールだろう。私たちは機嫌の良いときのブラックメール発信者の姿を知っている。そのため、「何かおかしい」という気持ちがつきまとっているにもかかわらず、彼らとの楽しい経験の記憶がその気持ちを薄れさせてしまう。ブラックメールは私たちにひっそりと忍び寄り、少しずつ正常の範囲を超え、やがて私たちの心理に作用をおよぼす。その作用は、最初のうちはほとんどそれと分からないほどにゆるやかだが、いつしか私たちの平安を脅かす要因となっていく。

ある人物の行動をブラックメールと判断するには、まずその行動に脅しの要素があるかどうかを確かめなければならない。診断には、医師が病気の診断をするときと同じく、表に現れる症状を観察する方法が用いられる。次に挙げるのは恋愛関係にあるカップルの例だが、葛藤の相手が友人や職場の同僚の場合にも、あるいは家族の場合にも、その症状は当てはまる。抱える問題はそれぞれ異なっていても、発信者の手法や行動は同じだから、はっきりと識別できるだろう。

ブラックメールの六つの症状

私の知り合いの若いカップルであるジムとヘレンは、付き合い始めておよそ一年あまり。コミュニティカレッジで文学を教えるヘレンは、大きな褐色の目と完璧な笑顔の持ち主だ。彼女がジムに出会ったのは、あるパーティでのことだった。ジムは感じのいい青年だった。長身で柔らかな話し方、作詞家として成功をおさめてもいた。二人はいまも大きな愛情を抱き合っている。ところが、このところヘレンは、彼と一緒にいるときに覚える安らぎが少しずつ薄れ始めているのを感じている。実は、二人の関係はブラックメールを構成する六つの段階をすでに通り過ぎていたのだ。

ブラックメールを構成する六つの段階とは何か。それをはっきりさせるために、ジムとヘレンのあいだに生まれた好ましくない症状を簡単に整理してみよう。

1. 要求――ジムはヘレンに求めていることがある。彼女と同居したいのだ。そこで、しょっちゅう一緒にいるのだから、いっそのこと同居してはどうだろう、と提案する。ヘレンのアパートはとても広いし、ジムの荷物も半分がすでに持ち込まれている、だから引っ越しは簡単だ、と言うのだ。

時としてブラックメール発信者は、ジムのように自分の希望をはっきりと口に出して言うのではなく、相手に自分の気持ちをくみ取らせようとすることがある。ジムも場合によっては、そうするかもしれない。例えば、友人の結婚式に出たあとで急にふくれっ面をして見せ、ヘレンに問いつめられて初めて「もっときみのそばにいられればいいのに。ときどきすごく寂しくなることがあるんだ」と訴え、最後の最後になってようやく、彼女と一緒に暮らしたいと言いだす、といった具合に。

一見、ジムの言葉はヘレンへの愛情が言わせたことで、要求とは程遠いものに思えるが、やがて、彼がすでに次に取るべき行動を決めていて、ヘレンの意見を聞く気もなければ、変更するつもりもないことが明らかになる。

2．抵抗――ヘレンはジムの提案を不快に思い、まだ二人の関係をそこまで進める心がまえができていないと言って、同居に気が進まないことを伝える。彼には深い愛情を感じている。しかし、彼は彼で住む場所を確保していてほしいと思っているのだ。

もし彼女がそこまで直接的な言い方をしないタイプなら、その抵抗の仕方も異なっていたかもしれない。ジムとのあいだに距離を置き、少しばかり愛情が冷めることもあるだろう。あるいは、部屋のペンキを塗り替えることにしたから、彼の荷物を引き取ってほしい、と言いだすことも考えられる。しかし、どちらにしてもヘレンは抵抗の言葉を口にする。メッセージははっきりしている。答えは「ノー」だ。

3．圧力――ヘレンが望みどおりにならないことを知ったジムは、彼女の気持ちを理解しようとしない。むしろ彼女の気持ちを変えるために、圧力をかける。最初のうちは話し合うつもりがあるところを見せるが、いざ話し合いが始まると、議論は一方通行になり、説教に変わる。しかも、説教のあいまに、なんとも説得力のある言葉で自分の希望や要求を織り込む。「ぼくは二人にとって最善を求めてるだけなんだ。きみにそれを与えたいだけなんだよ。愛し合ってるなら、当然、一緒に暮らしたいと思うはずだ。どうしてきみはぼくと一緒に暮らしたくないんだ。きみさえそんなに自分本位でなければ、少しくらい譲れるはずだ」

やがてジムは切り札をちらつかせる。「きみはぼくにしょっちゅうここにいてほしいと思うくらいぼくのことを愛してるかい？」ブラックメール発信者によっては、一緒に暮らすことで二人の関係はいまよりもよくなるはずだ、お互いにもっと親密になれるはずだ、と主張して譲らないかもしれない。その出方がどうであれ、二人の関係に「圧力」が入り込むことになる。ただし、その圧力は優しさという衣《ころも》をまとっているかもしれない。例えば、同居を渋られてつらくてたまらない、という気持ちをジムがヘレンに伝えるように。

4．脅し――ヘレンの抵抗を崩せないジムは、まもなく彼女に、要求を受け入れてくれないなら、それなりの結果を覚悟してもらうことになる、と知らせる。それは、彼女に苦痛や不幸をもたらすことになるという脅しのかたちを取ることもあれば、彼女のせいで自分がどれほど苦しんでいるかを訴える、泣き落としのかたちを取ることもあるだろう。あるいは、彼女が彼の要求をのみさえすれば、何かをしてあげるとか、もっと彼女を愛せるようになるはずだなどと約束して、むなしい期待を抱かせるかもしれない。このときのジムは、遠回しの脅しに出る。「お互い、これほどかけがえのない存在になっているのに、いまさらきみがこれくらいのことを受け入れられないなら、もしかしたら、きみもぼくもそろそろほかの人と付き合うことを考えたほうがいいのかもしれないな」。ジムは直接的に二人の関係にピリオドを打つと脅したわけではない。しかし、ヘレンは、そうほのめかされたと受け取らずにはいられない。

5．屈服――ヘレンはジムを失いたくない。そこで、同居を断ったのは間違っていたのだろうか、と自問する。しかし、不安は依然として消えない。ジムとその不安について話し合いはするが、それはあくまでも表面的なものにすぎず、ジムは彼女の不安をやわらげるための努力をしない。二カ月後、ヘレンは抵抗をやめ、ジムが引っ越してくる。

6．繰り返し――ジムの勝利によって、平穏が訪れる。自分の望みを通したジムは圧力をかけることをやめ、二人の関係は安定を取り戻したかに見える。ヘレンは相変わらずことのなりゆきに居心地の悪さを感じているものの、ジムの愛情を取り戻し、自分を認めてもらえたことにほっとしてもいる。ジムは、思いを通すにはヘレンに圧力をかけ、罪悪感を抱かせるのが確実な方法であることを知った。ヘレンはヘレンで、ジムの圧力を終わらせるには、自分が「折れる」のがいちばん手っ取り早いことを知った。要求、圧力、屈服というパターンの土台ができ上がったのだ。

以上に挙げた六つの特性こそ、ブラックメール症候群の核心である。それについては、この先も繰り返し、より深く検討を加えることになるだろう。

なぜブラックメール症候群を見抜くことができないのか

ジムの見せたブラックメールの症状は、いずれもあまりにも明白で、しかもやっかいなものに思える。それならばなぜそれが現れたときに警報ベルが鳴らないのか、と思うのは当然だろう。ところが、私たちがブラックメールを突きつけられていることに気づくのは、すでにそれにからめとられて身動きが取れなくなってしまったあとであることが多い。ブラックメールとは、私たちが日常的に使ったり使われたりする行動（心理操作）が極端なかたちをとって現れたものにすぎないからだ。

心理操作のなかには、まったく害のないものも多い。人間なら誰しも、ときには心理操作をしたりされたりするものだ。どんな人にも他人を自分の思いどおりに動かそうとしてさまざまな駆け引きをした覚えはあるだろう。例えば、窓を開けてほしいときに、素直に「窓を開けてもらえないかしら」と言うのではなく、「あーあ、誰か窓を開けてくれるとうれしいんだけどな」と言うのも心理操作の一例だ。

意外に思われるかもしれないが、人間とは些細なことでも直接的に表現するのが難しい、と思うことの多い生き物だ。まして、何か重大な希望があり、それが実現しないと失うものが大きいような場合には、なおさらだろう。率直に頼まないのは、相手に「ノー」と言われたら、気まずい思いをするかもしれないし、腹が立つかもしれないからだ。「ノー」と言われる危険を冒すくらいなら遠回しな言い方をしたほうがいい、と思うのだ。「ノー」とさえ言われなければ、なんとかその場をやり過ごすことができるだろう。

それに、あからさまな要求さえしなければ、「攻撃的すぎる」とか「要求が多すぎる」と思われることもない。相手がこちらの言葉の行間を読み、気持ちをくみ取ってくれることを期待して、シグナルを送るための間接的な方法を見つけるほうが気が楽だ。だから、「犬が外に出たがってるみたいよ」と、あくまでもほのめかしという手段に訴える。

ときには、言葉さえ使わないこともある。明らかな、あるいは微妙なヒントを使うのだ。例えば、ため息をついてみたり、ふくれっ面をしてみたり、「例の表情」と言われる顔つきをしてみたり。人間とはみな、いくらすばらしい関係のなかでも、その種のヒントを使ったり使われたりする生き物なのだ。

しかし、そうした日常的な心理操作が限界を超えて危険なものに変わるときには、はっきりとそれと分かるポイントがある。**ある人物が私たちを心理的に操作することで、私たち自身の希望や幸せを犠牲にしてもその要求に従うことを繰り返し強要する場合、それはもはや日常的な心理操作ではなく、ブラックメールとなる。**

限度をもうける権利

ブラックメールを語ることは、とりもなおさず葛藤と力、そして権利について語ることである。もし誰かに何かを求められても、あなたがそれに従いたくないとき、相手の要求がどこまでいけば、その人は圧力をかけすぎているということになるのだろう。それに明確な答えを出すのは容易ではない。ただし大切なのは、すべての葛藤や強い感情表現に、「ブラックメール」というレッテルを貼らないことだ。

そこでブラックメールとそうでないものとの違いをはっきりさせるために、どういう状態になると強い感情表現が限度を超え、ブラックメールになってしまうのかを説明しよう。夫の浮気で関係がぎくしゃくした二つのカップルの例を見てほしい。

浮気その1――ブラックメールではない場合

ジャックとその妻ミッシェルは私の長年の知り合いだ。ジャックはミッシェルよりも十五歳上で、彼らのあいだには大きな年齢差がある。しかし、ともに同じ交響楽団の団員である二人は、まれに見るほどの愛情で結ばれているように見え、私は二人の夫婦関係はすばらしいと思っていた。

ある夜、私たちが属するオペラサークルの会合の帰り、ジャックに家まで送ってもらうことになった。いい機会なので「あなたたちのあいだがうまくいってる秘訣《ひけつ》は何？」と尋ねてみた。「誰に完璧な結婚の秘訣を教わったの？」

ジャックの返事は私の予想とは異なっていた。

正直に言うと、ずっと完璧だったわけじゃないんだよ。少なくとも、ぼくのほうは完璧じゃなかった。

これはごく少数の人しか知らないことなんだけど、実は三年前に、ぼくはばかなことをしたんだ。オーケストラのゲスト演奏者の若いヴァイオリニストと付き合い始めたんだよ。付き合いそのものは短かったけど、ものすごい罪の意識に悩まされてね。どうかしてたんだよ、あのときのぼくは。軽率だった。そのうち、ミッシェルにそれを隠していることが耐えられなくなってね。きちんと打ち明けないかぎり、二度と彼女と心から打ち解けることはできないと思ったんだ。だから、彼女に何もかも白状して、その結果何が起きようと、引き受けるしかないと決心した。

最初は彼女に殺されるかと思ったよ。二週間というもの、ほとんど口もきいてもらえなかった。だから、階下《した》の小部屋に移ったんだ。

そのうち、「ずっと考えてたんだけど、この先も一緒にやっていくなら、ひとつ計画が必要だということが分かったの」って言われた。そのあと、彼女がこう言ったんだ。「とにかく腹が立ってたまらない。でも、ひとつだけ条件を出したいの――今後私はその話題はいっさい口にしない。あなたのしたことを持ち出してねちねちといじめたり、何かしてほしいときの鞭《むち》がわりに使ったりもしない。ただし、今後ほかの女性には絶対に手を出さないこと、彼女とはきっぱりと手を切ること、私と一緒にカウンセリングに行くこと、それを約束しないなら、やり直す道はないわ。もしあなたがこの約束を守らなければ、このまま結婚生活を続けることはできない。不安定で、不確かで、疑心暗鬼になるような生活を続けることはできないから」

相手がミッシェルで幸運だった、と私はジャックに言った。彼女が健全な方法で限度を設定したのだから、と。ジャックとの問題を解決するに当たって、ミッシェルは――

＊自分の立場を明確にした。
＊要求をきちんと口にした。
＊受け入れるつもりのあることと、そうでないことを提示した。
＊ジャックに「イエス」あるいは「ノー」と言う余地を与えた。

さらにミッシェルは二人そろってセラピーを受けることを主張した。

どんな人にも、他人の行動が受け入れがたいものであるときには、ミッシェルのように、それをその行動をした当人に伝える権利がある。自分の人間関係のなかに忍び込んだ害悪とともに暮らさない、という基本的な権利がある。その害悪が、ある人物の背信行為だろうと、アルコール依存症や麻薬依存症などの悪癖に溺《おぼ》れることであろうと、あるいはさまざまなかたちでの虐待《ぎゃくたい》であろうと。

ある人物が私たちの言動に正々堂々と対決しようとして、激しい言葉と感情をぶつけてきたとしても、そこに脅しや圧力がまぎれ込んでいなければ、それはブラックメールとは言えない。適切な限度設定は、強制や圧力、あるいは繰り返し相手を「欠陥人間」と決めつけることとは別なのだ。

それは、どんな行動なら受け入れられるか、どんな行動なら受け入れられないかについての、態度表明なのである。

浮気その2――ブラックメールの場合

夫婦の危機に際してミッシェルが取った態度を、私が二年前に会ったクライアントのそれと比較してみよう。ステファニーとボブの結婚生活もやはり同じように危機に瀕《ひん》しており、私のオフィスに現れたときには、お互いにほとんど口もきかない状態になっていた。二人は三十代後半の魅力的なカップルで、夫のボブは税金問題専門の弁護士として活躍中、妻のステファニーは不動産業者として働いていた。私のところに来たのはボブのアイデアだった。そこで、まずボブの話を聞いた。

いつまでこんな状態でやっていけるか、ぼくには分かりません。一年半前に、ぼくがとんでもない間違いをしでかしたのが原因で、妻との関係が壊れかけてるんです。実は、出張中にある女性と出会って、短い期間でしたけど、不倫関係になったんです。全面的にぼくが悪いんです。あってはいけないことでした。でも、そうなってしまったんです。いまはそのことでステファニーに償《つぐな》いをするために、最善をつくしているつもりです。ステファニーのことは愛してますし、これからも一緒にやっていきたいですから。彼女との生活には満足してますし、かわいい子どもも二人います。でも、いまのぼくは大量殺人犯みたいな扱いを受けてます。彼女がどうしても許してくれないんです。最近の彼女は、何か自分の思いを通したいことがあるたびに、ぼくが不倫したことを持ち出します。彼女の両親がうちに来て泊まるときなんかも、彼女が一方的に決めて、ぼくには結果を伝えるだけですし、どんな映画を見にいくかなんてつまらないことから、彼女を幸せにするためにはぼくが何を買わなきゃならないかなんてことまで、全部自分の一存で決めてしまいます。

いまも、ちょうどぼくの大事な仕事の時期に合わせてヨーロッパに行きたいと言いだしてます。ぼくが行けるはずはないのにです。行きたいなら友だちと行ってくれればありがたいんですが、彼女ときたら、何がなんでも自分の希望どおりの日時に希望どおりのことをしたがるんです。彼女が何か言いだしたら最後、ぼくは何もかも放りだしてそのとおりにしなきゃいけない、ってことになってるんですよ。どうやら、ぼくが彼女を裏切ったんだから、それが当然ということらしいんです。

彼女の口癖《くちぐせ》はこうです――**「あなたはあたしに借りがあるのよ。あなたなんか、たとえ千年生きたって、あたしにしたことの償いはできないのよ」**。いつもいつも彼女の言うとおりにしなきゃ、ぼくがドブネズミみたいな卑劣な男だってことを思い出させようとするんです。洗面所の鏡にまで「裏切り者」と書いたメモを貼りつけたことがあります。言うとおりにするしかないじゃありませんか。彼女の言うとおりにしなきゃ、彼女は出ていくでしょうね。そりゃ、たしかにぼくは彼女を裏切りましたし、それについては本当にすまないと思ってます。でも、このままじゃやっていけないんですよ。

どうすればこんな泥沼から抜け出せるんでしょうか。

ステファニーには、ミッシェルと同じように、腹を立てる権利があった。しかし、彼女のボブに対する反応は懲罰的《ちょうばつ》で支配的だった。それはまさにブラックメールそのものだった。ボブの浮気を知ったあと、驚愕《きょうがく》と不安に襲われた彼女は、ボブに大きな罪悪感を抱かせれば自分の言うことをなんでもきくようになる、それによって彼を自分に縛りつけておくことができる、という誤った確信を持った。そこで、彼の背信行為を自分の武器とし、彼を道徳的に劣った価値のない存在、と決めつけ続けた。彼女の脅しはあからさまで、絶え間がなかった。「私の思うとおりにしなきゃ、あなたをみじめにしてやる」。そこに込められているのは「いまは私が支配者よ」というメッセージだった。

浮気のような危機は、危険をはらんだ経験であると同時に、関係をつくり直すチャンスに満ちた経験でもある。それはまた、ブラックメールが生まれる可能性いっぱいの、複雑な人生の局面のひとつでもある。ミッシェルはその経験を、ジャックとの関係を見直すためのチャンスとしてとらえ、ジャックに、自分自身に、そして自分たちの結婚生活に、何を期待するかを明確にするチャンスとしても利用した。一方のステファニーは、憤激と復讐の泥沼に落ち込んだ。

職場の同僚による裏切りであれ、家族間に生じた深い亀裂であれ、友人の裏切り行為の露見であれ、深刻な背信行為に見舞われたあと、それぞれの関係を持続させるために私たちがどのような道を選ぼうと、背信行為によって生じた傷があとあとまで残ることもあれば癒《いや》されることもある。しかし、もし両方の当事者が、善意を基盤として、相手との関係をむしばむ危機を脱したいと心底願っているなら、そこにブラックメールの入り込む余地はない。

相手の行動の真の動機を知るには

あなたと、ある人物のあいだに何か問題が生じたとしよう。その人は問題を解決することに関心があるのだろうか。それとも、あなたに勝利することのほうに関心があるのだろうか。それを知るにはどうすればいいのだろう。どちらに関心を持っているのか、それを相手は教えてはくれないだろう。あなたの前にやってきて、「きみが何を求めていようが、ぼくには関心がない。ぼくは自分の思うようにするだけさ」と言ったりはしないはずだ。しかも、精神的に緊張を強いられたときには、人間の理解力にはもやがかかる。圧力をかけられていると感じれば、そのもやはいっそう厚くなる。

次に挙げるのは、ある人物の行動の裏に隠された意図と目的を明らかにすることで、その行動がブラックメールなのかそうでないのかを判断するときに利用できるリストである。

もしある人物が、あなたとのあいだに生まれた葛藤をフェアで愛情ある方法で解決したいと心から望んでいれば、その人物は――

＊あなたとの葛藤について心を開いて話し合う。
＊あなたの気持ちと不安を知ろうとする。
＊あなたがなぜ彼の望みに合わせまいとするのか、その理由を知ろうとする。
＊あなたとの葛藤の原因となったことがらについて自分の責任を受け入れる。

ミッシェルとジャックの例で見たように、相手を精神的に打ちのめさなくても、怒りを表現することはできる。不和があるからといって――しかもそれが強烈な不和であっても、そこにいつも侮蔑的な言動や否定的な判断が入り込むものではない。

もしある人物の第一の目的があなたに勝利することなら、その人物は――

＊あなたを支配しようとする。
＊あなたの抗議や抵抗を無視する。
＊自分の性格や動機はあなたのそれよりも勝《まさ》っている、と主張する。
＊あなたとその人物とのあいだに生じた問題の責任をまったく引き受けようとしない。

もしある人物があなたの犠牲にはおかまいなく、自分のやり方を通そうとするなら、その人物は間違いなくあなたにブラックメールを突きつけている。

ブラックメールは人間関係から柔軟性を奪い、硬直させる

人間関係にブラックメールが忍び込み始めると、当事者は自分たちを取り巻く空気が大きく変わるのを感じる。浮気をした夫ボブと、彼にブラックメールを突きつけた妻のステファニーの例で見たように、二人の関係は硬直し、行きづまる。脅しと圧力が日常的に顔を出すようになる。二人の仲は冷え、問題を解決するときに必要な柔軟性が消える。日々の生活に柔軟性があるときには、毎日、それほど大きなトラブルや心的外傷《トラウマ》を引き起こすことなく、無数の小さな問題を処理している。例えば、どのレストランに行くか、どの映画を見るか、居間の壁を何色にするか、会社のピクニックをどこにするかなどということを決めている。

一般的には、好みをいちばん強力に押し出した人が不戦勝をおさめるだろう。それまでには、おそらくありふれた意見の不一致があるだろうし、心理操作も行われるだろう。しかし、そこには同時にギブアンドテイクのリズムがあり、バランスと公平の感覚も働いている。人間とはもともと、いろいろなことに譲歩しても、ほとんどマイナスの影響を受けずに、たちまち自我と活力を回復できる生き

物なのだ。しかし同時に、たまには相手も自分のやり方に譲歩してほしい、と期待する生き物でもある。

相手に妥協しよう、譲歩しようという気持ちが薄れると、何がなんでも現状にしがみつき、将来にわたってそれを変えまいとするようになる。つまり、硬直してしまうのだ。

アレンは小さな家具会社を経営する、聡明で愉快な男性である。しかし、初めて私のオフィスにやってきて、再婚した妻のジョーとの問題を話す彼の表情は陰鬱だった。

「ジョーこそ求めていた女性だと思ったんです。ゴージャスだし、ユーモアのセンスは抜群だし、頭もいいし」と彼は話し始めた。

「すばらしいじゃありませんか。……なのに、どうしてそんなに浮かない顔を?」

このままやっていけるかどうか分からないんですよ。彼女がぼくを愛してくれてるのは分かってます。だけど、例えば、少しでもぼくがひとりで出かけると言うと、すごく傷ついた顔をするんです。ええ、ぼくには仕事のあとで映画を見に行こうとか町に繰り出そうとか声をかけてくれる友だちが多いんです。ところが、出かけると言うと、悲しそうな大きな目でぼくを見つめて、「どうしたの? あたしにあきちゃったの? もうあたしと一緒にいたくないの? あなたはあたしに夢中なんだと思ってたのに」と、こうですからね。ぼくが出かけようとすると、ぷっとふくれて、泣きついて、ぼ

くのせいで自分がどれほどつらい思いをしてるかってことを訴えるんです。

彼女があんなに要求の多い女性だったなんて、知りませんでした。ぼくのほうは、彼女が友だちと出かけてくれたって、ちっともかまわないんです。だけど、だんだんそういうことをしたがらなくなってるんですよね。まるで、ぼくのポケットに入ってどこにでもついていきたがってるみたいで。一度、勇気を出して出かけたことがあります。そしたら、その週いっぱい口をきいてもらえませんでした。彼女こそ求めていた女性だと思ったんです。事実、すばらしい女性なんですよ。だけど、このところ、やけに腹が立っちゃって。いろんな面で、すごくうまくいってはいるんです。でも、しゃくなことに、彼女はとにかく自分の思いどおりにことを運びたがるんです。

要求が多く依存心の強い人物が誰かと人間関係を結ぶと、パートナーが別行動をしたいと言いだしただけでパニックに陥る。捨てられるのではないか、拒絶されたのではないかと恐れる。そのくせ、その不安を話し合うのではなく、隠そうとする。「自分は大人なのだから、怯えた子どものように不安を感じるのではなく、自立していなければならない」と思うからだ。

この場合のジョーも、アレンが自由を求めているのを知って不安を覚えたが、それを率直に口にすることができず、間接的にそれを表現した。そしてアレンは、ひとりで出かけるというごく当たり前のことをしただけで、罪悪感を抱くことになった。

アレンは彼女を理解するために、最善をつくそうとしていた。

彼女、子どものころにつらい思いをしてるんです。だから、ああなった理由も分かるんです。不安を感じたからといって、彼女を責めるつもりはありません。日によっては、目の届かないところに行ってほしくないと思うほどぼくのことを必要としている女性がいるなんてすばらしい、と思うこともあるんです。だけど、正直なところ、気が滅入り始めてます。彼女は、ぼくに四六時中罪悪感を抱かせることで、自分の思いを通してるんです。それに、いつも彼女に譲歩している自分が弱虫のような気がして。

本人は認めたがらなかったが、ジョーのすがるような目と魅力的で愛情たっぷりに聞こえる言葉の背後に、巧みな圧力に裏打ちされた要求が隠されていることに、アレンは実際には気づいていた。ジョーは、アレンが自由な時間のすべてを自分とともに過ごしてくれることを期待していた。それだけが、彼女がたったひとつアレンに許した役割だったのだ。アレンがひとりで楽しんだり、自分だけの興味の対象を持ったりすることを、彼女は許していなかった。しかし、アレンはブラックメールを突きつけられた人物の多くが、とくに最初の段階ですることを、してしまった。彼女の態度を好意的に解釈し、べたべたとまとわりつきたがる性癖《せいへき》を、もっともらしく正当化してしまったのだ。すべては、つらい子ども時代を過ごした彼女への同情と、現在の彼女への深い愛情がさせたことだった。

アレンはさらに、たくさんの要求と独占欲によって圧力をかけられた人の多くがすることをした。ジョーの態度は自分への愛情の深さの表れだと誤解したのだ。本書をお読みになれば明らかになるように、ブラックメール発信者に理解と同情（共感）を持って接しても、どこにも行き着くことはできない。それどころか、相手のブラックメールを発信しようという気持ちをいっそう刺激するだけだ。

もしあなたが大切な人との関係のなかにブラックメールの萌芽を見つけたら、おそらく足下から絨《じゅう》緞《たん》を引き抜かれたような気持ちになるだろう。突如として、恋人や親、きょうだい、上司、あるいは友人のことを本当の意味で知らなかったと悟るかもしれない。その関係に何か欠けたものがあったことに気づくだろう。

ブラックメール発信者と受信者とのあいだには、妥協や柔軟性の入り込む余地はまずありえない。そこには力の均衡はなく、あるときは自分の希望を通すにしても、別のあるときには相手の希望を通すのが当然だ、という意識もない。

もしあなたが、これまで一方的にブラックメール発信者の言い分をのんでばかりで、発信者に注ぎ込んだ愛情や尊敬に釣り合う「報酬」を一度も求めたことがないなら、今後も彼らのお気に入りでいるためには、ますます彼らの要求をのまねばならなくなるだろう。

第2章　ブラックメールの四つの顔

「本当に私のことが好きなら……」
「ぼくを見捨てないでくれ、そんなことしたら、ぼくは……」
「あたしを助けられるのはあなただけなのよ……」
「きみさえ……すれば、いろんなことがうまくいくのに」

ブラックメールを構成する会話のなかでは、右に挙げた言い方はどれも要求を突きつけるための手段として使われている。ブラックメール発信者を子細《しさい》に観察すると、一見同じような言動をしているようでいて、そのじつそこには四つの異なったタイプがあることが分かる。しかもその四つは、プリズムを通した光がいくつかの色に分かれるように、はっきりと異なっている。

なかでもいちばん強烈なのは「罰する人」。すなわち自分の要求と、もしそれが通らなければどんな結果が起きるかを正確に知らせる人々である。彼らは自分自身の気持ちを攻撃的なかたちで表現するかもしれないし、その反対に内にこもって黙り込んでしまうかもしれない。しかし、どちらにしても、自分の思いどおりにならなかったときに抱く怒りは、いつも直接的に私たちに向けられている。

二番目のタイプは「自分を罰する人」。脅迫の矛先を内に向け、自分の希望が受け入れられないときに自分自身に何が起きるかを言いつのる人々だ。

三番目は「悩み苦しむ人」。彼らは相手を非難し、罪悪感を押しつける天才だ。彼らにかかると私たちは彼らが何を求めているかを推し量らねばならない状態に追い込まれる。しかも、推し量った結果、必ず、彼らの要求を満たしてやることこそ私たちの責任だという結論に達することになる。

四番目は「鼻先にニンジンをぶら下げる人」。このタイプの人は私たちに次々とテストを仕掛け、自分の思いを通させてくれればすばらしいご褒美をあげよう、と約束する。

ブラックメールにいま挙げたような四つの顔があることを理解すれば、相手の言動に危険信号を見つけ、ブラックメールを予測し、それに備え、さらにはそれを防止するための早期警戒システムをつくることができるようになるだろう。

1　罰する人

ブラックメール発信者の四つのタイプの説明を、もっとも露骨な発信者「罰する人」で始めたのは、必ずしも彼らの数がいちばん多いからではなく、いちばん見分けやすいからだ。

「罰する人」に出くわしたとき、それに気づかずにいることはありえない。なぜなら、こちらがその要求に抵抗していることに気づくと、彼らはたちまち怒り出すからだ。その怒りを彼らは攻撃的で直接的な脅しを伴って表現するかもしれないし、鬱屈し消極的に表現するかもしれない。どちらにしても、「罰する人」が求めるのは、力のバランスが一方に偏った人間関係である。「私のやり方でいく、さもなきゃ御破算《ごはさん》だ」というのが、「罰する人」のモットーなのだ。あなたの気持ちがどうであろうと、あなたが何を求めていようと、「罰する人」はそれを踏みにじり、完全に無視する。

直接的に罰する人

「きみが仕事に復帰するなら、別れるしかないな」
「おまえが家業を継がないなら、おまえの名前を遺言書から削る」
「ぼくと離婚するつもりなら、二度と子どもたちには会わせない」
「この時間外勤務ができないなら、昇進の話は忘れてもらおう」

どれも強烈な言葉だ。しかも、恐ろしい。そのうえ、極めて効果的でもある。彼らの言うとおりにしなければどうなるか、それをはっきりと思い描くことができるからだ。彼らには私たちの人生をみじめにする力がある。最低でも、不快なものにする力がある。「罰する人」本人は、必ずしも自分の言葉の持つインパクトを意識していないのかもしれないし、自分がどれほど頻繁に脅迫的な言動をしているかに気づいていないかもしれない。二十回のうちの十九回は脅迫の内容を実行に移すことはないのかもしれないし、嵐のあいまの穏やかな気分のときにはとてもいい人なのかもしれない。しかし脅しの内容が深刻なだけに、私たちは彼らがそれを実行するたった一回を恐れて暮らすことになる。

この本の冒頭で紹介したリズは、黒っぽい瞳と低い穏やかな声が印象的なほっそりとした女性である。彼女が私のオフィスを訪れたのは、長年のあいだに訪れた大勢の女性たちと同じく、自分の結婚生活を救う手がかりがあるかどうかを知るためだった。聞けば、彼女の結婚生活はすでに冷えきっており、精神的虐待に満ちたものになっているという。

彼女が夫のマイケルと会ったのは、高校を卒業して数年後に参加した、コンピュータセールスマンのための研修会でのことだった。マイケルと同じグループだったリズは、人に接するときのマイケルの堂々とした態度と、問題の核心に切り込む能力に感銘を受けた。彼の容姿も彼女の気持ちに火をつけた。

マイケルは最初のうち、とてもかっこよく見えました。優しくて、責任感の強い人だったんです。いまでも、いいときがいくらでもあります。だから、彼がものすごいコントロール大好き人間だということに、なかなか気づきませんでした。結婚して一年たたないうちに双子を妊娠したので、私はすぐに母親業におさまりました。ようやくその双子も学校に行く歳《とし》になったものですから、私自身ももう一度学校に行ったほうがいいな、と思うようになりました。私たちの業界では、時代に取り残されたら辞めるしかありませんから。ところが、マイケルは、学齢期の子どもを持つ母親は家にいるべきだ、という考えの持ち主で、そこから先、一歩も譲りません。私が保育所やその費用のことで相談しようとするたびに、母親は家にいるものだ、でおしまい。取りつく島もありません。

あんまり腹が立ったものですから、このままあなたと一緒にやっていけるかどうか分からない、と言ってしまったんです。それ以来、何もかもおかしくなってしまいました。「別れるなら、財産はびた一文渡さずに放り出してやる」って言われました。それまでと別人みたいでした。「きみ、いい家に住みたいんじゃないのか？　このライフスタイルが気に入ってるんじゃないのか？」なんて言いだして。**「離婚訴訟を起こす気になんてなったら、それだけで、きみは路頭に迷うことになるだろうな。ホームレスになる。おまけに、ぼくの弁護士が手続きを終えたが最後、きみは二度と子どもに会えなくなる。それがいやなら、二度と離婚だのなんだのとくだらないことは口にしないことだな」**

彼がただのハッタリでそんなことを言ってるのか、それとも私を苦しめるために本当にそこまでする気なのか、そこのところが分からなくて。だから、私の側の弁護士さんには、何もかも中止してくださいと頼んで、離婚手続きは取り下げました。いまは彼に憎しみしか感じません。どうすればいいか分かりません。

リズも気づいているように、「罰する人」にとって、結婚生活の破綻《はたん》――愛情ある関係の終わり、あるいは離婚――ほど本領を発揮できる分野はほかにない。おそらく、もっとも強力なブラックメール発信者とは、マイケルのように、過剰なストレスと苦痛のなかにあるときに、財産を取り上げるとか、子どもと接触させないと言って、相手の人生をさらにみじめにするような脅しをかける人物のことだろう。そうした人物は、同時に、相手に思いつくかぎりの罰を加えようとするものだ。

「罰する人」に対処しようとする人は、必ずつらい選択を迫られる。もし抵抗して自分の意志を通そうとすれば、本当に脅しを実行される危険を冒すことになる。屈服すれば、あるいは少なくとも時間稼ぎをすれば、憤怒《ふんぬ》の大波に翻弄されることになる。それほどまでに抑圧的でがんじがらめの状況をつくりだしたブラックメール発信者に対する憤怒、そして闘いを挑む勇気を持てない自分自身に対する憤怒の大波に。

「いつまでたっても親は親、子どもは子ども」型の罰する人

ブラックメールを突きつけられると、本来なら一人前の大人であるはずの人が、子どものような反応をすることがある。しかも、そうさせる人物の多くがその人の親だというのは、別に驚くほどのことではない。とかく親とは、子どもがとうに巣立ったあとも、いつまでも支配権を持ち続けたがる生き物である。わが子が誰と結婚するか、どんなふうに子育てをするか、どこにどのように暮らすかと

いった問題を決めるときに助言するのが自分の役割、と心得ているようなところがあるものだ。

親が絶大な権力を振るえるのは、子どもが親への忠誠心を持っているのと、いつまでたっても親の機嫌をそこねることを恐れるからだ。親が、自分の権威と子どもの従順を確かなものにするために、遺言書や財産分与の約束を利用して圧力をかけ始めると、子どもの目の前にはその恐怖が大きく浮かび上がってくる。

私のクライアントのジョッシュは三十二歳の家具デザイナー。つい最近、心から愛せる女性とめぐり合ったばかりだ。女性の名はベス。仕事に燃えるビジネスウーマンである。目下ジョッシュは幸せの絶頂にあるが、ひとつだけ問題がある。父親のポールだ。

親父は昔からすごく信心深い人なんです。実は、うちはカトリックなんですよ。みんな、カトリックの信者と結婚しています。ところが、困ったことに、ぼくがラケットボールをしてるときに出会って恋に落ちた女性は、ユダヤ人だったんです。それを打ち明けたら、親父がキレてしまいましてね。**ベスと結婚するなら、ぼくに資金援助する話はなかったことにする**、と言いだしたんです。その資金を前提に事業計画を立ててたんですよ。しかも、**遺言書からぼくの名前を削る**、とまで言いだしたんです。親父はそれくらいのことはしかねない人です。おかげで、ベスを実家に連れていくことさえできません。彼女の名前を出すのさえタブーなんです。ばかげてますよ。この件ばかりは、話し合いなんて無理です。話し合おうとはしましたよ。だけど、その件については二度と話し合う気はないと宣言したきり、部屋を出ていってしまうんです。いまぼくはこんなことを自問してばかりいます――おれは金でどうこうできる人間なのか？　おれの魂《たましい》にはどれくらいの値段がつくんだ？　親と縁を切るべきなのか、それとも親の前では嘘をついて、ベスとは付き合ってないというふりを続けたほうがいいのか？　つらいですよ、これは。問題は金じゃないんです。いままで、親とはずっといい関係できたんです。それがいまじゃ、嘘をつかなきゃ家にも帰れないんですからね。

親が「罰する人」である場合、子どもは親と愛する人のどちらかを選べと迫られて、どちらを選んでも裏切り者になるような状況に追い込まれることが多い。

ブラックメールを突きつけられた子どもは往々にして、家族の平和を維持するために今回は自分が「欠陥のある」パートナーをあきらめれば、次のときには親のお眼鏡《めがね》にかなう相手を見つけることができるだろう、という幻想にしがみつく。もちろん、そんなものは幻想にすぎない。この種のブラックメールを利用する親は、次の相手にも、その次の相手にも、すなわち自分のコントロール権の脅威になるような人物には、ことごとく「欠陥」を見つけるものだから。

ジョッシュは父親をなだめるために一歩引いてみせたが、その間《かん》も自分の望みにしがみついていた。どちらを向いても、自分の健全な自我に矛盾する選択肢しか見えなかった。父親に屈するのか

――そんなことはできなかった（ベスをあきらめる気はなかった）。それとも、このまま偽りの生活を続けるのか。

「罰する人」の怒りとその攻撃的な心理操作を避けようと努力するうちに、私たちはいつのまにか、「罰する人」に従っているように見せかけるために、自分でも驚くようなことをしているかもしれない。例えば、嘘をついたり、秘密を持ったり、こそこそしたり、というように。いい大人が、まるで反抗期の中高生のようなふるまいをして、自分自身の規範を侵しているうちに、ブラックメール発信者と対決できなかった挫折感から、自責の念（そのころにはすでにかなりの重さになっているはずだ）が生まれる。そしてそれは、時とともにますます大きくなる。

だんまり型の罰する人

「罰する人」は、自分のメッセージを伝えるために、必ずしも思いをはっきりと宣言する必要はない。ときには、それをほのめかす必要さえないこともある。これまでに見てきたブラックメール発信者と同じくらい人をやむにやまれぬ気持ちにさせるのが、言葉として表現されない怒りの背後に逃げ込む、「むっつりだんまり型」の人々である。

第1章に登場したソングライターのジムは、ヘレンとの同居を始めてまもなく「だんまり型の罰する人」の本性を現した。

ジムにどう接すればいいか分からなくなりました。私に腹を立てると、とたんにだんまりを決め込んで、ものすごくよそよそしくなるんです。腹を立ててるのは分かるんですけど、絶対にその原因を話そうとしません。

この前の夜、私がずきずきする頭を抱えて戻ってきたときのことです。コミュニティカレッジの授業だけでも大変なのに、学科長から予算申請用の講義報告書を出すように言われたんです。疲れてるのに、休む暇もなくて。夕食はジムがつくってくれました。キャンドルをともして、私をすてきなムードで迎えてくれたんです。とても感激しました。彼って、ものすごく優しい人なんです。食事のあと、彼がソファですり寄ってきたんですけど、私はすぐにぴんときました、愛し合いたいんだな、って。普通のときなら、私だってうれしかったはずなんですが、そのときはまだ頭がずきずきしてたし、やり残した仕事のことも気になってたものですから、セクシーな気分にはとてもなれなくて。だから、できるだけ優しく、今夜はそういう気分になれない、また今度ね、って言ったんです。そしたら、彼、すっかり誤解して。

別に、**私に向かって怒鳴ったわけでもなんでもないんです。それどころか、ひとことも何も言いませんでした。**顎をこわばらせて、いつもの暗い表情で私を見て、それっきり部屋を出ていってしまいました。しばらくすると、書斎のドアがバタンと閉まる音がして、なかでステレオががんがん鳴り始めました。

このタイプの「罰する人」の固く冷たい沈黙は、ほとんどの人にとって耐えがたいものだ。だから、それに耐えるくらいなら魂を売り渡してもいい、とさえ思う。「何か言ってよ」と私たちは懇願《こんがん》する。「怒鳴ってよ、そんなふうに黙り込まれるくらいなら、なんだって我慢できるわ」。普通、「だんまり型の罰する人」から何がいけなかったかを聞き出そうとすればするほど、当人は内にこもり、よそよそしくなる。私たちと、あるいは自分自身の怒りと、対決することを恐れているからだ。

どうすればいいか分からなくなりました。悪いことをしてしまったというものすごい罪悪感に襲われました。彼はとてもロマンティックな気分でいたのに、私はやけに冷たいあしらい方をしてしまったって……。書斎に行って、話し合おうとしました。なのに彼、椅子に座ったまま、私を突き抜けてそのうしろを見てるみたいな目で、「話しかけないでくれ」って言うんです。なんとかして償いをしなきゃ、そう思ったものですから、白いサテンのネグリジェを着て、もう一度書斎に行きました。そして、彼の首に腕を回して、ごめんなさい、と謝ったんです。結局、そこで愛し合いました。そう言うと、セクシーに聞こえますけど、私にしてみれば、ちっともセクシーじゃありませんでした。まだ頭はずきずきしてたし、神経が張りつめてぽきんと折れちゃいそうなほどでしたし、とにかくひどい気分でした。でも、**なんとかして彼に口をきいてもらおうと必死だったんです**、たぶん。二度とあのだんまりに耐えられなかったんです。

「だんまり型の罰する人」は前面に侵入不可能なバリケードをめぐらせ、自分の不機嫌の責任を全面的に私たちにかぶせようとする。ヘレンの例で見たように、そうしたかたちで罰せられると、私たちは混乱に落ち込む。彼らの怒りが静かに蓄積しつつあるのを感じ取り、自分がその標的にされているのを悟る。このタイプの「罰する人」は、その標的である私たちをストレスと緊張の圧力鍋に閉じ込める。そして、私たちの大半は、ヘレンと同じく、たちまち彼らに屈服する。それが私たちの知るもっとも手っ取り早い窮地脱出法だからだ。

二重に罰する人

ある人物と二重の人間関係にある場合、例えば恋人が職場の上司でもあるとか、いちばんの親友がビジネスのパートナーでもあるというようなときには、彼らがあなたに与え得る罰の大きさは幾何級数的に増大する。「罰する人」が混乱をひとつの関係からもうひとつの関係へと移行させる力を持ち、しかもしばしばそれを実行するからだ。

シェリーは二十八歳。モデル並みの美貌の、野心的な女性である。初めて私のオフィスを訪れたとき、彼女は極端に動揺していた。聞けば、勤め先の経営者とのロマンスに終止符を打とうとしているところだと言う。そもそもシェリーが秘書として働く決心をしたのは、映画産業の内情を知りたいと思ったからだった。まもなく、ある特殊効果撮影（ＳＦＸ）会社の社長チャールズのアシスタントになった。五十二歳になる快活な業界人であるチャールズは、シェリーと同じく東部名門大学《アイヴィーリーグ》出で、やはり彼女と同じように、知られざる無声映画とモダンアートの愛好者だった。自分を真剣に受け止めてくれるチャールズに、シェリーはすぐに好感を持った。彼とのあいだに交わされる会話は活気に満ち、アシスタントという立場上、会社の内情や取り引きについても、ことこまかに知らされていた。数カ月前からは、彼のオペレーションマネジャーになるための訓練も受けている。オペレーションマネジャーと言えば、クライアントとの会議に出席し、事業成立の一端を担う立場だ。

シェリーの友人たちは上司と深入りしないよう警告した。とくに、チャールズは既婚者だったからだ。しかし、シェリーにとってチャールズは同年代の男性よりも関心をかきたてられる存在だった。最初のうちはとりたてて彼に性的な魅力を感じていたわけではなかったが、ともに長時間、精力的に仕事をするうちに、徐々に親密さが増し、やがて、情熱的な恋愛関係が始まった。

分かってます。よく分かってるんです。そもそも、何があっても上司と不倫関係になるなんていけないことですよね。でも、チャールズはすばらしい人なんです。こんなに心を揺さぶられたのは初めてです。あの頭の回転の速さや世慣れた物腰を見てると、胸がきゅんとなったんです。彼には学ぶことがいっぱいありますし、私は彼の第一の弟子だという誇りもありました。あの親密さもすごく気に入ってました。彼とのあいだには共通点が多いことも分かってました。二人とも、会社について同じビジョンを持ってることも知ってました。彼、奥さんとは仕事の話ができるような状態じゃないんです。奥さんはアルコール依存症で、心ここにあらずといった感じの人ですから。私とこうなる前から、奥さんが自立できるようになったら別れる、って言ってたんです。だから私もその気になったんです。

チャールズとの恋は目くるめくばかりだった。セックスはすばらしく、仕事の面でも得るものが多かった。しかし二年が過ぎても、チャールズは妻と別れるための行動を取ろうとしなかった。そのままさらに時が過ぎた。だが、彼の結婚生活が終わる気配は見えなかった。

約束を破られ続けて二年たったころ、私もやっと、彼が妻と愛人の両方を持っていることに満足しきっているのに気づいたんです。でも、私は永遠に愛人のままというのはいやでした。いつか本物の家庭を持ちたいと思ってますから。一緒に食事をしたりという彼との関係はその後も続いたんですが、そのうちに彼の口から奥さんとお嬢さんを連れてパリに行く、という話が出るようになりました。私がパリが大好きなのは彼も知ってましたし、よくパリで結婚しようと話し合ってたのに。そのときに気づいたんです。ああ、私はずっと「幻想の国」に住んでたんだな、って。

それ以来、神経をすり減らしながらなんとか現実を受け入れようとしてきました。で、最終的にチャールズに「二人の関係を、初めのころのように、親密だけれどセックスの入り込まないものに戻したい」って言ったんです。悲しいけどそのほうがお互いにちゃんとした人生を送れるから、って。もともとチャールズは私にはとても寛大で優しかったから、彼らしくもない反応が返ってきたときにはショックでした。**彼が言ったんです、私と付き合うのをやめるなら、私とも――仕事とも――さよならするんだな**、って。彼との別れと失業が同時にくるなんて、そんなこと、耐えられるかどうか分かりません。やっと大好きな仕事に近づいたところなんです。でも、彼が私の鼻先でドアをぴしゃりと閉めるかもしれません。だからといって、このまま彼との関係を続けるのも、売春をしてるようなものです。そんなことしたら、自分で自分の顔を見られなくなります。そんなこと、とても考えられません。

チャールズは、おそらく若さと生気を感じさせてくれていたであろう、情熱的な関係の喪失の危機に直面していた。だから、それを本当に失うかもしれないと思ったとき、前後の見境をなくし、このままシェリーとの関係を続けられるかもしれない、というはかない希望にしがみついて攻撃に転じた。シェリーにはそれがショックだった。しかし、恋愛関係の終わりという修羅場《しゅらば》にあっては、こうした状況はけっしてありえないことではない。

シェリーが直面したのは、人間が、とりわけ女性が、長年悩まされ続けてきた問題だった。どんな場合にも、力関係で上に立つ人物と恋愛することは、それなりの危険をはらんでいる。万一その関係に亀裂が生じたときには、シェリーの例で見たように、人生の大切な一部であった人物が、恋愛関係破綻のストレスと落胆から、懲罰的な反応に出る可能性があるからだ。

2　自分を罰する人

六歳のやんちゃ坊主が、もう寝なさいと言われて、「もう少しビデオ見てたい。だめだなんて言ったら、顔が青くなるまで息を止めちゃうからね！」とわめいてかんしゃくのシグナルを発するところを見たことのある人は多いだろう。これが成人の「自分を罰する人」となると、やり方がもう少し洗練されてはいても、根本のところはこのやんちゃ坊主と変わらない。

彼らは、自分の希望が通らなければ、気が動転しておかしくなるかもしれない、ということを周囲に知らせる。自分の人生をめちゃくちゃにするなどと言い始めるかもしれないし、ひどいときには自分自身に危害を加えるとまで言うかもしれない。自分の健康や幸せを台なしにすると脅せば、私たちをうまくあやつれることを知っているからだ。

「あたしにとやかく言わないで。そんなことされたら、身体の具合が悪くなったり、気持ちが落込んだりするから」「おれの言うとおりにしてくれよ。してくれなきゃ、仕事、辞めるからな」「……してくれなきゃ、ご飯も食べない、睡眠も取らない。酒かドラッグに溺れてやる。もう私の人生なんかどうなってもかまわない」「あなたに捨てられたら、あたし、自殺するわ」。これらはいずれも「自分を罰する人」が口にする脅しである。

第1章に登場した家具会社を経営するアレンは、二度目の妻のジョーが、自分のそばにいてくれなければ不安でたまらなくなるという態度を取ることで、彼にブラックメールを突きつけていることにゆっくりと気づき始めた。時間の経過とともに、彼女が絶えず彼の時間を欲しがることや、独自の活動をしたがらないことが、次第に重圧として感じられるようになった。

何か過激なことをする覚悟ができているかどうかは、まだ自分でもよく分からないんです。だけど、何をしても彼女には分かってもらえないような気がして。二人のあいだがしっくりいってないと言って、なんとか話し合おうとはしてるんですが、話し合うこと自体を、彼女が拒否するんです。こちらが何か言うと、とたんに黙り込んじゃって、目に涙をにじませたりすることさえあります。そして、寝室に引きこもって、鍵をかけてしまいます。出てきてくれ、と必死で頼み込むと、ようやく話し合いに応じるんですが。いや、あれは話し合いなんてものじゃありませんね。一方的にぼくを非難する、と言ったほうが当たっているかもしれません。この前も、ぼくがオレゴンの姉の山荘に行って楽しんできたいと言っただけなのに、ぼくが行き先も言わずに地球を離れようとしてる、みたいな反応をするんです。「あなた、分かってるでしょ、**あな**

たがいないとあたしは眠れないし、仕事だって手につかないのよ。あたしにはあなたが必要なの。しかも、あたしはいまストレスでいっぱいなんだから。分かってるはずよ、お店のかきいれどきに備えて、あなたの励ましが必要だってことくらい。あなたがここにいて、ちゃんとやっていけるように力づけてくれなきゃ、何もかもめちゃくちゃになっちゃう。こんなプレッシャーの下で、必要なことを全部するなんて、とても無理よ。**あたしがあなたを必要としてるなんて、あなたにはどうでもいいことなの？ 自分が一週間出かけるためなら、あたしの人生なんてどうなってもいいと思ってるの？」**

だから、ぼく、言ったんです――「なんだよ、この世の終わりみたいな言い方するんじゃないよ。ちょっと姉と楽しんできたい、というだけのことじゃないか」って。でも、彼女にかかると、それはぼくが彼女を捨てようとしてる、ってことになるんです。結局、オレゴン行きは中止しました。もともと行きたくなかったんだ、というふりをしてますよ、いまは。

それも、まあ、そう悪いことじゃないのかもしれません。出かけるのはやめたと言って以来、彼女、すごく優しくしてくれてますから。なんかこう、もう一度ハネムーンのやり直しをしてるみたいです。だけど、ときどき息がつまるような気がするんです。

大げさなドラマ、ヒステリー、危機の空気（むろん、あなたのせいだ）――そんなものが「**自分を罰する人**」の周りを取り巻いている。しかも、その人物は往々にして要求が多く、依存心が強いときている。彼らは自分と大切な人とが独立した別人格であることを十分に認識しておらず、しかも自分の人生に責任を取ろうとしてそれがうまくいっていないことが多い。

そんな彼らがブラックメールという手段に頼ると、自分を取り巻く困難のすべて（現実のものであれ、想像上のものであれ）を相手のせいにすることで、自分の要求を正当化する。それどころか、彼らは、相手が彼らの身に起きたことに責任を感じるように仕向けるという、信じられない才能を持っている。

「罰する人」の脅しの対象にされた人は、たとえ大人であっても、子どものような反応をしがちだが、「自分を罰する人」の脅しの対象にされた人は、彼らに大人の役割を押しつけられるはめになる。この場合、対象にされた人こそが、その人間関係のなかの唯一の大人なのだ。「自分を罰する人」が泣いたときに駆けつけなければならないのは私たち、彼らが動揺したときになだめ役となり、不快の原因を察知し、それを取り除いてやらねばならないのも、やはり私たちである。彼らを彼ら自身から救い出し、よるべない境遇から引き上げ、もろく壊れやすい彼らを守ることのできる有能な人間――それが私たちということになる。

あなたのせいでまた元に戻りそう

私のラジオ番組にかかってくる相談電話でいちばん多いのは、ドラッグを乱用したり、仕事や学校に行くことを拒否したりして、親の神経をすり減らせ、財産を細らせる、すでに成人した子どもを持つ親からのものだ。彼らはいずれもせっぱつまっている。自分たちが現状を変えようとするたびに、たちまちやりきれない脅しが返ってくる、と彼らは訴える。

「分かったよ、おれは出ていく。どうせあんたらは、おれが路頭に迷ってるのを見て楽しむんだろ。どっちみち、おれのことなんか一度も愛したことはないんだからな」「売春してやる。そうすれば、あんたたちもうれしいんでしょう?」。脅された親は、仕方なくいまのままの状態を続けることに同意する。それが双方にとって、破滅への道であるにもかかわらず。

カレンは五十代後半の元看護師。現在は娘のメラニーとの関係に悩み、セラピーを受けている。メラニーの深刻な薬物依存症を治すために、高額の料金を払って治療プログラムに参加させるとともに、カレン自身もアルコール依存症患者自主治療協会（ＡＡ）に参加している。さらにメラニーにはかつての自分の職場である病院の、トレーニングプログラムに参加することを勧めた。それでメラニーに感謝してもらえるとは思わなかったが、ブラックメールを突きつけられることになるとも思っていなかった。

メラニーはとてもいい娘なんです。あの子が生き方を変えるために努力したことを誇りに思っています。でも、あの子とはお金のことでしょっちゅうもめてます。メラニーがピートと結婚したときには、家を買いたいと言いだして、二人して「頭金を貸してほしい」と言ってきました。だけど、看護師の年金がどんなものかはお分かりでしょ。そりゃ、私だって、できることなら援助してやりたいと思いましたよ。でも、そんな余裕はありません。退職金を全額引き出せば別ですけどね。だけど、そんなこと怖くてできません。老後の蓄えはそれしかないんですから。ところが、メラニーの発したメッセージはこうです――「どうしてママはお金を持ってて、あたしはお金なしでやってかなきゃなんないの?」。どうしてもあの家が欲しかったんです、あの子。心配なんです。あの子もいまでこそドラッグをやめてますが、まだ少し不安定ですし、それほどしっかりしてるわけでもありませんから。だから、なんて言うか、**ママがちゃんと気をつかってくれなきゃ、またクスリかアルコールに戻っちゃうかもよ、って言われてるみたいで**。つまり、「ママがあたしの思うようにしてくれなきゃ、また飲み始めるからね」って。ほかに方法はありません。頭金を出してやるほかはないんです。

ほかに方法がないと言うカレンの言葉は、ブラックメールを突きつけられている人の多くが口にする言葉であり、彼らの抱く被害者意識の反映でもある。しかし実際には、カレンにはほかにもいくつかの選択肢がある。ただし、彼女がそれに気づき、別の方法を選べるようになるには、それなりの訓練が必要だろう。再びドラッグやアルコールに走るという脅しは、カレンの急所をまともに突いた。

このとき私がカレンに指摘したのは、メラニーの脅しは、彼女を「弱い」と言うカレンの説明にはそぐわない高圧的な戦法だ、ということだった。自分自身に「弱い」というレッテルを貼るのは、「自分を罰する人」の多くがカモフラージュとして使うやり方なのだ。

究極の脅し

「自分を罰する人」が使う究極の脅しを前にすると、私たちは縮み上がる。なにしろ彼らは、自殺をする、とほのめかすのだから。この種の脅しは、けっして軽く考えてはいけないが、そう脅しさえすれば思いどおりの結果を得られることを知った「自分を罰する人」が、ほぼ習慣的に使う手法とも考えられる。それでも長年「自殺する」と脅されてきた人物は、ある日、家に帰ってみると救急車が来ていて、脅しの本人が救急隊員に応急処置を施されているのを目にすることになるのではないか、と深く恐れている。

イヴは若く魅力的なアーティストで、四十代の著名な画家エリオットと暮らしている。最初のあいだこそ強い絆《きずな》で結ばれていた二人だが、いざ彼女が彼のところで同居するようになると、彼のロマンティックな献身と思えたものが、実は息のつまるような依存心の表れだったことが明らかになった。

同居前から、エリオットの気分が揺れ動くことに、イヴは気づいていた。しかし、それを彼の「感受性の鋭い芸術家気質」のせいと理解し、彼がしょっちゅう鬱状態に落ち込むことや、睡眠薬依存症らしいことに対処する心がまえはできていなかった。

同居後、二人の仲は次第に疎遠になった。セックスはなくなり、親密感も消えた。イヴはいまもエリオットのアシスタントとして働いており、エリオットはイヴを経済的に支えている。しかし、彼女が自分のキャリアを確立しようとするたびに、エリオットはことごとくそれに反対する。彼女が作品を発表するときには、自分の作品と一緒でなければならない、とまで主張するようになっている。

私、自分自身の人生を築くためには、彼と別れなきゃならないってことにやっと気づいたんです。でも、私がそのための行動を取ろうとするたびに、彼は睡眠薬を大量に飲んでやると言って脅すんです。最初は笑っちゃいました。**絵の講座を受講したいって言っただけなのに、「それじゃ、ぼくは死んだほうがましだ」**なんて言うんですもの。彼、もともと芝居がかったところのある人だから、冗談を言ってるんだろう、と思ったんです。ところが、「きみがいなきゃ、ぼくはやっていけない」だの「きみに捨てられたら、ひとりでやっていくと約束することはできない」だの、そんなことばかり言うようになって。もう冗談とは思えなくなりました。怖いんです。彼のことはすごく愛してますし、彼の苦しみもよく理解できます。でも、同時に無性に腹が立っちゃって。なんで彼は私をこんな立場に置こうとするんでしょうか。私の望みは、絵の教室に通うことだけだったのに。

「自分を罰する人」の典型であるエリオットの脅しは、イヴの強い責任感につけこんだものである。「彼、ずっと私にとてもよくしてくれました。彼と別れる勇気がありません。もし彼が自分を傷つけるようなことがあったら、私、一生自分を許せないでしょう」とイヴは言った。そして、きっぱりした口調でこうつけ加えた――「そんなことになったら、私、罪悪感で死んでしまいます」

ほとんどの「自分を罰する人」は、エリオットほど極端な反応には出ない。しかし、なかにはそういう反応をする人もいる。このとき私がイヴに強調したのは、誰かと別れずにいるからといって、それでその人物を救える保証はない、ということだった。

自己破壊的な行動をするかどうかを最終的に決断するのは当人であって、周りの人間ではない。たしかに、自殺をほのめかす傾向のある人物に対して、あなたを支える人がいる、あなたには才能があるなどと再認識させることはできる。しかし、彼らが極端な行動に出るのをやめさせるのは自分の責任だ、と感じて別れを思いとどまれば、彼らは相手に対するコントロール権を強めたいと思うたびに、自殺をほのめかすという「奥の手」を使うようになるだろう。

3　悩み苦しむ人

「悩み苦しむ人」と言えば、すでにおなじみの絵としてそのイメージが私たちの文化に刷り込まれている。薄暗いアパートで、顔に苦渋の表情を張りつけて子どもたちの誰かからの電話を待つ女性の姿がそれである。

「元気にしてる、だって?」ようやく電話がかかってくると、彼女はきっとそう応じるだろう。「あたしが元気か、ってきいてるの? 誰ひとり電話もかけてよこさない、顔を見せようともしない。あんたたち、母親がいるってことなんか忘れちゃったんでしょ。こんなにないがしろにされたんじゃ、ガス栓をひねったほうがマシだわよ」

「悩み苦しむ人」は、みじめな気分のとき、体調がよくないとき、不幸だと感じるとき、あるいは単に運が悪いというときに、それを解決する方法はひとつしかない、と考えている。その方法とは、私たちが彼らの求めるものを与えることである。たとえ彼らが何が欲しいかを伝えなくても。

彼らは、私たちに（あるいは自分自身に）危害を加える、などと言ってあからさまに脅すことはしない。もしあなたが私の望みどおりにしてくれなければ、私は苦しむことになる、そしてその責任はあなたにある、と知らせるだけだ。

最後の非難の言葉――「その責任はあなたにある」――は、口にされないことが多いが、それが「悩み苦しむ人」の標的にされた人の良心を苛む、魔法のような効果を生むことは、ご存じのとおりだ。

思いを通すためのパフォーマンス

「悩み苦しむ人」は自分の不幸を嘆くことで頭がいっぱいで、しかもあなたがその不幸を読み取ってくれないことを、あなたが彼らを十分に愛していない証拠と解釈することが多い。「私を本当に愛しているなら、こちらが何も口にしなくても、なぜ苦しんでいるのか分かるはずだ」というのが彼らの言い分なのだ。

パティは四十三歳。政府職員として働いている。パティは、夫のジョーが彼女と意見が食い違うたびに、大げさに寝込んでしまう、と訴えた。

彼はもともと自分の希望を私の前でめったに口にしないんです。その彼が珍しく自分の希望を口にしたとしても、私が少しでもそれに賛成しかねる態度を取ると、とたんに悲しそうな顔をしたり、しょげこんだりして、そのまま散歩に出かけてしまいます。世にも悲しそうな顔をするんです。前はよくそういう意見の不一致とも言えないほどの不一致がありました。彼のお母さんがうちへ来たいと言ってきたときなんかに。それが、ほとんどの場合、都合の悪いときに言ってくるものですから。でも、そのことで言い争うのはあきらめました。ジョーにあんなに悲しい顔をされると、すごい罪の意識にさいなまれますから。

彼の典型的なやり方はこうです――**まず大げさにため息をつきます。だから、どうしたの、ときくと、**

つらそうな顔をしてこう言います――「別に」。だから、こちらとしては、今度は私どんな罪を犯したんだろう、と考え込むことになります。ベッドに腰を下ろして、何かあなたの気持ちを乱すようなことをしたんだとしたら、ごめんなさい。だけど、せめて何がいけなかったのか話してくれない？と言うはめになるんです。一時間かそこらすると、その返事が返ってきます。一度なんか、彼が新しいコンピュータを欲しがったのに、私がそんなものを買う余裕はないと言ったことが原因だった、なんてことまであったんですよ！　よくもきみはそれほど鈍感でケチでいられるもんだな、って、こうなんです。だから、言ってやりました。いいわよ、買ってらっしゃいよ、って。そしたら、とたんに元気になったんです。本当にあきれちゃいました。

ジョーはちゃんと腰を下ろして、正面からコンピュータを買い替える相談をすることに気まずさを感じていた。そこで、別のやり方で自分の気持ちを伝えようとした。パティのせいで気分を害した、体調が悪くなった、頭痛まで始まったと伝えるために、思いつくかぎりの大げさなパフォーマンスをしてみせたのだ。鬱になって抜け出せなくなったのは、彼女がすごく「悪い」から、というわけだ。

「悩み苦しむ人」は鏡をのぞき、そこに被害者の姿を見つけ出す。うっとうしい空気を晴らすための責任はめったに引き受けようとせず、自分の希望を口に出すこともしない。

「悩み苦しむ人」は、表面的には弱い人間に見えるかもしれない。しかし、実際には、静かな暴君である。声を荒らげたり、騒動を起こしたりすることはないかもしれないが、その行動は私たちを傷つけ、けむに巻き、怒らせる。

犠牲者を装う人

「悩み苦しむ人」のすべてが沈黙のうちに悩み苦しむ人ではない。なかには、半ばうれしそうに自分の窮状を、それもことこまかに訴え、私たちが状況を好転させることを期待する人もいる。そのタイプの人は、もし自分が元気、あるいは幸せでないなら、それは私たちが彼らの幸せに不可欠のものを与えていないからだ、と考えている。

ゾーイは五十七歳。広告代理店の、美人で自信にあふれた重役である。彼女が私を訪ねてきたのは、職場の部下とのあいだに問題を抱えていたからだ。

テスは社員のなかでいちばん年少なんですが、私たちのほとんどがいまの地位につくまでに、何年もつまらない仕事に耐えて経験を積んできたことを見ようとしないんです。いますぐにも私たちに仲間入りして、大きな仕事をこなせる、と考えています。私たちよりも十五年近く経験が不足しているのに。私たちがいまの地位につくまでにどれだけのことをしてきたかを、口をすっぱくして言って聞かせたんですが、とにかく辛抱ってことを知りません。

そのうちに、ボスともめ始めて、クビにされるんじゃないかってノイローゼ気味になりました。毎日私のオフィスにやってきては、うまくいかなかったことをあれこれと訴えるようになったんです。まるで過呼吸発作でも起こすんじゃないかと思うほど激しい息づかいで、デールが――共同経営者なんですが、あたしのコピーを嫌ってるだの、大事なクライアントと連絡が取れない、きっと相手があたしのことを避けてるんだ、だのと。コンピュータが動かない、と言ってくることもあります。期限どおりに仕事ができなかったときなど、ありえない理由をくどくどと挙げたりもします。ときには彼女自身も、自分の言っていることがすごくこっけいだと思うこともあるようなんですが、不安が抜けないんでしょうね。すっかり気が滅入っちゃって朝起きられない、かたときも煙草が手放せなくなった、体重が減り始めてるみたい……、そんなことをあれこれと訴えるんです。

心配しないでと言って安心させようとするんですが、どうやら今度はうまくいきそうだなと思ってほっとしてると、しばらくするとまたおかしなことを言いだして。ほんと、こちらのほうがまいっちゃいそうです。

最近は、新規大型プロジェクトに取り組む私のチームに入れてほしい、とプレッシャーをかけ始めました。「もし入れてくれなきゃ、あたし、クビになっちゃう」と言って。「デールはあたしを嫌ってるわ。でも、あなたのことは信頼してるようだから、**あなたの力であたしが彼に気に入られるようにしてくれさえすれば、状況は変わると思うの**」。毎日毎日「**ほんのちょっぴりでいいの。あたしの希望をか**

なえて。そうでなきゃ、クビになっちゃう」「心配で心配で、つらくてたまらないの。あたしを助けて」の繰り返しです。

正直言って、彼女には私のチームでやっていけるだけの力量はないと思ってます。でも、とにかくチームに入れることにしました。入れないというのは自己中心的だという気がしたものですから。彼女には完全にしてやられました。彼女が本当の鬱に落ち込むのを防げるのは私しかいない、という彼女の言葉にほだされたんです。彼女が仕事でつらい思いをしてるのは彼女の態度がいけないからじゃない、という言葉に。でも、いまになって心配になってきました。事実上、人員がひとり不足しているわけですから、チームのみんなのお尻をもっとたたかなきゃならなくなる、って。テスは役に立ちませんから。

チームに入れることにしたときには、自分はすごくよき指導者なんだ、なんて気分だったんです。いまはそうじゃありません。いいように利用されたと思ってます。ちょっと信じられないことですが、彼女、もっと責任を持たせてほしい、とまで言いだしました。いまの仕事をこなすだけでも四苦八苦してるのに。

私だって、彼女のことはなんとかしてやりたいと思ってはいるんです。ある面で、若いころの自分を見ているような気がしますから。でも、そろそろ収拾がつかなくなり始めてます。いいかげんにストップをかけないと、私自身の評判にもかかわるような事態になりかねません。

テスのような「悩み苦しむ人」は、状況があらかじめ自分に不利になるように仕組まれている、運命の女神の陰謀《いんぼう》で立ち上がることができない、と訴える。必要なものはたったひとつ、事態を逆転させるためのちょっとしたチャンスだ、と考えるのだ。

しかも、彼らには、往々にして、ある種の負け犬の魅力があり、それはそれでこちらの心に訴えることがある。むろん、そうした「悩み苦しむ人」は、チャンスを手にできなければ（すなわち、私たちがそれを与えてやらなければ）、自分は落伍《らくご》する、と私たちに知らせる。そして、その落伍（彼らはそれを耐えがたくなるほど細かいところまで思い描く力を持っている）の責任は、私たちにかぶせられるはずだ。彼らは私たちのなかにある「救済者・世話人」の本能を見事に刺激する。

問題は、私たちが彼らの求める「一度きりのチャンス」を与えれば、彼らがほぼ確実にもう一度そのチャンスを求めてやってくることだ。「悩み苦しむ人」を世話する立場になるというのは、フルタイムの仕事であり、一時しのぎの方便ではすまない。

4　鼻先にニンジンをぶら下げる人

「鼻先にニンジンをぶら下げる人」は、ブラックメール発信者としてはもっとも巧妙な手を使う人々だ。彼らは私たちを励まし、愛情やお金、あるいはキャリアアップなどを約束して――言うならば、馬の「鼻先にニンジンをぶら下げる」ようなことをして、ただし、それを手に入れるためには彼らの言うとおりにしなければならない、ということを明確に知らせてくる。ご褒美はおいしそうに見えるが、私たちが近づくたびにむなしく消える。約束のご褒美を手に入れたいという私たちの気持ちはとても強い。そのため、相手がそのたびに約束を忘れ、ご褒美を差し出そうとしないにもかかわらず、私たちはただひたすら耐え忍ぶ。そんなことが何度も繰り返されてようやく、私たちはブラックメールを突きつけられていたことに気づく。

ある日、昼食をともにしていた友人のジュリーが、「鼻先にニンジンをぶら下げる人」との対決について語ってくれた。対決の相手は、前回私に会ったときに彼女がそのすばらしさを夢中になって話していた、ボーイフレンドのアレックスだった。アレックスは二度の離婚歴を持つ裕福なビジネスマン。脚本家志望のジュリーとは七カ月前から付き合うようになっていた。ジュリーは当時、自宅をオフィスにしてフリーランスのライターとして働き、夜は脚本を書いていた。「きみの脚本はすばらしいよ」と、出会ってまもないころにアレックスは言い、以来ジュリーを励まし続けてきたという。

彼が言ったの、友だちにプロデューサーが二人いて、二人とも——どういう言い方だったっけ？——そうそう、知的な作品を求めてる、まさにきみの作品のような、って。それで、ちょうどこの週末にパーティをすることになってるから、そのときにきみとのことを披露するつもりだ、って言うじゃないの。私それまで必死になって作品を書いてたでしょ。だから、すっかり舞い上がっちゃって。ところがそこで、餌をちらつかせておいて条件をつり上げる、あの作戦が始まったのよ。「ただし、きみの例のボヘミアンの友だち連中は招《よ》ばないことだ」って言うの。「私に言わせれば、あの連中はきみの前進の邪魔になってるよ」って。

その要求にジュリーが難色を示すと、プロデューサーとの出会いはお流れとなり、鼻先にもっとおいしそうな「ニンジン」がぶら下げられた。アレックスが高価なプレゼントを申し出たのだ。ひとつは、ジュリーがそれまで使っていたおんぼろのワープロにかわる新しいコンピュータ、そしてもうひとつは彼女の七歳の息子トレヴァーの保育園の費用の肩代わりだった。ただし、そのプレゼントにはそれぞれ、彼女が飛び越えねばならない新しい条件がついていた。いわく、わが家でのパーティを手伝ってくれれば、きみのためにもっとどんどん幸運の扉を開けてやれるんだけどな。いわく、私と楽しむために、夜の脚本書きをあきらめるくらいしてくれたっていいじゃないか——これはきみのためなんだから。

アレックスに惹かれていたのと、彼が提供してくれるはずのチャンスをつかみたいという野心があったのとで、ジュリーは彼の要求に合わせようとした。そこへやってきたのが、最後の要求だった。

ずっと考えてたんだけど、と前置きして、彼がこんなことを言いだしたの。しばらくトレヴァーを父親に預けたらどうだろう、そのほうがずっといいんじゃないかな、そうすればきみだってもっと仕事に時間を割けるし、キャリアに集中することができるだろう。「なに、一時的なことさ」って。そして、そのあとで、もう少しで成功というところまできてるじゃないか、そんなときに母親業なんてやってちゃいけない、という意味のことをつけ加えたの。

それを聞いて、ジュリーは目が覚めた。その後まもなく、アレックスとは別れた。彼との関係が、けっして終わることのないテストと要求の繰り返しであることに、気づかずにいられなかったのだ。典型的な「鼻先にニンジンをぶら下げる人」であるアレックスは、プレゼントと約束攻勢を仕掛けたものの、そのすべてにジュリーの行動についての条件をつけていた。「きみさえ……すれば、助けてやるよ」「きみが……するなら、将来への道を開いてやるんだけどな」と。そしてついにジュリーは、彼のテストに終わりがないことに気づいた。「ニンジン」に近づくたびに、それを引っ込められた。「鼻先にニンジンをぶら下げる人」は、どんなことであれ、無条件に提供しようとはしない。彼らの差し出す魅力的なプレゼントには、必ず彼らに都合の良い条件がついている。

受け入れてもらうための代償

「鼻先にニンジンをぶら下げる人」の差し出すご褒美には、アレックスがジュリーの鼻先にぶら下げたものほど具体的でないものもある。彼らの取り引きの材料は情緒的な賄賂《わいろ》である場合が多いが、それはまた愛情と受容と家族の情、癒された傷などのつまった空中楼閣《くうちゅうろうかく》でもある。一見、豊かで完全無欠なその楼閣に受け入れてもらうために必要なものは、たったひとつ、彼らの要求に屈することである。しかも、要求に屈すると楼閣はむなしく消える。

ジャンは五十代の魅力的なビジネスウーマン。八年前に離婚し、すでに成人した二人の息子の母親である。宝石業者として成功し、いまは彼女自身の勤勉さと創造性のたまものの豊かな実りを楽しんでいる。しかし、そんな彼女にも大きな悩みの種がある。実の妹との関係である。

妹のキャロルとは、子どものころからうまくいってなかったんです。両親がいつも私たち姉妹を激しく競争させていましたし、えこひいきも大変なものでしたから。私は母のお気に入り、妹は父のお気に入りでした。でも、財布の紐《ひも》を握っているのは父で、その父が私にはすごくケチなくせに、キャロルには大甘だったんです。キャロルは父のご機嫌の取り方を見事に心得ていました。そもそも父は支配大好き人間で、人に逆らわれるのが我慢ならないたちでした。私たちの門限やデートにも理不尽なルールを押しつけて、私はいつもそんな父に反抗してました。ところが、キャロルは違います。父の前では徹底的に従順な娘を演じて、ご褒美をせしめてたんです。おかげで、十六歳の誕生日にはジャガーをもらうし、ヨーロッパにも何度も行かせてもらう、学校だって最高のところに行かせてもらうで、彼女が手に入れられないものは何もないかのようでした。そのせいか、自分の力で何かを手に入れる、ということを学ばなかったんです。反対に私は早くから、欲しいものは自分の力で手に入れなければならない、ということを学んでました。

その後、父は亡くなりましたが、お墓のなかに入ってまで妹ひいきをやめないっていうか、財産はほとんど妹に相続させて、私にはほとんど何も遺《のこ》しませんでした。キャロルがほんの少しも財産を分ける気がないと分かったときには、傷つきましたし、腹も立ちました。おかげで、それまでかろうじてつながっていた姉妹の絆も、その時点で完全に切れたんです。それから数年は、ほとんど電話もしなければ顔も合わせない状態が続いて、そのあとはお互いまったく音沙汰なしになりました。要するに、お互いそれほど好き合っていなかった、ということなんです。

ところが、先月、キャロルからいきなり電話がかかってきて、泣きながら「千ドル貸してほしい」って言うんです。貸してくれなきゃ食べ物も買えない、って。彼女の夫というのが、することなすこと失敗ばかりという人で、ばかな投資をして全財産をなくしたと言うんです。キャロルの宝石も質に入れてしまった、自宅が抵当流れになるのを防ぐために母からお金を借りた、とも言ってましたね。めちゃくちゃなんです。そのくせ、生活レベルを下げようとしないんです。いまもあの家には貴重なアートコレクションがありますし、フェラーリまで持ってます。私が彼女の頼みを本気で断るつもりだと知ったとき、彼女が奥の手に訴えたんです。**「ほかに頼る人がいないのよ」**「ほかにどうすればいいか分からないの——**人間、困ったときには親きょうだいが助けてくれるものだと思ってたのに**」。突然、私はまた彼女の姉ってことにされました。

最初のうち、キャロルは古典的な「悩み苦しむ人」としてジャンに窮状を訴え、それがジャンの力の範囲内でなんとかできるものであることを知らせた。しかし、ジャンに助ける気がないと知ったとき、ギアを切り替え、とっておきの「ニンジン」を取り出した。

彼女、急に甘い声を出して、こんなことを言いだしたんです——**「ねえ、お姉さんがうちのパーティに出たり、休暇に遊びにきたりするようになるとうれしいんだけど。きっと、昔みたいに楽しいでしょうね」**。つまり、私が胸にずっと秘めてきた、休日のすてきなテーブルを囲むにこやかな顔、というあの幻想を利用したんです。
母はいま独り暮らしですし、私もひとりぼっちです。夫がいて、十代の子どもがいるという、家庭と呼べるものを持っているのはキャロルだけです。休暇になると、私はいつも少しばかり悲しくなります。身内とのあいだに、あまりにも大きな距離ができてしまっていますから。理性のうえでは、身内より親しくしてくれる友人がいるということは分かるんです。でも、ハリウッド大通り《ブールヴァード》にクリスマスのイルミネーションがつくころになると、幸せな家族へのあこがれがつのります。もちろん、頭のなかでは、二度とそういう関係に戻れないことは分かってるんですが、心では、戻れるなら何を手放しても惜しくない、と思います。正直言って、キャロルの「招待」にはすごく心が揺れました。

キャロルの言葉を聞いたジャンは、たったの千ドルで姉妹という枠組みに受け入れてもらえるかもしれない、という幻想を抱いた。千ドルと言えば、ジャンが切実に求めるものの代価としては取るに足りない額だった。しかし、当然のことながら、ジャンがキャロルの圧力に屈するとすれば、その代償は千ドルでは足りないほど高くつくことになるだろう。まず、キャロルの浪費と経済的無責任のパターンを永続化させることによって、ジャンは自分自身の健全な自我を侵さねばならなくなる。次に、自分をないがしろにした過去を持つ人物（キャロル）を信頼しなければならなくなる。

とは言うものの、ジャンが感じた心の揺れは現実のものだった。キャロルが描いてみせた幸せな姉妹の幻想には、抗いがたかった。幸せなきょうだい関係は、誰もがあこがれるものだ。しかもそれを手に入れられずにいる人も少なくない。したがって、それを求める気持ちも強い。目の前にそれを手にする可能性をぶら下げられれば、それだけで鉄が磁石に引かれるように、引き寄せられてゆく。ジャンに作用していた力のすべて、すなわちジャン自身の持つ罪悪感、人生に成功したちゃんとした人間らしく見せたいという思い、キャロルが鼻先にぶら下げた姉妹の情という、実現しそうにない約束が、ジャンの内部の極端に弱い部分を突いた。しかし、いずれ分かるように、ブラックメールを経験したことは、彼女が強圧的な心理操作に耐える力を発見するターニングポイントとなった。

ブラックメール発信者は怪物ではない

ブラックメールの手法にはさまざまなスタイルがある。ただし、そのあいだにはっきりとした境線があるわけではない。しかも、ブラックメールは、それがどのスタイルのものであれ、必ずそれを突きつけられた人の心に大混乱を引き起こす。

だからといって、ブラックメール発信者の大半は怪物ではない。いずれ明らかになるように、彼らをつき動かす力が悪意であることはまれで、そこにあるのは、むしろ彼ら自身のなかにひそむデーモンのようなものだと考えられる。

たしかに、忘れよう、無視しようと努めてきたかもしれない行動に目を凝らし、それが自分にどう影響しているかをつきとめるのは、容易なことではないだろう。しかし、問題の生じた人間関係をもう一度確固とした土台の上に築き直したいなら、それは避けて通れない作業である。

第3章　「FOG」があなたの考える力をくもらせる

ブラックメールは、私たちの思考力の真下に広がる「FOG（霧）」のなかで花開く。

プロローグで説明したように、ここで言う「FOG」とは、「恐怖心（Fear）」「義務感（Obligation）」「罪悪感（Guilt）」（すべてのブラックメール発信者が、その手法にかかわりなく、メール受信者のなかにかきたてようとする三つの情動《エモーション》）の頭文字を組み合わせたものである。「FOG」はそれに取り巻かれた人の思考力を狂わせ、激しい不快感を生じさせる。そして、不快感以外のすべてをぼやけさせる。「FOG」のただなかに迷い込むと、私たちは必死になって考える。どうしてこんなところに迷い込んでしまったのだろう、どうすればここから抜け出せるのだろう、こんなつらさにピリオドを打つにはどうすればいいのだろう、と。

人間は、生きているかぎり、「恐怖心」「義務感」「罪悪感」という情動と無縁ではいられない。他者とのかかわりのなかでは、それはけっして避けて通ることのできない情動だからだ。しかし、ほとんどの場合、私たちはそれに押しつぶされることなしに、それと共存して生きてゆける。

ところが、ブラックメール発信者は、私たちに攻撃を加えることでそうした情動を肥大化させる。

そして、肥大しきった情動に悩まされた私たちはいつのまにか、このつらさを耐えられる範囲内に戻すためなら、たとえ自分に不利になることだとしても、どんなことでもする、と思うようになる。「FOG」を吹き込む発信者の戦略に乗せられ、ほとんど自動的に反応してしまうのだ。言うならば、けたたましいサイレンが鳴ったときに、思わず耳をふさぐのと同じで、ほとんど何も考えずに、ただ反応してしまう。そして、それこそがブラックメールが効果的に作用するための鍵である。ブラックメールの圧力を受けると、人は、不快感を感じるとほとんど同時に、それから逃れるための行動を取るからだ。

こんなことを言うと、ブラックメール発信者は十分に作戦を練ったうえでブラックメールを発信しているように聞こえるかもしれない。しかし、実際には、発信者の大半はなんら意識的な筋書きを持たずに「FOG」をつくりだしている。

いったん「FOG」が作用し始めると、目に見えない複雑な反応が連鎖的に起きる。それを断ち切るための最善の方法は、まず「FOG」がどのような要素からなりたっているかをきちんと見極めることだ。ここではそれを順を追って説明するつもりだが、ひとつだけ心得ておいてもらいたいのは、個々の要素がけっして明確に分離できるものではないということだ。もうひとつ大切なのは、「FOG」の要素である恐怖心、義務感、罪悪感を生む原因は人間の数だけあるということだ。それをすべて説明することは難しい。したがって、あなたのなかにそうした情動を引き起こす言葉や行動は、私が以下に挙げる要素とは必ずしも一致しないかもしれない。しかし、どの要素も、私たちがブラックメールに屈することになる不快感の発生源になり得るものである。

恐怖心（Fear）

ブラックメール発信者は、受信者である私たちが何を恐れるかを知ったうえで、ブラックメール発信の戦略を意識的・無意識的に組み立てている。私たちがどんなことから逃げ出すのか、どんなことに出合うと不安を感じるのか、どんなことを体験しているときにからだをこわばらせるのかといったことに、彼らは気づき、観察する。だからといって、そうして知り得た情報を、いずれ私たちにブラックメールを突きつけるときのために、メモにして保管しているわけではない（身近な人々のその種の情報は、ブラックメール発信者でなくても、私たちのすべてが自然に頭のなかにためこんでいるものだ）。

ブラックメール発信者が私たちとの人間関係のなかで手にした情報は、やがて彼らの要求と私たちの屈服のパターンを作動させるための弾薬に変化する。彼らが発する言葉は、私たちの弱点をまともに突くものとなる。私の言うとおりにしてくれれば――

＊あなたを見捨てない。
＊あなたを非難しない。
＊これからもあなたを愛してあげる。
＊あなたを怒鳴ったりしない。
＊あなたをみじめにはしない。
＊あなたと対決することはない。
＊あなたをクビにはしない。

ブラックメールのもっとも残酷な点は、なんといっても受け手である私たちが発信者に抱いていた信頼が裏切られることにある。ブラックメール自体が、私たちが発信者に明かした恐怖についての情報をもとにかたちづくられているからだ。人間は相手を信頼すればこそ、彼らに自分の弱点まで含めてすべてをさらけ出し、彼らとのあいだに深い人間関係を築いている。ところが、ブラックメール発信者はその情報を逆手に取り、脅しの手段として使っている。以下に挙げる例で、ブラックメール発信者はどのようにして私たちの恐怖に照準を合わせ、それによって自分の思いを通そうとするかを見ていただこう。

もっとも根本的な恐怖──「捨てられるかもしれない」

人間が最初に出合う恐怖は、幼児期、すなわち保護者の善意なしには生きてゆけない時期に出合うそれである。ひとりでは生きられないという無力さが、捨てられるのではないかという恐怖（遺棄《いき》恐怖）を生む。なかにはそれから生涯抜け出せない人もいる。人間は集団で生きる動物で、自分が愛し頼りにする人々の支えと愛情から切り離されると思うと、それだけで耐えがたい苦痛を味わう生き物だ。それが私たちのなかに、もっとも強力で浸透力のある、しかも容易に不安の引き金となる、遺棄恐怖を生み出している。

リンは四十代後半の国税調査官で、五年前に大工のジェフ（当時四十五歳）と結婚した。彼女が私のオフィスを訪れたのは、彼についてのさまざまな怒りや悪感情に耐えかね、彼との関係を改善する方法を求めていたからだ。リンと結婚後、ジェフはそれまでの仕事を辞めた。当時は二人とも、リンの給料があるから、ジェフが二人の自宅であるロサンゼルス近郊の小さな牧場の管理に専念してもやっていける、と判断したのだ。ところが、いまや、それが二人の絶え間ないいさかいの原因になっていた。

ジェフと私の関係は、とうてい対等とは言えません。お金を稼ぐのは私、それを使うのは彼ですから。いいえ、そういう言い方はフェアじゃありませんね。私は外で働き、彼は牧場──家と動物と地所と私の世話をしています。この状態がなかなか快適だと思うこともあるんです。でも、彼がもう少し努力して仕事をしてくれれば、私の気持ちももっと晴れると思うのですが。

実は、わが家にあるお金といえば、そのほとんどが私が稼いできたものなんですが、彼、なんのかのと言ってはそれをあっという間に使いつくしてしまって、しかも、私はだまされやすいというか、彼が何か欲しいと言いだしたら、それを止められないんです。

このところ、お金のことや、何を優先するかをめぐって、ケンカばかりしてます。しかも、二～三カ月前から、何か意見が食い違うことがあると——というか、私が彼の言い分をのまないと、彼がふてくされるようになってしまって。ドアがバタンと閉まる音がして、彼が「おれは出ていく」みたいなことをわめいて、納屋に行ってしまうんです。**彼はよく知ってるんです、私が彼に引きこもりをされると耐えられないってことを。**実は私、家のなかでもしょっちゅう彼のあとを追いかけてます——彼が別の部屋にこもってしまうと、捨てられたような気持ちになります。

最初の結婚に破れたとき、いちばんつらかったのは誰もいない家に帰る寂しさでした。二度とあんな寂しさを味わいたくありません。それをジェフに言ったことがあります。前は彼もそんな私に我慢してくれてました。私が彼にまとわりつくのが好きだってことを知ってましたから。だから、彼に出ていかれると、気が動転してしまうんです。

そんなとき、真っ先に思うのは「彼は私に腹を立ててる、だから、ここを出ていく気なんだ」ということです。理性のうえでは、ばかげた考え方だっていうのは分かるんです。いまは少しばかり険悪ですけど、私たち、本当に愛し合ってますし、彼だって、どこにも行くつもりはないはずです。でも、怖いんです。自分でもどうしてなのか分かりません。だけど、こんなんじゃ、気が変になってしまいます。

リンはひとりになることを、「ブラックホール」に落ち込むことと考えていた。彼女の言う「ブラックホール」とは、ひとりでいるときに彼女を飲み込む憂鬱《ゆううつ》の穴である。この「ブラックホール」は、彼女が想像するかぎりもっとも恐ろしいものであり、ジェフが彼女から引きこもるたびに、目の前に大きく広がっていたものでもある。

大きな危機が訪れたのは、彼のトラックがだめになって、新しいのが買えたらどんなにいいだろうとほのめかし始めたときのことでした。新しいトラックを手に入れたら、もっといろいろなことができる、この谷周辺のほかの牧場の仕事だって引き受けられるかもしれない、なんて言うんです。いまうちにはそんなものを買う余裕はないと思うと言ったら、彼がむかっ腹を立て始めたんです。ケンカはいやだったんですけど、とにかくそんなお金はないと思ってましたから、彼にはそう言い続けました。そんなことが二～三日続いたころ、きみが大事にしてるのはお金だけだ、おれがきみの生活を快適で幸せなものにするために懸命になっていることをまったく評価していない、しばらくひとりになればおれのありがたさが分かるんじゃないか、なんて言いだしました。そう言って出ていったきり、四日間帰ってこなかったんです。私、心配で頭がおかしくなりそうでした。そのうちに、彼がお兄さんのところにいるのをつきとめて、帰ってきてほしいと頼んだんです。でも、彼、私が彼の人となりをちゃんと評価してそれを態度で見せないかぎり帰らない、と言うんです。

ジェフはリンとの関係における自分の立場を正当化しようとして、傷ついた動物のように反応すると同時に、経済的に彼女に頼っていることを絶えず思い知らされることに屈辱を感じてもいた。ここ二～三十年で社会の状況は大きく変化したが、それでも、やはり、ジェフとリンのような夫婦関係はいまだに伝統的な規範からはずれている。しかも、ジェフは、自分より収入の多いパートナーを持つ男性の多くと同じように、自分が弱い立場に置かれていると感じていた。だからこそ、自分の立場を正当化し、守る必要に迫られていた。

もともと、二人は妻が外で働き、夫が家庭を守るという経済的な取り決めに同意していたのだが、それでもジェフの目には、自分が何かを欲しがるたびにリンが信号を変える、と映っていた。突然、自分がお金を稼いでこないことが許されなくなったと感じてバランスを失い、対等な関係を取り戻そうとするあまり、反撃に出たのだ。

一方、リンの心理状態はすでに混乱と恐怖からパニックへと移行していた。親密な関係がもっとも強力な恐怖を生み出すのは、その関係のなかに私たちのいちばんの弱点があるからだ。ほかの面ではちゃんとした大人としてのふるまいができるにもかかわらず、パートナーから拒絶されたり、拒絶されそうだと感じたりすると、それだけでバランスを崩してしまう。それが人間というものだろう。

私が必死で泣きついたものですから、ジェフもようやく帰ってきてくれましたが、あまり口をきいてくれませんでした。そのストレスが大きすぎて、私としてもなんとかしないではいられなくなりました。緊張に耐えられなかったんです。

私の両親がそんなふうでした。よそよそしくて、腹を立てて、黙りこくってて、そのくせうわべは礼儀正しさを装ってて。私はそれがいやでたまりませんでした。私は絶対にああいう夫婦にはならない、と誓ってました。だから、なんとかしてこんな状態を抜け出さなきゃ、と思いました。で、いろいろ考えて、自分にこう問いかけたんです――どちらのほうが大切なの？　ジェフ？　それともお金？

まもなく、ジェフは真新しいトラックを乗り回すようになった。もともと彼が期待していたのがトラックを手に入れることだったかどうかはともかく、いまやそれを手に入れた彼は、リンと自分とがそれなりに対等になったと感じるようになり、同時に、リンに要求をのませるにはどうすればいいかを知ることになった。むろん彼は、怒り、沈黙、遺棄を恐れるリンの気持ちにつけこんだ戦略を意識的に練ったわけではなかったが、自分が求め、自分には手に入れる資格があると思うものを得られそうにないと感じたときに、切り札を使ったのだ。

かくて、ひとつのパターンができ上がった。すなわち、ジェフが引きこもるたびにリンが折れる、というパターンだ。ジェフは、リンに恐怖を与えさえすれば、あとは不機嫌な顔をして彼女を動揺させるだけで、望みのものを手に入れられることを知った。だからといって、彼が悪い男だというわけではない。彼女を傷つけようとしているわけでもない。彼のすることが効果を発揮した、というだけのことだ。

ジェフの突きつけるブラックメールは常にお金にまつわるものであるように見える。そのため、リンは時として、「ブラックホール」のなかにひそむ恐怖と対決することを避けようとするあまり、会計係が収支の帳尻を合わせるように、自分の感情の帳尻を合わせようとするような口調になることがある。そして、強迫観念に取りつかれ、次のようなことをくよくよと考えることになる――

私、彼のことは本当に愛してます。でも、彼がいないほうがもっと金銭的にもゆったりできるんじゃないかと思うんです。彼と一緒にいるのは金銭的な犠牲が大きすぎるだけなのかな、と。なにしろ、彼、全面的に私に依存してますから。

しかし、自分が情緒面で彼に依存していることを打ち明けるリンの口調は、それまでに比べると重くなる――

彼と別れてもう一度ほかの人とやり直すなんて、そんなこととても考えられません。結婚前の、あの気の滅入るような状態に戻るなんて、すごく怖いんです。

そこで私はリンに、あなたがしているのは、使い終わったお風呂のお湯と一緒に大事な赤ん坊を流してしまうようなことだ、と指摘した。むろん、彼女とジェフのあいだには経済的な軋轢がある。しかし、彼女は遺棄恐怖に取りつかれ、しかもそれが強烈すぎるため、ジェフにブラックメールを突きつけられるたびに、彼との関係を客観的に見る能力を失っていた。彼とのあいだに健全な妥協をはかろうと努めるのではなく、自動的に降伏ボタンを押し、怒りのなかで屈服していたのだ。

恐怖を感じると、人は白か黒かの――破滅的とさえ言える――思考にはまりこむものだ。リンは、ジェフと対決すれば彼に捨てられると思い込み、そのため、取るべき道は二つしかないと考えた。彼の要求をのむか、彼と別れるかの二つだけ、と。後者を選べば、ブラックメールからは解放される。しかしひとりになり、あの「ブラックホール」に戻ることになる。そこで私は、あなたにはもうひとつの選択肢がある、私と一緒に、いまあなたたち夫婦の両方の大きなトラブルの原因になっていることとに対処し、あなたの遺棄恐怖を軽減する努力をしよう、と伝えた。

怒りに対する恐怖

怒りとはまるで磁石のように恐怖を引き寄せるもののようだ。ある人物の怒りに直面すると、たちまち恐怖心が表に引き出され、私たちのなかに闘争／逃走反応が活性化される。怒りを表現する、あるいは、経験するのは、私たちのほとんどにとって、けっして気持ちのいいことではない（むしろ、恐ろしいことだ）。怒りは葛藤、喪失、そしてときには暴力さえ連想させるからだ。しかし、怒りが恐怖心を誘発するというのは、理にかなった自己防衛反応でもある。なぜなら、恐怖心があればこそ、ある人物の爆発的な怒りが物理的なかたちで表面化し、危害を加えられる恐れが出てきたときには、私たちはひょいと身をかわしたり逃げたりすることができるのだから。しかし、深刻な虐待を伴う人間関係を別にすれば、怒りとはすべての人間関係のなかで生じるたくさんの情動のひとつにすぎず、一概に悪のレッテルを貼りつけられるものではない。とはいえ、私たち人間は日常生活のなかで、自分自身や他人の怒りにさまざまな不安や懸念をためこんでいる。そのため、いざブラックメールを突きつけられると、それに立ち向かうための能力に劇的な影響を受けることもあり得る。

第２章に登場した家具デザイナーのジョッシュは、自分の愛する女性を父に認めてもらえないことで、追いつめられた気分になったばかりか、父の怒りにすくんで身動きの取れない状態になっていた。

「ぼくがこの問題を話し合おうとするだけで、父の態度が一変するんです」とジョッシュは訴えた。「父の顔がこわばって、声の調子が二十デシベルは跳ね上がります。あの顔を見て、あの怒鳴り声を聞くと、ぼくのほうが十五センチ近くも背が高いというのに、いまだに親父がおっかなくてびくついてしまいます」

親とは、私たちが子ども時代に抱いた恐怖を復活させる、たぐいまれなる能力の持ち主なのだ。ジョッシュは回想する――

ぼくが子どものころ、親父が腹を立てるとものすごい声で怒鳴ることがよくありました。その怒鳴り方があまりにもすごいものだから、家が崩れ落ちてくるのでは、と心配したほどですよ。ばかみたいな話ですけど、いまでも親父が怒ると、あのときの恐怖がよみがえってきます。親父も歳のせいでずいぶんまるくなったんですけどね。でも、ぼくにとっては、いまだに子ども時代のあのおっかない親父のままなんですよ。

子ども時代に経験した出来事や感情はいまも私たちのなかに生きており、混乱やストレスにさらされると、それが表面に出てくることが多い。私たちのなかの大人の部分は、それはすべて何十年も前に起きたことであるのを知っているのかもしれない。しかし、内面にひそむ子どもの部分は、それをつい昨日のことのように感じ取る。情緒的な部分にかかわる記憶は、場合によっては、私たちを恐怖に誘発された行動と反応という、はるか昔の行動様式に閉じ込めることがある。

条件反射

人間は、時として、相手が自分の恐れることをしそうだという気配を感じただけで、それに反応してしまうことがある。「親父が顔を真っ赤にして眉を寄せると、それだけでぼくは引き下がってしまいます」とジョッシュは言う。「怒鳴られるまでもない、って感じですよ」

ロシアの生理学者イワン・パブロフの犬の実験を知っている人は多いだろう。「条件反射」と呼ばれるあの古典的な実験だ。パブロフがその反射に気づいたのは、犬の消化過程を調べているときのことだった。食べ物を見せられると、犬は自然の反応として口に唾液《だえき》をためる。ところが、まもなくパブロフは、餌を与えるときにベルを鳴らすと、犬がベルの音と餌を関連づけて考えるようになり、やがてベルの音を聞いただけで唾液を出すようになることに気づいた。いわゆる「条件反射」の発見だ。それとほぼ同じように、ブラックメールを突きつけられた人も、かつて自分のなかに深刻な恐怖を引き起こした出来事を連想させることに遭遇すると、そのたびに条件反射を見せる。

ここで言う深刻な恐怖を引き起こした出来事とは、例えば夫が妻に、出ていく、と言って、しばらく家を空けるとか、すでに成人した子どもが親の言動に腹を立て、数日にわたって口をきかないとか、友人が怒りのあまり、泣いたりわめいたりしてつっかかってくるといったことかもしれない。たとえすでにその状況が解決されているといっても、心に傷を残した出来事は記憶から消えない。それは苦痛のシンボルとなり、それを引き出しさえすれば、ブラックメール発信者は私たちのなかにあるもとの恐怖感を新たにし、十分な圧力をかけることで、私たちの屈服を取りつけることができる。

ジョッシュを屈服させるには、父親の怒りの表情だけで十分だった。彼はたちまち自分にとっての最善の道、すなわち嘘をつくという方法を選ぶことになった。恋人のベスとの付き合いはやめなかったが、父には、彼女とは別れたというふりをした。それはその場をやりすごすための方便だった。しかし、父の怒りを避けたいというジョッシュの気持ちは、やがて高い代償となって跳ね返ってくることになる。ジョッシュが犠牲にしたものは彼の自尊心であり、肉体的・精神的健全さだった。怒りをためこむことによって、彼の健全な内面も、父親との健全な関係も、ともに損なわれることになった。

恐怖は暗闇のなかで花開く。それは想像という名の鮮やかな花を人知れず咲かせる。私たちの肉体と、脳の原始的な部分は、その恐怖を、逃げ出すための理由と理解して、事実、しばしばそれから逃げ出している。心の奥深くで、逃げ出すことが生きのびるためのたったひとつの道だ、と思い込んでいるからだ。ところが実際には、いずれ明らかになるように、私たちが精神的に健康でいられるかどうかは、その反対——すなわち、自分のいちばん恐れることに真正面から立ち向かえるかどうかにかかっている。

義務感（Obligation）

私たちは、大人になるまでに、自分は他人によって生かされている（その人物に恩義がある）、したがって自分の行動は義務、従順、誠実、利他主義、自己犠牲といった理想をもとに決められるべきだ、というルールと価値観を身につけている。しかも、それが心に深く刻み込まれているため、往々にしてそれは自分自身が考えて身につけた価値観だと思いがちだ。しかし、実際にはそれは親や宗教的なバックグラウンド、社会の通念、メディア、そして身近な人々の影響によってかたちづくられたものである。

義務と責務についての考え方は理にかなったものであることが多く、それが私たちが生きるうえでの倫理的・道義的な基盤となっている。しかし、自分よりも恩義のある他人のほうを大切にしようとすると、バランスが崩れることになる。義務感にとらわれるあまり、極端に走ることが多いからだ。

ブラックメール発信者は私たちのこの義務感をためらうことなくテストする。彼らはこれまでさんざん私たちの言い分を受け入れてきた、私たちのためにいろいろなことをしてきた、私たちは彼らに山のような恩義がある、と言いつのる。ときには、宗教や社会的伝統まで持ち出して、私たちがどれほど彼らに恩義を感じるべきかを強調することさえあるかもしれない。

＊「いい娘なら、もっと母親と時間を過ごすものよ」
＊「ぼくは家族のために身を粉にして働いてるんだ。せめてきみにできることは、ぼくが帰ってきたときにちゃんと家にいることだ」
＊「父親を敬《うやま》え（そして父親に従え）！」
＊「上司はどんなときにも正しいものだ」
＊「あなたがあの男と家を出るから支えになってほしいと言ってきたとき、あたしはあなたの味方になってあげたのよ。そのあたしがいま頼んでるのは、たかだか二千ドル貸してほしいっていうことなのよ。あたしはあなたの親友じゃないの！」

ブラックメール発信者は、対等な人間関係（ギブアンドテイクの関係）の限度を大幅に超えた要求を突きつけ、私たちは好むと好まざるとにかかわらずそれを受け入れなければならない、それこそ私たちの責任だ、という態度に出る。そうした彼らの態度がとりわけ私たちを混乱させるのは、ブラックメール発信者がそれまで私たちに寛大であった場合だ。私たちは彼らに愛情を持ち、恩義を感じている。だから彼らの要求を受け入れようとする。しかし、その愛情や恩義が義務感に変質し、責務感を過剰に刺激すると、精神のバランスを失う。

数年前に私のオフィスを訪れたマリアは、義務感によってあやつられたブラックメール受信者の典型だった。当時三十七歳で、ある病院の理事をしていた彼女は、著名な外科医の妻でもあり、自分を他人のためにつくすタイプと説明していた。例えば誰かが鬱状態に落ち込んで、話し相手を求めていると聞けば、朝の四時にでも駆けつけるし、周りの人にいくらつくしてもまだつくし足りないと思うタイプだと言う。すべては、与えることで味わえる満足感が大好きだったせいだ。

私は、結婚して、子どもを産んで、献身的な母であり妻であることこそ女のいちばん大切な仕事だ、と考えるタイプの女です。たぶん、ジェイは私のそんなところが気に入って結婚したんだと思います。病院の仕事も大好きでしたが、なんといっても私の世界の中心は家庭でした。あるとき、教会のセミナーに出て、人間関係をうまく運ぶには、どちらか一方がちゃんとしていればいい、あなたさえすべてを捧げて神のご加護を祈れば、押し寄せる波のすべてに乗ることができる、という教えを受けました。それ以来、私はそれを座右の銘にしています。女として、自分が家族にどんな責任を負っているか、私はそれを真剣に受け止めています。そのことはジェイも十分すぎるほど知っています。

ジェイは彼女の義務感を長年にわたって刺激するとともに、彼自身は何をしようと、自分は家族のよき扶養者であり、夫の役割をきちんと果たしていると強調し、おそらくは自分でもそう信じ込んでいた。

世間的には、私たちは完璧なカップルだと思われています。でも、世間の人はジェイが病的な女たらしであることを知りません。結婚前は自分の性的な手柄話をしては、どれだけの女性が彼のことを追いかけてるか、彼に熱を上げているかを自慢していました。そんな話、私は聞きたくもなかったのですが、それほどモテていた彼が大勢の女性のなかから私を選んだことに、悪い気がしなかったのも事実です。いまは、そんなことを考えた自分がなんとウブだったんだろうと思いますが。

結婚後、彼が何度浮気したのか、はっきりとは分かりませんが、五〜六回はあったのはたしかです。町の外での学会、夜遅くまでの「仕事」、彼の話の内容がごっちゃになったこと、私への関心がだんだん薄れてきたことなど、どれをとっても浮気を勘ぐらずにはいられませんでした。

そうこうするうちに、彼がほかの女性と一緒にいるところを見たという複数の「友だち」からの電話がかかるようになりました。これは作り話ではないとは思ったのですが、それを正面きって彼にぶつけるにはずいぶん時間がかかりました。頭のなかを矛盾する思いがいろいろ駆けめぐって。彼には恩義がある、という思いがあったんです。いままで私たちのために一生懸命働いてくれた、という思いが……。

ジェイは、何があっても別れることは許さない、とマリアに圧力をかけるかたちで攻勢に出た。彼の妻でいることが彼女の義務だ、と言うのだ。

もちろん、彼は何もかも否定しました。「よくもそんな悪意のゴシップを信じられるものだな」と言いました。「私は家族に最高のものを与えるために、今日まで自分を犠牲にして働いてきた。遅くまで病院で働くなんてごめんだ、と思ったことも何度もある。だけど、家族のためにそうしてきたんじゃないか。なのに、きみはそれを浮気だなどと言うのか。離婚して家族をバラバラにしようなんて考えが、いったいどこから出てくるんだ。周りをよく見回してみろ、ほかの女性に比べて、きみがどれだけ恵まれているかを。いまのこの生活を手に入れるためにどれだけのことが必要だったか、それが分からないなんて信じられないよ」

彼の演説が終わるころには、私も彼の言うとおりだ、と思わざるを得なくなってました。彼の言うとおり、私は彼に誠意をつくし、信頼しなければならない、と思ったんです。それに、子どもたちのこともありましたから。私は子どもたちを心から愛しています。彼らにつらい思いをさせることはできません。子どもたちは父親を愛してますから。家族をバラバラにするなんて、できません。

私がそう思い始めたとき、彼が私の肩に手を置いて、耳元でささやいたんです――「私の好きなあの黒いドレスを着ろよ、食事に連れてってやる。ただし、二度と『離婚』なんて言葉は聞きたくない。くだらないゴシップじゃないか。そんなものに惑わされるんじゃない」

なんだか、頭がひどく混乱してしまって、それで無理に笑顔をつくってジェイの好きなドレスを着て、何もなかったみたいに一緒に食事に出かけました。

ジェイはマリアの最大の弱点を知っていた。そして、家族に対する彼女の義務感に直接訴える言葉で離婚がもたらすと思える結果を語り、彼女の弱点を突いた。離婚すれば、身を粉にして働いてきた夫を捨てるだけでなく、子どもたちを放任と不幸の人生に追い込むことになる、と脅したのだ。

家族をバラバラにしたくないという思いは、たくさんの人をすでに不快なものになった人間関係のなかにつなぎとめる役割を果たしている。大切な子どもの心に傷をつけたい、苦しみや混乱のなかに放り込みたい、と思う親はいない。ブラックメールを突きつけられた人のなかには、子どもに対する責任を大切にするあまり、「気高い犠牲」という誤った考えで、自分が幸せな人生を生きる権利を放棄する人がいる。マリアはみじめさを感じていたが、家庭が壊れると思うと怖じ気づき、動きの取れない状態から抜け出せずにいた。

マリアの義務感はとても強烈だったため、それが彼女という人間をほとんど規定してしまっていた。しかも、マリアは自分の義務感を誇りにしていた。そして、なんとなく自分にふさわしい生き方をしてこなかったという思いからは目をそむけて、本能的に自分を守ろうとしていた。

一方のジェイは、義務と責任とは何かと勝手な理屈を並べ、ますますそれを声高にいいつのり、ついにはマリアに彼の浮気など大したことではないと思わせるところにまで、彼女の義務感と責任感をふくらませた。ジェイに言わせれば、彼に対するマリアの責務は生活のすべてにおよぶものだった。そのくせ、彼のマリアに対する責務は、彼に都合のよいところでとどまっていた。つまり、自分はいまでもマリアに誠実をつくしている、と考えたのだ。「よくも私にそんなことができるな」と言うほど殉教者ぶった態度をとるジェイは、自分がマリアの誠意を裏切ることをしておきながら、それをほとんど反省せず、子どもたちに与える影響についてもほとんど考えていなかった。彼の浮気が家庭内に持ち込んだストレスによって、子どもたちの生活はすでに影響を受けていたというのに。

ブラックメール発信者は、彼らの気持ちに敏感であることを受信者に求める。彼らがそれと同じ程度に、私たちの気持ちに敏感であってくれればありがたいのだが。

ジェイは、マリアとの関係を崩壊させた自分の責任を認めて関係改善のための努力をすることを、いっさい拒んだ。忙しくてそんな暇はない、その必要もないと言うのだ。自分は何も間違ったことはしていない、マリアが不幸だというなら、彼女がしかるべきところに「治して」もらいに行けばいい、そうすればまたもとに戻れるというわけだ。

そこで私はマリアに、ジェイがどんな態度を取ろうが、あなたには自分を大切にする義務がある、と指摘した。自分を殺して今後もジェイとやっていこうという彼女の気持ちは、彼女の自尊心から生まれたものでもなければ、選択肢を探し求めた末に選び取ったものでもない。それはブラックメールに対する自動的な反応として生まれたものだ。

義務感を刺激されると簡単に相手の心理操作に屈する人によくあるように、マリアは何かことが起きたときには、自分以外のすべての人にとっての最善の道を選択するタイプだった。そして、このときにも同じことをした。ほとんどの人は、他人に対する自分の責任はどこで始まりどこで終わるかを、なかなか見極められないものである。自尊心や自分を大切にする気持ちよりも他人に対する義務感のほうが強いと、ブラックメール発信者はたちまちそこにつけこむ方法を身につける。

ブラックメールの受信者が発信者に変わるとき

この章の最初に登場した、夫を経済的に養っている国税調査官リンのカウンセリングを開始してすぐ、リンがジェフのブラックメールに対して、彼女自身もまたブラックメールを突きつけることで逆襲したことが分かった。

そこで、ジェフにリンとの合同カウンセリングを要求した。以下に挙げるのは、ジェフの言い分である――

ぼくにしてみれば、二～三日彼女から逃げ出さずにいられないところにまで追いつめられてるんですよ。彼女がわれわれの関係をどう思ってるかなんて、トラックをめぐるケンカのあとで、兄のところにいたぼくに彼女が電話をかけてくるまで、一度も聞いたことがありませんでした。その電話で、彼女は泣くだけ泣いて、とうとう最後にわめき出したんです。たしか「あたしのことを本気で愛してるんなら、こんな仕打ちはしなかったはずよ。あなたって、どうしてそんなに自己中心的なの？　自分のことしか考えてないじゃない。しかも、あたしたちの関係はギブアンドテイクなんてものじゃない。いつだって、あなたの一方的な、テイク、テイク、テイク。誰がお金を稼いでくるか知らないわけじゃないでしょうに。誰が小切手を書いてるっていうのよ。あなたのためにこれだけつくしてきたのに、よくもそんなふうに出ていったりできるわね。今後、あたしに口をきかないなんてことがあってごらんなさいよ、それだけですぐにお金はストップするわ。そうなったら、あなただって困るくせに」みたいなことを言いました。

そのとき気づいたんです、われわれの関係はおかしなことになってるって。そのあと、二人ともすごく心配になってきて、セラピーを受けようということになったんです。

ブラックメール発信者の多くと同じように、リンはジェフの負い目（彼女に経済的に依存している）に照準を合わせ、同時に彼の性格や趣味を非難するという、ネガティブな行動に出た。ジェフを引き留めるためにできることはすべてしたし、彼が彼女に抱くべき義務感を強調し、彼が彼女を不安に陥れたように、彼を不安に陥れる以上のことをした。狂ったように彼の行方を探し、帰ってきてほしいと泣きついたときには自分の力を放棄していたにもかかわらず、それを取り戻すために彼女自身がブラックメール発信者へと変身し、それによって彼を意のままにあやつろうとしたのだ。

どのような人間関係のなかであれ、二人が攻守ところを変え、交互にブラックメール発信者と受信者の役をするようになるというのは、べつだん珍しいことではない。それどころか、どちらか一方が相手よりも多くブラックメールを突きつけることはあるかもしれないが、発信役が完全に一方に偏っているということはめったにない。

また、ある人間関係のなかではブラックメールの受け手になっている人物が、別の人間関係のなかでは発信者になっている、ということも考えられる。例えば、あなたが職場の上司にブラックメールを突きつけられている場合、それにいら立ちや怒りを感じているにもかかわらず、その気持ちを直接上司に伝えられない、あるいは伝える気がないとすれば、自分の心のバランスを取り戻すために、パートナーや子どもにブラックメールを突きつけるかもしれない。

義務感ないし責務感というのは、釣り合いを取ることが難しい特にやっかいな情動だ。少なすぎれば責任感のない行動を取るようになるし、多すぎればそれに押しつぶされて、やがて怒りを感じるようになる。つまり、いつブラックメールを発信してもおかしくない状態に追い込まれているということだ。

罪悪感（Guilt）

罪悪感は、思いやりと責任感のある人が本質的に持つ感情である。それは、個人的・社会的倫理規範を侵したときに、私たちに不快感と自責の念を抱かせる健全な良心の警報装置であり、モラルをはかるための羅針盤《らしんばん》でもある。罪悪感とは、大きな苦痛を伴う情動で、そのためいったん罪悪感にとらわれると、それから解放されるための何かをしないかぎり、私たちの心は支配され続ける。だからこそ、人は罪悪感を避けるために、他人に害を与えるような言動をすまいとする。

私たちは自分の行動をはかるためのこの警報装置を信頼し、罪悪感にとらわれたときには、自分が限度を踏み越え、他人とのかかわり方についての自分のルールを侵してしまった、と考える。

良心的な人間の日常には、罪悪感が張りめぐらされている。ところが、不幸にして、この罪悪感という観念は、容易に自分の言動の影響を読み誤らせる働きも持っている。犯罪を知らせるためのものであるにもかかわらず、トラックがそばを通りすぎるたびにけたたましい警報音を発する、異常に敏感な自動車用犯罪警報装置にも似て、私たちの罪悪感センサーも、ときに過敏になることがあるからだ。そうなると、私たちは先に説明した自然かつ適正な罪悪感だけでなく、不必要な罪悪感まで抱くことになってしまう。

ブラックメール発信者が吹き込む「ＦＯＧ」は、かなりの程度にまでこの種の不必要な罪悪感からなりたっているのだが、それに密接にからみあっているのが、非難、告発、強烈な自責の念である。簡単に言えば、不必要な罪悪感は次のようなプロセスで生み出される――

①私が行動する。
②相手が腹を立てる（あるいは、動揺する）。
③私は相手の怒り（または、動揺）の責任を全面的に引き受ける。このとき、私が相手の怒りや動揺にかかわりがあるのかどうかは関係がない。
④私は罪悪感を抱く。
⑤少しでも罪悪感から逃れるためなら、私はどんなことでもして自分の行動の償いをするつもりだ。

これをより具体的に言うなら――

①′私は友人に、今夜は一緒に映画に行けない、と伝える。
②′友人が腹を立てる。
③′とてもいやな気分になる。友人が腹を立てたのは、私のせいに違いない。
④′なんだか、自分がひどい人間のような気がする。
⑤′彼女と一緒に映画に行けるように、もうひとつの予定はキャンセルする。彼女の機嫌がなおり、おかげで私の気持ちも晴れる。

私たちはみな、自分は善良な人間であると信じたい。だが、ブラックメール発信者によって引き出された罪悪感は、自分は愛情豊かな価値ある人間だという私たちの意識に攻撃を加える。こうして、私たちはブラックメール発信者の苦しみを自分の責任と感じ、発信者に、自分がこんなにみじめなのはおまえがこちらの希望を受け入れてくれないからだと言われると、それを信じてしまう。

非難の押し売り

ブラックメール発信者にとって、受け手の心に不必要な罪悪感を生み出すためのもっとも手っ取り早い方法は、非難という手段を使い、自分の怒りあるいは悩みの原因を、受け手に押しつけることだ。人は、誰かに「あなたは私を傷つけた」と直接的に非難されると、ほぼ例外なく罪悪感を覚えずにはいられない。しかも、それは、私たちがその罪悪感に見合うことを実際にしたかどうかにはかかわりがない。ときには、相手の非難と現実になんのつながりもないことを見抜いて、罪悪感を回避することもできるが、ほとんどの場合、まず謝罪をして、その後ブラックメール発信者の論理を検討し直すことになる。

世間では人の心に不必要な罪悪感を生み出す行為、すなわち「罪悪感の押し売り」について語られることが多いが、私はむしろ「非難の押し売り」について語るほうがもっと大切だと思っている。非難を「押し売りする」ブラックメール発信者は、受け手の関心を引きつけることを狙った「売り口上」をわめきたてる。その細部は状況によって異なるが、ひとつの告発（必ずしも口に出されないかもしれないが、常に言外にほのめかされている）がポイントとなっている。そして、そのポイントとは――**すべてはおまえのせいだ**。それは、私たちを引っかける釣り針なのだ。それを聞くと、私たちは彼らの非難をまともに受け取らずにはいられなくなる。

＊私はいまひどい気分だ（すべてはおまえのせいだ）。
＊私はひどい風邪をひいた（すべてはおまえのせいだ）。
＊私が飲みすぎるのは分かっている（すべてはおまえのせいだ）。
＊今日は職場でさんざんな目にあった（すべてはおまえのせいだ）。

そうした不平は、非難の矛先を向けられたあなたとはなんのかかわりもないことが多いのだが、悲しいかな、私たちは往々にしてブラックメール発信者の混乱したメッセージの本質を見抜くことができない。

なぜなら、大切な人に腹を立てられたり動揺されたりすると、ほとんどの人は自分が非難されているような気になってしまいがちだからだ。ブラックメール発信者は激しい口調で、なぜどんなふうに私たちにある状況の全面的な責任があるか、なぜどんなふうに自分たちにはその責任がほとんど、あるいはまったくないかを説明する。彼らの非難をまともに受け取れば、怒濤《どとう》のような罪悪感に襲われることになる。そうなれば、罪悪感から解放されたくて、彼らに屈服するのは時間の問題となる。

からみあう糸

ブラックメール発信者が心理操作の舞台づくりをしているとき、私たちの心を覆う「ＦＯＧ」の要素である情動を、ひとつずつ分離することは不可能だ。ひとつの要素を見つけても、その間近に別の要素がからんでいるからだ。

例えば、病院理事のマリアの「ＦＯＧ」は、義務感と罪悪感が密接にからみあったものだった。自分の義務とみなしていることを果たしていないと思えば、ほとんどの人は罪悪感にとらわれる。マリアも同じだった。

ジェイは、**もし私たちが別れるとしたら、それは全面的に私の責任だと力説しました。**夜、ベッドのなかで、妻として母として失敗するというのはどういうことを意味するのだろう、と考えました。そして、ものすごい罪悪感に襲われました。長いことほとんど茫然自失《ぼうぜんじしつ》状態だった、と言いたいくらいです。子どもたちを悲嘆のどん底に突き落とすと考えるだけで耐えられない思いでした。だって、彼らには人生を引き裂かれたり台なしにされたりする理由は何もないんですから。家族をバラバラにしてしまうと思うと、もうそれだけで、私がいままで子どもたちのためにしてきたことが何もかも帳消しになってしまう、という気がしました。「離婚」という言葉を口にすることさえ、ほとんどできませんでした。**自分がものすごく自分勝手なような気がして。**

またしても、マリアは自分自身のことをいちばんあとまわしにしてしまった。そして、ジェイは彼女がそうするだろうことを知っていた。ジェイの行動は、マリアに怒りと傷つけられたという思いを抱かせるのに十分なものだったが、彼女のその気持ちは、次第に肥大し始めていた彼女の罪悪感の前では、あまりにも影が薄かった。

マリアと同じように、罪悪感を押しつけるブラックメール発信者とのあいだに、ごく普通の日常生活をしているふりをする人は多いが、その間に積もり積もる怒りと自己嫌悪は人の心をむしばむ力を持っている。楽しみや真の親密さのほとんどない夫婦関係や友人関係は、まるで絵のない額縁と同じように、中身がからっぽのものになってしまう。

期間は無制限

いったんブラックメール発信者が受け手の罪悪感を利用できることを知ると、もはや時間は無関係になる。もし罪悪感を押しつけるにふさわしい最近の出来事が見当たらなければ、過去の出来事を引っぱり出すだけでことは足りる。彼らにかかると、受け手はいくら昔の出来事であろうと忘れることは許されず、いくら償いをしても、それで十分とみなされることはありえない。

第2章に登場した元看護師のカレンは、娘のメラニーに押しつけられた罪悪感の霧にまかれて途方に暮れていた。メラニーの子ども時代に起きたある出来事を忘れさせてもらえなかったのだ。

ずいぶん昔のことですが、メラニーが小さいときに、メラニーの父親が自動車事故で亡くなりました。実は、メラニーも同じ車に乗っていて、重傷を負ったんです。そのときのけがもとで、彼女の顔には大きな傷跡が残りました。その後、形成外科手術を受けて、ほとんど問題はなくなったのですが、メラニー自身は額にわずかに残った傷跡をいまだに気に病んでいます。もちろん、彼女にとってはとてもつらい経験だったことは分かりますから、それから何年もセラピーを受けさせました。私もその事故で、罪悪感に悩まされて、克服するまでに何年もかかりました。事故が相手方の過失で起きたというのは分かってるんです――でも、あのとき私たちの車があの通りに入りさえしなければ……。夫の言ったとおり、出発を次の日まで延ばしていれば……。もし……なら、もし……ならと、考えてしまって。メラニーはメラニーで、別の筋書きを組み立てて、悪いのは私だと考えてます。あのときキャンプに行くことになったのは、私がどうしても休暇が欲しいと言い張ったからだ、って。そして、**ことあるごとに、それを思い出させるような言動をします。**私さえ自分のことばかり考えて二～三日ゆっくりしたいなんて言いださなければ、あの日私たちの車があそこにいることはなくて、事故も起きなかったでしょう。筋が通っていないのは分かってるんです。でも、そう思うと、**罪悪感がどんどんふくれ上がって、結局は彼女の言いなりになってしまいます。**

罪悪感の痛みをやわらげるためにカレンが何をしようと、メラニーはそれを忘れさせてはくれなかった。やがてカレンは、すべてのブラックメールの受け手が必然的に気づくように、一度か二度ブラックメールに屈すれば、それでブラックメールがやむわけではなく、むしろ要求がいっそう強烈になるばかりであることに気づくことになった。

ときどき考えるんです、私は一生あの事故の償いをして生きていかなきゃならないのだろうか、って。いままでメラニーを助けようとして一生懸命やってきました。でも、何をしても十分とは思ってもらえません。彼女のトラブルは私の責任じゃありません。それは分かってるんです。でも、すべてが、結局は、あの酔っ払いが私たちの車にぶつかってきた一瞬に行き着くような気がします。

カレンの罪悪感は娘に対する義務感とないまぜになっている。したがって、カレンがこうしていつまでも罪悪感にとらわれているということは、この先もずっと、メラニーの身に起きることを自分の責任と受け止めることを意味している。たとえ、それがカレンのせいではないことであっても。それをきちんと認識しないかぎり、自分の苦しみから逃れようとして、カレンは今後もメラニーの要求に屈し続けることになるだろう。

霧にまかれ、途方に暮れて

私はかつて海辺の町に暮らしたことがある。そこでは年に数度、夕方になると霧が出て、そのまま夜のあいだ中、町が包み込まれることがある。ある夜、仕事を終えた私は、とりわけひどい霧のなかを必死に目を凝らして、車で自宅への道を走っていた。自宅のある通りにたどりつき、わが家のドライブウェイが見えたときには、ほっとした。ところが、どうしたことか、ガレージのドアを開ける装置がうまく働かない。様子を確かめようと車を降りたとき、自分が隣の家のドライブウェイに入り込んでいたことに気づいた。そのときまで、自分がしていることに気づいていなかったのだ。

ブラックメールの霧のなかを行くときにも、その夜の私と同じことが起きる。たとえ私たちの方向感覚は間違っていなくても、メール発信者のつくりだす「FOG」はそこに新しい次元をつけ加え、もっともなじんだ状況や人間関係のただなかで、私たちの現状認識能力を狂わせてしまう。

「FOG」に人生をコントロールされると、情緒的な安定が損なわれる。「FOG」は、私たちから釣り合いの取れた目でものごとを見る能力を奪い、個人的な歴史をゆがませ、身の周りの出来事を理解する力をくもらせる。「FOG」は思考プロセスを迂回し、まっすぐに情緒的反射プロセスに手を伸ばす。私たちは、突如、床に打ち倒され、しかも、何に打ち倒されたのかを理解できない。ブラックメール発信者が勝者で、受信者は敗者、その得点は実に百対ゼロというありさまとなる。

第４章　ブラックメール発信者はこんな手を使う

ブラックメール発信者はいったいどのようにして、私たちと彼らとの人間関係に「ＦＯＧ」を送り込むのだろう。

彼らはひとつ、あるいは複数の武器を使って、「ＦＯＧ」の要素を強化し、彼らの要求に「イエス」と言って早く楽になりたいという私たち受信者の気持ちに拍車をかける。しかも、その要素は、彼ら自身と私たちの両方が、彼らの言動を正当化するうえでも、ひと役買っている。「あなたのためを思えばこそ、こんなことをしてるのよ」と言いながら子どもに理不尽なお仕置きをする親と同じように、ブラックメール発信者は正当化の名人であり、私たちのためを思えばこそブラックメールを発信しているのだと信じ込ませる。

ブラックメール発信者の発信シナリオは絶えず変化しているが、彼ら特有の武器は常に変わらない。ブラックメール発信者ならすべて、そのタイプにかかわりなく、そうした武器のひとつ、あるいはそれ以上を駆使している。

武器その一　ひねり（スピン）

ブラックメール発信者は、その受信者とのあいだに軋轢（葛藤）があるのは、受信者が間違ったことをしているからで、それに反して自分は賢明で、善意から行動をしている、と説明する。言うならば、受信者は悪者、発信者は正義の人、という図式を描き出すのだ。

政治の世界では、ものごとにこうした「正義の人／悪者」というフィルターをかけることを「スピン（訳注――政治的に偏向した情報操作）」と呼んでいる。そして、ブラックメール発信者は独創的な「スピンの達人《ドクター》」だ。彼らは自分自身の性格や動機をすばらしいものとみなし、受信者のそれには深刻な疑念や不名誉の烙印を押しつける。

スピンドクター

ある日、私のところにマーガレットという女性から電話が入った。結婚生活が深刻な危機に瀕しており、それを救う方法があるかどうかを知りたいと言うのだ。約束の日時にやってきた彼女を見て、私はその魅力と優雅な物腰に胸を打たれた。マーガレットは四十代初め、前夫との離婚から五年後、教会の独身者グループの会合で現在の夫のカルに出会った。短い情熱的な恋愛期間ののち、マーガレットはカルと結婚した。彼女が私のオフィスに来たのは、それからほぼ一年後のことだった。

私、とても混乱して落ち込んでいます。私の考えていることが正しいのか、それとも彼の考えていることが正しいのか、それが知りたいんです。彼と結婚したときには、今度こそ幸運をつかんだ、と本心から思いました。カルはハンサムで、仕事でも成功しています。それに、結婚したときには、ほんとに優しくて思いやりのある人だと思いました。教会で出会ったのも、私にとっては大事なことでした。お互いによく似た価値観と信仰を持っている、ということですから。だから、結婚して八カ月ほどたったときに、彼が一緒にグループセックスに参加してほしいと言いだしたときには、とてもショックでした。彼は、自分は五年前から参加している、**私のことを心から愛しているから楽しみを共有してほしい、と言うんです。**

「何があってもそんなことをする気はない、そんなの、考えただけで吐き気がする」と言ったら、彼は心底ショックを受けたという顔をしました。彼は「最初から私のセクシーなところを愛していた。だから私の人生を本当の意味で豊かにすることを紹介したい」と言うんです。その話を持ち出すにはそれなりの懸念があった、だけどそれもこれも、すべてを共有したいという**私に対する愛情の証だ、とも言いました。**

私が「絶対にいや」と言ったら、彼はひどく傷ついた顔をして、腹も立てたようです。そして、私のことを見損なっていた、と言いだしました。**「きみは解放された、頭の柔軟な、愛情豊かな人だと思ってた。そんな上品ぶったご清潔な人だとは思いもしなかった。ぼくはそんな人に恋をした覚えはない」**

と。そしてそのあと、ぐさりとくるようなことを言ったんです。「きみがいやだと言うなら、昔のガールフレンドで、オーケーしてくれる人がいくらでもいる」と。

「スピンドクター」のご多分にもれず、カルは自分の欲望を極めて正当なものと解釈し、それに抵抗するマーガレットを救いがたい消極的人間と形容した。ブラックメール発信者は、自分たちは必ず勝利をおさめねばならない、なぜなら、自分たちの求めているのはもっと愛情豊かな、もっと開放的な、もっと成熟したことだから、ということを受信者に知らせる。自分たちが求めているものこそ最高だ、自分にはそれを手にする権利があると言うのだ。

同時に（しかも、時として極めて慇懃《いんぎん》なかたちで）、私たちに「自己中心的」「とてつもなく保守的」「未成熟」「愚か」「恩知らず」「弱虫」というレッテルを貼りつけ、私たちが抵抗するのは人間的に欠けたところがあるからだ、と決めつける。

カルは出会ったばかりのころのマーガレットの言動にだまされた、とまでほのめかした。ただし、自分に合わせさえすれば、すなわち、彼女が自分の望みどおりの頭の柔軟な、セクシーな女性であるところを実証しさえすれば、そうした評価をくつがえすことができるともほのめかした。

混乱を引き起こすレッテル

ここでは、カルがマーガレットに貼りつけたレッテルを中心に話を進めたい。なぜなら、ブラックメール発信者の使う武器のひとつである「スピン」は、「レッテル貼り」という手法を含んでいるからだ。

カルはマーガレットとの考え方の食い違いを、彼女の欠陥のせいと解釈し、自分の正しさを強調するためにさまざまなレッテルを利用した。その行為が混乱をもたらすことになる。発信者が私たちに貼るレッテルは、私たちが自分にふさわしいと思うレッテルとはあまりにも違う。そのため、私たちは、やがて、自分に貼ったレッテルに疑いを持ち始め、発信者によって自分の認識、性格、価値、妥当とするもの、価値観などにさしはさまれた疑問を内面化するようになる。つまり、ブラックメール受信者は最悪の「ＦＯＧ」に取り巻かれるわけだ。例えば、マーガレットはこう語っている――

カルの実像が、私が結婚してもいいと思った男性となぜあれほど違うのか、どう考えても分かりませんでした。私が彼をあそこまで見誤っていたなんて。信じられない思いでした。

その後、彼は考えられるかぎりいちばん合理的なかたちで、私が彼に、彼と一緒にどんなことでもすると信じ込ませるように仕向けたと言わんばかりの言い方で、グループセックスに参加することは、私たち夫婦にとってどれほどいいことか、と言い続けました。

そのうちに、私には何か欠けたものがある、私さえグループセックスについての彼の考え方を理解できるようになれば、それもそれほどおぞましいことに思えなくなるのかもしれない、と考えるほうが気が楽になってきたんです。本当に苦しみました。もしかしたら、私は堅物なのかもしれない、少しお上品ぶってるのかも、彼を十分に理解してないのかも、なんて考えて。**そうこうするうちに、私はどこかおかしかった、大したことでもないことに大騒ぎしていたのだ、と思うようになりました。**

マーガレットは自分の置かれた状況を、なんとかして彼女自身が思い描いていたカルとの人生という絵のなかに論理的にはめこもうと躍起になった。そして、自分はまだ人生を十分に理解してない、そのひとつがカルの要求を受け入れられるものとする考え方だ、と考えるに至った。

「もしいま抱いている懸念が正当な根拠のあるものだとしたら、この結婚生活は、そして彼は、自分が本当に望んでいるものか？」、そんな疑念を持つことは、マーガレットにとっては恐ろしいことだった。そして、頭のある部分で、その疑念に正面から向き合いたくない、と考えていた。自分がカルという人物を見誤っていたと認めるのは、つらかった。カルの真実の姿と彼との関係に正面から向き合うくらいなら、カルの要求を受け入れるほうが苦しみは少なかった。

カルは、マーガレットのなかに自己に対する疑念を引き出すと同時に、彼女の義務感にまともにつけこんだ。彼と一緒にグループセックスに参加するのは妻としての義務であり、それを拒否するような妻はいらないというのが、彼がマーガレットに突きつけたブラックメールのポイントだった。彼の「理にかなった」要求を受け入れてくれる女性がほかにいくらもいる、と脅されたときのマーガレットの驚きと不安は察するにあまりある。

残念なことに、マーガレットは彼の要求に屈した。

彼の圧力に負けて、それが彼にとってそこまで意味のあることなら、私も試してみようという気持ちになったなんて、いまは信じられません。恥ずかしさでいっぱいです。あのあいだ中も、いやでたまりませんでした。自分がけがらわしい人間だという気がしますし、腹立たしさでいっぱいです。とても落ち込んでいます。

カルのつくりだした「FOG」はあまりにも厚かった。しかも、マーガレットは自分を見失っていた。したがって、彼女が最終的に、いつもの彼女なら考えもしなかったはずの行動に出てしまったのも、べつだん驚くほどのことではなかった。

「悪いのはおまえだ」

ブラックメール発信者の多くは、相手の認識力や考え方を「信用ならないもの」と切り捨てるだけではあきたらず、相手の性格、動機、価値観などにも挑戦し、圧力をかける。

こうした「スピン」戦法は、家族内の軋轢（葛藤）、とくに親が成人した子どもに対するコントロール権にしがみつこうとするときに、よく見られる戦法である。そうした親子関係のなかでは、愛情イコール服従とみなされており、完全な服従を手にできそうもないと思うと、親は子どもの裏切りにあったかのような気持ちに襲われる。このときのブラックメール発信者である親の決まり文句には、表現法こそ異なっていても、同じメッセージがこめられている。おまえは私を傷つけるためにそういうことをしているだけだ、**おまえは私の気持ちなどまったく考えていない**、というメッセージだ。

すでに何度か登場した家具デザイナーのジョッシュは、ユダヤ人のベスと恋に落ち、宗教を超えた結婚を考え始めたとき、両親が動揺するだろうことを予想していた。しかし、彼を「正しい道」に戻そうとして、父が全面攻撃に出るとは予想しなかった。

親父の言っていることが信じられませんでした。まるで、ぼくが陰謀でも仕掛けて親父の人生をぶち壊した、みたいな言い方をするんです。「なぜおまえは私に拷問のような苦しみを味わわせるのだ。なぜ私の心臓に大釘を打ち込むような真似をする？」たったひと晩のうちに、ぼくは善良な息子から家族一のやっかい者に変身ですよ。

その時点で、ジョッシュが親元から独立してすでに数年がたっていた。しかし、親に「おまえは私を傷つけた」あるいは「おまえにはがっかりした」と言われた人の多くと同じように、ジョッシュは父のその言葉をみぞおちに受けたパンチのような衝撃とともに受け止めた。

私たちに近しく、しかも私たちに執着を抱いている人物の口から出るその種の言葉は、私たちの心のバランスを崩し、自我意識を揺るがせる。ブラックメール発信者とかかわれば、「薄情」「無価値」「自己中心的」といったレッテルを貼られることはありがちなことかもしれない。しかし、レッテルを貼るのが親であるときには、それに耐えるのは容易ではないだろう。私たちは、人格形成期に、親を知恵と高潔さの源泉とみなして暮らしてきたのだから。わが子に向けて「スピン」という武器を使う親は、誰よりも速く子どもの自信を打ち砕く力を持っている。

武器その二　相手を病人扱いする

ブラックメール発信者のなかには、おまえが私に抵抗するのは、おまえが病気か、頭がどうかしているかのどちらかだからだ、と言いつのる人がいる。相手が自分の言いなりにならないとき、その人を病気と決めつけて「病人扱い」するのは、ブラックメール発信者が使う武器のひとつだ。発信者は、自分の思いどおりにならない相手を神経症だ、性格がゆがんでいる、ヒステリックだ、と非難する。

そして、恐ろしいことに、相手が発信者と共有した過去の不幸な出来事のすべてを持ち出し、それはすべて相手があまりにも情緒的欠陥人間だから起きたことだ、と言って責めたてることで、彼らとのあいだに築いてきた信頼関係を打ち砕く。

ブラックメール発信者に病気と決めつけられると、私たちの自信と自我は強烈な打撃を受ける。そのため、それはとりわけ毒性の強い、しかも効果的な手法と言える。

愛情が強要されるとき

欲望の釣り合いがとれない愛情関係では、「病人扱い」という武器が使われる可能性が高くなる。一方がもう一方により多くの愛情や時間、関心、献身などを求めて、それを得られないとき、得られない側が相手の愛する能力に疑いをさしはさむことで、それを手に入れようとするからだ。私たちの多くは、自分自身が愛情豊かな愛すべき人間であることを証明するためなら、かなりのことをするだろうし、「誰かに愛されているなら、こちらもその人を愛さなければならない、そうでなければ、自分にはどこかおかしいところがあるはずだ」という誤った考え方を信じてもいる。

ロジャーは三十代半ばの脚本家だ。八カ月前に「アルコール依存症患者のための十二段階のセラピー」で出会った女優のアリスと、少し離れる時間が必要だ、と決心したときに「病人扱い」の嵐と直面することになった。

アリスはぼくがいままで出会った誰よりも献身的につくしてくれている、という感じはしてるんです。出会ったその直後から、彼女と一緒にいるのは信じられないくらいすばらしいことでした。彼女はうちにやってきて、ベッドに腰を下ろして、ぼくの脚本の原稿を読んでは絶賛してくれました。ぼくがしようとしていることを評価して、ぼくと同じくらい、それを愛しているように見えました。そんな彼女にぼくは首ったけになりました。彼女はありとあらゆる映画を見てましたし、おもしろくて、ゴージャスで、だから、彼女とぼくはなるべくして一緒になったんだとも思っていました。ところが付き合って二カ月もすると、彼女が一緒に暮らそうとせっつくようになりました。あなたみたいな人に出会えて本当にうれしい、あなたと私ならお互いの人生を変えられる、と言い続けました。あとは、ぼくさえ抵抗をやめて、彼女の言いなりになればよかったんです。抵抗をやめて、神がすばらしい関係に導いてくださるのを待てば。**もしあなたが私と一緒に暮らすことに気が進まないとしたら、それは前年のつらい離婚を引きずっているからだ**、と彼女は言うんです。でも、不安から逃げちゃいけない、真正面から向き合わなければ、と。ちょっと聞いたかぎりではもっともな意見に聞こえますけど、ちょっと先を急ぎすぎてるような気がしました。

アリスとロジャーは、それぞれが受けている「十二段階のセラピー」について、時間をかけて話し合い、互いの支えになっていた。しかし、アリスはとかくセラピストを演じたがり、とくにロジャーが彼女との関係が急速に進みすぎることについての不安を口にすると、その傾向が強まった。あなたはものごとをコントロールしようとしている、抵抗をやめなければ、と彼女は言った。出会ってまだそれほどの時間がたっていないのに、彼女は早くも同居することについてのロジャーのためらいは、過度の飲酒をしていた時期の神経症的な行動の名残だ、と決めつける傾向を見せ始めていた。彼が十一年前から禁酒していることを無視していたのだ。そして、ロジャーも彼女の意見をまともに受け止めた。アリスにかかったら抵抗のしようがない、という不快な思いから逃れられなかったにもかかわらず、たぶん、彼女の言うとおりだろう、と考えることにした。そこで、アリスに、引っ越してきてもかまわない、と言った。

彼女は二人の将来について実に明確な考えを持っていましたが、ぼくのほうは一歩一歩先に進めようと考えていました。ところが、人間というのは、彼女みたいな人の愛し方をすると、とてつもないエネルギーにあふれて、相手までそれに飲み込まれてしまうのかもしれませんね。正直なところ、ぼくはいまちょっとストレスを感じてます。でも、なんとかやっています。だけど、ここ二カ月ばかり、彼女は子どもが欲しいと言いだしてるんです。彼女はいま三十五ですが、本気で子どもを欲しがってます。必ずしも結婚する必要はない、でも、子どもを持つのは二人の愛情と創造性を表現する最高のチャンスだ、と言うんです。で、このところ、ぼくに育児書を読んで聞かせたり、子どものころのぼくの写真を引っぱり出しては、私たちの子どもはどんな顔になるだろう、なんて言うんです。やりすぎなんですよ。この先ずっと彼女とやっていきたいのか、そもそも誰かの父親になりたいのか、ぼくには分かりません。いまのぼくには書くためのスペースが必要なんですよ。彼女を好きじゃないというんじゃありません。すばらしい女性だと思ってます。でも、ぼくとしてはいろいろと見極めたいんです。はたして自分は彼女がぼくに感じてくれているのと同じものを彼女に感じているのか、そこのところがはっきりしません。よく分からないんです。だから、しばらくひとりになって考えたい、と言いました。

ロジャーがアリスの計画に抵抗したことが、彼女の猛烈な反応を引き出した。

彼女がこんなことを言いだしたんです――「そういう話し方をするあなたは怖い。あなたは私のことを愛してると言ったけど、いまのあなたの言い分を聞くと、あなたを信じられないくらいの嘘つきと考えざるを得ないわ。前の奥さんとのあいだがひどいことになったんだから、これ以上深い関係になるのを恐れる気持ちは理解できるわ。でも、あなたはもう過去じゃなくて現在に生きる気になってるんだと思ってた。たしかに、私には激しいところがあるわ。でも、あなたはそんな私にぴったりの男性だと思ったの。あなたに腹を立てるのは筋違いかもしれない。でも、あなたを哀れむわ。あなた、人生を恐れすぎてて、愛を経験することができないのよ。脚本という小さなファンタジーの世界に閉じこもって、ぬくぬくとしてるだけなのよ。真正面から向き合いなさいよ。**あなたは女たらしのあなたの父親と同じで、禁酒中の酔っ払いなのよ**」

ついで、神経質な笑い声で、ロジャーはつけ加えた。

いまもその言葉を頭のなかで再現して、彼女の言うとおりだろうか、と自問し続けています。ぼくはたしかに、人間関係をつくるのがうまくありません。ひょっとしたら、ぼくを本当に愛してくれてる人と一緒にやっていくためにはどうすればいいのか、それが分かってないのかもしれません。

私がロジャーに伝えたのは、相手があなたを求めるほどあなたが相手を求めていないからといって、それであなたが「どうかしている」あるいは「おかしい」わけではない、ということだった。自分の要求を受け入れてくれない相手を「病人」と決めつける人の多くと同じように、アリスは「愛」という言葉を誤用していた。彼女の言動は成熟した愛とは程遠いものだった。しかし、アリスにとって、彼女がロジャーにかけた圧力は、彼への圧倒的な情熱の名のもとに正当化されていた。ロジャーがそれほどの情熱に応えてくれないなら、その理由はたったひとつ、彼が深刻な心理的問題を抱えているからに違いない、と考えた。そう考えなければ、やりきれなかったのだ。

脚本を書くためのスペースが欲しいというロジャーの希望に反発し続けるうちに、アリスは「病人扱い」という手法に頼る人のほとんどが取る戦法を使い始めた。ロジャーが彼女に打ち明けた、彼自身と家族にまつわる不幸な出来事を、逆手に取ったのだ。ロジャーは彼女に、父親がアルコールをやめて以来、強迫的な女性遍歴《へんれき》を始めたことを打ち明けていた。それを聞いたアリスは、ロジャーが自分も「父親と同じ男になる」のでは、と強い恐怖を抱いていることを知った。

「病人扱い」という手法に頼る人物に秘密や不安を打ち明けるとは、いざというときにそれを格好の武器として使われることがあるということだ。過去のつらい経験、すなわち、離婚、子どもの養育権をめぐる争い、妊娠中絶など、相手との関係が良好だったときに打ち明けたことは、すべて私たちの不安定さの証明として利用される。ロジャーの場合、アリスに不安定さの「証拠」として利用されたのは、彼が努力して勝ち取った禁酒の背後にある、父親との確執だった。

あなた、どこかおかしいんじゃない？

自分の思うようにならない相手を「病人」と決めつける人も、みながみな公然と相手に「病人」というレッテルを貼るわけではない。なかにはもっと巧妙な手段を使う人もいる。

例えばキャサリンは、それまでかかっていたセラピストと衝突を繰り返した揚げ句に、私のオフィスを訪れた。そのとき、彼女の自信は揺らいでいた。

会計士としてパートタイムで働き、同時に経営修士号を取るための勉強を始めようとしていたんですが、うまくいくだろうかとかなり不安になってたのはたしかです。でも、不安のおもな原因は、少し前にある男性とひどい経験をしたことで、なぜそんなことになったのか、それを知りたかったんです。だから、友人のレニーが熱心に勧めてくれるセラピストのところに行こうと決心しました。セラピストのロンダには最初から何か取っつきにくいものを感じたんですが、初めての相手ですから、慣れるのには時間がかかるのだろうくらいに思ってました。でも、彼女はいつも私に当てこすりをしようとしている、という思いもありました。彼女はよく、すべてを手に入れ成功した女性についての新聞記事を切り扱いて、「触発」のためと称してカウンセリングの最初にそれを差し出してきました。そのたびに私はむかつきました。まるで「これがあなたのあるべき姿よ。私の言うとおりにすれば、あなたもそこに到達できるわ」と言われているような気がしたんです。

彼女は何度も彼女のセラピーグループに入れと言いましたが、私はそんなものにはまるで関心が持てませんでした。「そのグループに入ればいろいろいいことがある」という彼女の言葉は、もしかすると正しかったのかもしれませんが、あいにく、修士課程での勉強や仕事に時間を取られて、とてもそんな余裕はありませんでしたから。ところが、それをロンダは誤解したらしくて、私のことを、頑固で自分でなんでも決めようとする、そんなふうだからいろいろ問題を抱えることになるのだ、と言ったんです。

権威のある人物、すなわち医師、大学教授、弁護士、セラピストなどに「病人」と決めつけられると、とりわけ説得力がある。その種の人物との関係は信頼が土台になっており、私たちはとかく彼らに、なかにはそれにふさわしくない人物もいるにもかかわらず、英知のマントを着せがちだからである。相手は知的専門職にたずさわる人なのだから偏見のない誠実な態度で接してくれる、と思い込む。

ところが、そうした人々のなかに、自分たちは法的な機関からお墨つきを得た専門家なのだから、自分の意見や行動は何者にも非難させない、と考えているらしい人物がいることは、周知の事実だ。そうした人物はけっして正面きってそうは言わないかもしれないが、そぶりで、険しい、もしくは批判的な口調や表情で、「あなたには欠陥がある」「あなたの考え方はどうかしている」と語っている。

口調やそぶり、全体的な態度を見れば、ロンダが私にいらついていることははっきりしていました。とてもいやな感じでした。彼女が私に腹を立てるかもしれないと思うと不安で、そうなったら、私がどうかしていることを最終的に確認することになってしまう、と思いました。なにしろ、セラピストとは正しいこととそうでないことの審判者ですから、セラピストに嫌われたり認めてもらえなかったりするのは、本当にどこかおかしいところがあるということですから。それに、**私は昔から怒りとか厳しい言葉というのが怖くてたまらないたちです。相手が権威ある人物となれば、その恐れは十倍にも跳ね上がります。**

傲慢な話だが、ロンダのような「権威者」は、自分に盾つくことは許さない、という態度を見せることが多いものだ。私はあなたにとっての最善の方法を探している、そんな私に盾つくのはあなたがどれほど意固地な、情報にうとい、あるいは不安定な人間であるかを証明している、というのが彼らのメッセージなのだ。

危険な秘密

子ども虐待、アルコール依存症、精神病、自殺などの問題を抱える家族は、暗黙のうちに、そうした事実を隠し、けっして話し合わないという共通認識を持っていることが多い。しかし、家族の誰かが、現実を覆い隠すことで生きのびてきた家族というシステムの枠外に出ることによって、その共通認識を変えようとするとき、典型的に見られるのは、家族のほかのメンバーによるレッテル貼りだ。家族が隠してきた、そして長いこと否認してきた歴史をあえて口にしようとすれば、「狂気の沙汰だ」「執念深い」「家庭の破壊者だ」とレッテルを貼るのだ。

子ども時代に性的・肉体的に虐待された経験を持つ成人のカウンセリングを専門にしていたころ、私はしばしばその種の「病人扱い」に遭遇した。クライアントは、心の健康を取り戻し始めるにつれて、過去の経験を話したい、話す必要がある、と思うようになる。しかし、なかには彼らが沈黙を破ることに頑強に抵抗する家族もある。家族の抱えるトラブルが大きければ大きいほど、そのメンバーの誰かが心の健康を取り戻そうとして過去を語るのをほかのメンバーが阻もうとする、というのは自明のことだ。しかも、そのときにブラックメールが効果を発揮することがあまりにも多い。

ブラックメール受信者は、家族の秘密をばらすなら、もう家族の一員とは認めない、出ていってもらう、罰を与える、報復をする、軽蔑するなどと脅される。そうなると、「自己中心的」「破壊的」「不必要な人間」というレッテルを貼られながらも、回復のための勇気ある行動を取ろうとする人の決心は打ち砕かれることになりかねない。

通信販売会社の幹部として働く三十歳のロバータは、いまもからだのあちらこちらに子ども時代に暴力的な父親から受けた傷の後遺症を抱えている。私と出会ったとき、彼女は鬱病のために私がスタッフとして働く施設に入院していた。彼女が真っ先に訴えたことのひとつは、虐待という家族の秘密を隠し続けることに耐えられない、ということだった。

自分の子ども時代と正面から向き合い始めた彼女は、まもなく母親に当時のことの確認を求めた。しかし、彼女が出合ったのは、期待していた母親の理解ではなく、「病人」というレッテル貼りだった。

六カ月ほど前に、母のところに行って、いまだに父に殴られたときの傷の後遺症があることが分かった、と言おうとしたんです。すると、母はかんかんになって怒りました。まるでお父さんがあんたを殺したかどうかしたみたいな言い草じゃないか、と言って。だから、私も言いました――「お父さんがあたしの髪をつかんで振り回して、地面に投げつけたのを覚えてる?」って。母は異星人でも見るような目で私を見つめてこう言いました。「まったく、どこからそんな話をでっち上げたんだか。あそこのお医者たちはあんたにどんな話をしてるんだろうねえ? あんた、洗脳でもされたのかい?」だから、私も言い返しました。「あたしが殴られてるとき、ほとんどいつも、お母さんもそばにいたじゃない。戸口に立って、じっと見てたでしょ」。そう言われて、母はひどく興奮しました。どう対処していいか分からなかったんだと思います。それで、**すべてはあんたのでっち上げだ**、と言われました。**あんたは気が狂ってる、よくも自分の父親をそんなふうに言えるものだ**、って。そのあと、あんたがちゃんと治療を受けてそんな恐ろしい嘘をつくのをやめるまで、口もききたくない、とも言われて、あれには本当につらい思いをしました。

ロバータの母は彼女の記憶に大変な脅威を感じていた。そのため、それを否定しただけでなく、ロバータにもそれを否定することを強要し、家族を動揺させるような言動をやめないかぎり接触を絶つ、と脅しをかけた。

過去の出来事に光を当て、話し合おうとするロバータのような健康的な試みが、家族からのほとんど卑劣とも言える反撃にあい、「でっち上げ」「誇張」「病的な精神の産物」とレッテルを貼られるのは珍しいことではない。どうしても過去の出来事の真相を明かさなければならないと思うこともあるはずだ。しかし、それをするには、「病人扱い」という反撃に対抗するために、確固たる決意と準備、周囲からの支援が必要になる。

「病人扱い」という戦法は、ブラックメール受信者が守りにくい分野をターゲットとして展開される。私たちの大部分にとって、自分の能力や実績に対する非難から身を守ることはそれほど難しいことではない。自分のできることを外からはっきりと確認できるからだ。

ところが、ブラックメール発信者に、精神的にいささか欠陥があるのではないかと言われると、それを理屈の通った意見と受け取ってしまうこともあるかもしれない。自分のことを完全に客観視することができないのを知っているからであり、しかも、私たちの多くは自分のなかに未知なるデーモンがいることを恐れているからである。自分の言い分が通らないときに相手を「病人」と決めつける人物は、その不安につけこんでくる。

「スピン」と同じく「病人扱い」も、私たちの記憶、判断力、知性、性格に不安を抱かせるブラックメールの戦法だ。ただし、「病人扱い」のほうが危険は大きい。私たちの正気そのものに疑念を抱かせるからだ。

武器その三　援軍要請

単独でブラックメールを発信しても効果がないときには、発信者の多くは援軍を求めようとする。家族、友人、牧師など、第三者を引き込んで、自分たちの要求の正しさを証明させようとするのだ。つまり、二人、三人のチームを組んで、ブラックメール受信者を追いつめようとするわけである。発信者は、受信者が愛し、尊敬する第三者なら、相手かまわず駆り集める。強力な戦線を前にした受信者は、数に圧倒されたり、無力感に襲われたりすることになるかもしれない。

ある夜、ロバータのカウンセリングを始めてまもなく、私は援軍要請の戦法が展開されようとしていることに気がついた。ロバータの両親が、彼女の兄と二人の姉を引き連れて、家族カウンセリングに現れたのだ。兄も姉たちも、両親との連帯の強さを示そうと躍起になっていた。私が、父親の虐待を包み隠さず話そうとするロバータの気持ちをどう思うかときいたとき、彼らはとたんにガードを固めた。三人のきょうだいは互いの顔を見つめ合っていたが、やがて兄のアルが話し始めた。

母から電話で、ここへ来て、わが家の過去について本当のことを話してくれないか、と言われました。われわれはいい家族なのに、ロバータがそれを壊そうとしているからですよ。彼女が病気だってことは、あなただって分かるでしょう。見てくださいよ、あの顔を。鬱病で病院を出たり入ったり、自殺未遂をしたり……。彼女が幻覚か何かを見てるとしても、驚いたりはしませんよ。

アルはそこでにっこりして、部屋を見回した。両親と姉たちもうなずいていた。

彼女は昔からいつも大きな問題を抱えてたんですよ。彼女がよくなるためなら、家族全員で協力したいと思ってます。だけど、彼女がわれわれ家族について作り話をするのを見過ごすわけにはいきません。父の虐待なんて、彼女の創作ですよ。ところが、それをいろんな人が信じてるように見えます。われわれとしては、自分たちにかけられた汚名を返上して、彼女には必要な治療を受けてほしいだけなんです。

ロバータは虐待はなかったとする母の主張に直面して、自分の知る過去を信じ続けるためにつらい日々を過ごしてきた。それがいまや問題はいっそう困難になった。彼女の口を封じようとする大勢のブラックメール発信者に直面させられたからだ。結束を固めた家族は、いまや「裏切り者」に、口を閉ざしていさえすればまた家族の枠組みのなかに迎え入れてやろう、と暗黙の圧力をかけていた。そうすれば、また全員がなじんだ、これまでどおりの安楽な生き方ができるようになる、と。それが全員にとって破滅的なことであるにもかかわらず。

新しい援軍の要請

第3章に登場した病院理事のマリアは、援軍要請のもうひとりの犠牲者だ。夫のジェイの裏切りを知った彼女が、離婚を考えている、と口にしたとき、ジェイは彼女の気持ちを変えるためにありとあらゆる手段を講じた。身内に援軍を頼むこともそのひとつだった。

ジェイは脅したり、懐柔《かいじゅう》作戦に出たりと、過去に効き目のあったありとあらゆる方法を試しても効果がないと知ったとき、切り札を取り出しました。自分の両親を引っぱり込んだのです。私は夫の両親が大好きでした。彼の父もやはり医師ですし、母はとても優しい人で、初めて会った日から私にはとてもよくしてくれました。だから、ジェイの父から電話があって、彼らの家で家族会議をしようと提案されたときには、気が進みませんでしたが、義父の思いやりには恩義を感じないわけにはいきませんでした。

両親の家に入った瞬間から、来たのは間違いだった、と思いました。ジェイが先に着いていて、私がいかに理不尽かということを、切々と訴えていたようなのです。そんな状態で、どうして両親が自慢の息子に客観的になれるでしょう。どうして私にフェアな接し方ができるでしょう。

マリアの懸念は十分に根拠のあるものだった。その状況で、ジェイの両親に客観的になれと言っても無理な相談だった。したがって、次にどうなったかを聞いても、驚くことはない。

一時間以上にわたって、両親は、どんな夫婦にも波風は立つものだ、初めてその気配が見えたからといって、逃げ出しちゃいけない、ジェイもこれからは家で過ごす時間をもっと増やして、病院にいる時間を少なくすることに同意した、それでちょっとした行き違いはおさまるだろう、と言うんです。私さえ「離婚」という言葉を使うのをやめれば、誰にもそんな危機があったことなど知られずにすむだろう、とも言いました。

そして、本当に良心にかけて離婚を望んでいるのか、ジェイが心からあなたのことを愛しているのを知っているにもかかわらず、と言いだしたんです。ジェイが悲しむのを見ると心が引き裂かれるようだ、これが子どもたちにどんな影響を与えるかが分からないのか、夫がすばらしい将来を約束するためにこれだけのことをしているのに、たくさんの人間を不幸にして耐えられるのか、とも。

ジェイから不倫のことをお聞きになりましたか、ときいたときの両親の反応を見て、彼がそのことについては何も話していないのを知りました。そのとき両親がすごくバツの悪そうな顔をしましたから、たぶん彼らも私がなぜ彼らの息子と一緒にいることを不幸だと思っているのかが少しは分かっただろう、と思ったんです。

ところが、義父が信じられないことを言いだしました。「そんなのは家族をバラバラにする理由にはならない！　家族が第一だ。トラブルの最初の気配でうろたえて、何もかも投げ出すなんてもってのほかだ。子どもたちのことを考えろ——私たちの孫のことを」。ひどいじゃありませんか！

いまや、マリアはひとりではなく、三人の人物に腕をねじり上げられていた。それでも屈服せずにいるためには、彼女の持てる力を総動員しなければならなかった。三人の発するメッセージは同じで、まるでジェイ自身が筋書きを書いたかのようだったが、ジェイの言葉を第三者から、それも彼女が愛し信頼していた人物から聞かされたことによって、その圧迫感はいっそう大きくなった。

より高い権威にすがる

友人や家族では十分な力にならないと思うと、ブラックメール発信者はより高い権威にすがるかもしれない。例えば、聖書や、外部の知恵や専門知識の助けを借りて、自分の立場を支えようとするのだ。この種の圧力は「ぼくのセラピストが、きみのやり方はあばずれみたいだ、と言ってるぞ」とか、「ある講座に出たんだけど、そこの講師が言うには……」とか「ディア・アビー（訳注——米国のコラムニスト、アビゲイル・ヴァン・ビューレンによる人生相談欄）に出てたけど……」などという単純なかたちになるかもしれない。

知恵の受け止め方は人によってさまざまだ。しかも、それを独占することはできない。しかし、ブラックメール発信者がさまざまなところから文章やコメント、教えなどを悪意的に選び出し、真実はひとつしかない、すなわち彼らの真実が唯一の真実だ、と言いだすことは大いに考えられる。

武器その四　否定的比較

「どうして○○さんのようにできないの」。この言い方には、自分は人の期待に沿える人間ではないのではないか、という私たちの自己不信に強烈にかかわる、情緒的パンチの要素がつまっている。ブラックメール発信者は別の人物をモデルとして持ち出すことが多い。しかも、そのモデルは、往々にして、私たちにはとてもおよばない完璧な理想像である。彼ならなんの問題もなく私の要求を満たしてくれるはずだ、なのになぜあなたにはそれができないのだ、と言うのだ。

「お姉さんを見てごらんなさい、喜んでうちの仕事を手伝ってるじゃないの」

「フランクはなんの苦もなく締切を守ってるようじゃないか。彼にきけば、いい助言がもらえるかもしれない」

「生活が苦しいからといって、モナは夫を見捨てたりはしない」

否定的な比較をされると、私たちは突然、自分にはどこか欠けたところがあるのではないか、と思い始める。私は誰々ほど善良ではない、誠実ではない、成績がよくない、そう考えて、不安になり、罪悪感に襲われる。不安のあまり、自分がひどい人間でないことを証明したいばかりに、ブラックメール発信者の要求を進んで受け入れようとするかもしれない。

株式仲買人のリーは、何年も前から、否定的比較の達人である母親によるさまざまなかたちの圧力を受けてきた。

父が亡くなったとき、母は完全に途方に暮れました。母は、生まれてからずっと、面倒を見てくれる男性が常に周りにいたんです。だから父が死んだとき、今度はその役割を私に求めました。これはまもなく分かったことですが、母が私に求めていたのは、母と膨大な時間を過ごすこと、母のために弁護士と、会計士を見つけること、母ひとりでも立派にできることをあれこれしてやることでした。母は無力な女のふりをするのがうまいんです。私はそれにまんまと引っかかったんです。母の言うことをこなすなんて、わけのないことでしたから、それはまあよかったんです。言うとおりにしてやれば、母に愛してもらえるし、認めてももらえる、と思いましたし。ところが、問題は、何をしても母みたいな人を喜ばせることは不可能だってことです。だから、当然、会計士はとてつもない報酬をふっかけた、弁護士は無能でどうのこうのって話になって、私は私で、野球チームに入っている息子のためにキャッチボールの相手をしてやらなければならないから母との夕食をキャンセルしたというだけで、犯罪人みたいな言われ方をするありさまです。

少しでも私のしたことに問題があると、必ずその不満を聞かされます。おまけに、私が尻込みする様子を見せたとたんに、いとこのキャロラインに頼り始めました。まもなく、こう言い始めるじゃありませんか。**「キャロラインはいつも私と一緒にいたいと言ってくれるわ。見てごらんなさいよ、彼女のいい娘ぶりを。実の娘よりあの子のほうが本当の娘みたいに思えるわ」**。その言葉が私をどれくらい傷つけるか、どれくらい罪悪感を抱かせるか、母は考えたことがあるんでしょうか。結局、気がつくと、自分でそうしたいと思うよりはるかにたくさんの時間を母と過ごして、あれこれと世話を焼くはめになってました。それもこれも、キャロラインと比較されるのがいやだったからです。

私たちの比較の対象になっている人物は、私たちが求める愛情と称賛をひとり占めにしているかに見える。そんなときに私たちが競争心をあおられて、自分がその立場に立ってやろうと考えるのは、ごく自然のなりゆきだ。リーの場合、母親の比較はとどまるところを知らず、したがって、その期待に沿うことは不可能だった。

危険な圧力

初めて私のオフィスを訪れたキムは、彼女の「意欲を刺激する」ために否定的比較をする上司の強烈な圧力に押しつぶされそうになっていた。三十代半ばのキムにとって不運だったのは、まもなく定年を迎える伝説的な雑誌編集者、ミランダの後任として雇われたことだった。

私はかなり有能ですし、いいアイデアもたくさん持っています。ライターともうまくやってますし、仕事も大好きでした。でも、上司がスタッフの誰よりも私に強くハッパをかけて、絶えずミランダと比較するんです。いくら頑張っても十分じゃないみたいです。私が週に四つ課題をこなすと、上司のケンは**「そりゃすばらしいな。だけど、四つというのは、ミランダののんびりした週の仕事量だな。彼女の記録は週に八つか九つだった」**みたいなことを言います。いつもは日に十時間か十一時間働いてるんですが、たまに時間どおりに帰らなきゃならないと言うと、ミランダがいないと職場の倫理も死んでしまうな、と言い始めます。

ミランダはオフィスに住み込んでたも同然の仕事ぶりで伝説の人物になった人です。たしかに、ミランダはすばらしかったんだと思います。でも、彼女は浴びるようなお酒の飲み方をしますし、家族もなくて、仕事のために生きている人です。問題は、そんな彼女と私が比べられることです。私には生活があるのに。夫や子どもたちと過ごす時間も必要だし、教会の仕事もあります。そういうことは、私にとっては本当に大事なことなんです。でも、ケンにはいつも、もっと頑張れ、もっと頑張れ、とけしかけられていますし、ときにはあとひとつだけプロジェクトを引き受ければ次のミランダになれると言われて、その気になることもあります。

おかげで、いま私は抜き差しならないところに追い込まれています。ケンの望むとおりにしないと、**とてもミランダにはかなわない**、と言われますし、そのくせ、あなたには彼女みたいな花形編集者になる才能がある、なんてことも言われるんです。ただし、そのためには彼の望む余分な仕事をする、という条件がついています。それを余分な仕事と考えちゃいけない、自分の立場を保障するための仕事と考えるべきだ、と言うんです。

私が家にいないことが多いものですから、家族がイライラし始めてますし、私も疲れはてて、長時間コンピュータの前に座っているせいで腕や肩に痛みを感じるようにもなっています。なかでも最悪なのは、私自身が自分の能力に疑問を持ち始めていることです。でも、ミランダの水準に達しなければ、それができなければ、私はダメ人間だ、という気もしています。

職場にも、私たちが家庭内で遭遇するのと同じ感情と人間関係の多くが再現され、同じ力学を作動させる可能性がひそんでいる。

競争、妬み、きょうだい間のそれに似たライバル意識、上に立つ人物を喜ばせたいという願い、そうした問題が、私たちを限界へと駆り立て、それを超えさせることがある。しかし、人生に求めるもの、才能、環境などがまるで異なる人物によって設定されたきつい水準に到達しようとするうちに、ふと気づいたときには、仕事を優先して、家族や仕事以外のことへの関心、あるいは健康までが犠牲にされているなら、危険このうえないと言うべきだろう。

最初のうちは、自分が何を必要としているか、なぜブラックメールに抵抗するのかについて、はっきりとした考え方を持っていることが多いにもかかわらず、ブラックメールを突きつけられ続けているうちに、それがあいまいになり、自分が何を求めているのか本当は分かっていないのでは、という気持ちが生まれ始める。

これまでに挙げたさまざまな手法を駆使することで、ブラックメール発信者はほとんど確実に私たちの屈服を引き出すことができる。発信者の要求に抵抗する者がその真意をねじ曲げられ、批判され、寄ってたかって攻撃され、あるいは失職する可能性さえあることを考えれば、受信者がブラックメールに屈したとしてもべつだん驚くほどのことではないだろう。

相手がきたないやり方をしているのは確かだ。しかし、すべては、受信者とされた私たち自身が発信者に教えた戦法でもある。ただし、いずれ紹介するように、私たちには、彼らの手から武器を奪い取り、彼らを無力にする方法がある。

第5章 ブラックメール発信者の心のなかはどうなっているのか

ブラックメール発信者は負けることが大嫌いな人々だ。「勝敗は問題ではない。大切なのはどう闘うかだ」という古くからの格言があるが、彼らはそれをひっくり返し、「どう闘うかは問題ではない。大切なのは勝つことだ」と読み替える。彼らにとって、私たちの信頼を維持すること、私たちの気持ちを尊重すること、フェアな言動をすることなどは、むしろどうでもいいことで、対等な人間関係（ギブアンドテイクの関係）を維持するための基本原則など、意識の外に追いやられている。

彼らにとって、勝つことはなぜそれほど重大事なのだろう。なぜあれほど自分の言い分を通したがり、それがかなわないと、私たちを罰しようとするのだろう。

ブラックメール発信者はフラストレーションに耐えられない

私たちの身近な人物をブラックメール発信者に変えるものは何か。それを理解するにはブラックメールが始まった時点、すなわち、私たちがその人物に何かを要求されて、態度あるいは言葉でそれに「ノー」と答えた時点まで戻って考えなければならない。

何かを欲するのは、けっして悪いことではない。何かを欲し、それを要求し、どうすれば手に入れられるかと頭をひねることは間違ってはいない。それを手に入れるために懇願したり理屈づけをしたり、あるいはうるさくねだってちょっとした泣き落とし戦術に出たりすることも、べつだん悪いことではないだろう。

ただし同時に、「ノー」という相手の返事をきちんと受け止める姿勢がなければならない。「ノー」という返事を受け入れるのはたやすいことではないかもしれない。要求を断られたら、しばらく気持ちが動転したり腹が立ったりすることもあるかもしれない。しかし、相手との関係さえうまくいっていれば、やがて嵐は去り、話し合いで解決や妥協をはかろうとするようになるだろう。

しかし、すでに見てきたように、相手がブラックメール発信者となると、そうはいかない。彼らの場合は、フラストレーションが話し合いのきっかけになるのではなく、圧力と脅しの引き金になるからだ。ブラックメール発信者はフラストレーションに耐えることができない。

フラストレーションを感じると、なぜ、彼らはあれほど大騒ぎをするのだろう。それを理解することは難しい。そもそもこの世にはフラストレーションを感じたことのない人間などほとんどいないはずだ。ほとんどの人が、過去にさまざまな落胆を味わいながらも、その鬱憤を晴らすために他人に嫌がらせをするようなことはせずに生きてきた。落胆を一時的な挫折と受け止め、先に進む、それが普通の大人のやり方だ。

ところが、ブラックメール発信者は、いったんフラストレーションを感じると、それを単なる挫折や落胆以上の、もっと大きな出来事の象徴と受け止める。そのため、フラストレーションに直面すると、少し考え方や生き方を変えようとするのではなく、それを根深く連鎖的な喪失不安につながるものと考え、すぐにでも行動を取らなければ耐えがたい結果が生じる、という警告として受け止めてしまう。

フラストレーションから喪失不安へ

ブラックメール発信者と言えども、表面的にはほかの人とまったく変わらないし、むしろさまざまな面で極めて有能である人が多い。しかし、多くの場合、彼らの内面世界は、懸命に働く人々の多くが生活に困窮し、安定がすさまじい喪失に取って代わられた、あの大恐慌時代のアメリカに似ている。もしあなたの周りにあの時代を生きのびた人がいれば、その人は、おそらく、二度とあのときのような苦しみを味わうまいとして、いまでもさまざまなものをため込み、節約をして、次のショック、次の喪失に備えているだろう。

ブラックメール発信者も（そのスタイル、手法にかかわりなく）、そうした人々と同じような喪失を恐れるメンタリティを抱えている。ただし、彼らのそうしたメンタリティは、彼らの安定感が揺らぎ、喪失不安が刺激されたときにしか垣間見ることができないかもしれない。

ちょっと頭痛がしただけで、それを脳腫瘍《のうしゅよう》の兆候に違いないと考える人がいるように、ブラックメール発信者は受信者の抵抗をはるかに深刻な出来事の兆候と考える。わずかなフラストレーションを感じただけで、大きな不幸が起きるかもしれないと不安になり、攻撃的に反応しなければ、自分の生存に不可欠のものを手に入れることを世間に、あるいは周囲の人物に邪魔される、と思い込む。

かくて、彼らの頭のなかで、次のような喪失不安が作動し始める——

＊これはうまくいかないだろう。
＊欲しいものが絶対に手に入らない。
＊他人が私の必要としているものを理解してくれているとは思えない。
＊私には必要なものを手に入れる手段がない。
＊必要なものを失えば、それに耐えられるかどうか分からない。
＊私がみんなのことを気づかっているほど、みんなは私のことを気づかってくれていない。
＊私はいつも大切な人を失う。

そうした思いがエンドレステープのように頭のなかをめぐるうちに、彼らは厳しい手段に出なければ、自分にはちゃんとした生き方をするチャンスがなくなる、と信じ込むようになる。すべてのブラックメールの根底には、そうした共通する思い込みがひそんでいる。

喪失不安と依存性

ブラックメール発信者によっては、そうした思い込みの根っこには、長いあいだ心のなかに巣くってきた不安や自信のなさがあることがある。その場合、彼らの人生を過去にさかのぼれば、子ども時代のある出来事と、大人になってからの喪失不安とのあいだに重大な関係があることをつきとめることが多いものだ。

第1章と2章に登場した家具会社を経営するアレンが、再婚したばかりの妻のジョーにブラックメールを突きつけられたのは、彼がジョーとは別個の行動計画を立てたときのことだった。彼がジョーのブラックメール発信行為の底にあるものに気づいたきっかけは、彼女が父の命日前後にとくに不機嫌になるのを知ったことだった。

きみを元気づけるために何かできることがあるかな、ときいたんです。すると、彼女が中学の卒業式の写真を出してきました。初めて見る写真でした。彼女の父親はその写真を撮る二日前に死んでいたのですが、そのために彼女は笑顔をつくろうとして必死の怯えた子どもみたいな表情になってました。そのとき分かったことですが、父親の死後、彼女はすべてを自分で取りしきらなきゃならなかったんです——親戚への連絡も、葬儀の手配も。それどころか、卒業式の準備もしなければならなかったそうです。卒業式でスピーチをすることになっていたからです。しかも、そのスピーチの原稿は、父親に手伝ってもらって書いたものでした。家族全員が取り乱してたから、自分がしっかりしなきゃならなかった、って言ってました。

つい最近、そのことで彼女の母親と話したんですが、母親が言うには、父親が死んだとき、ジョーはほとんど涙もこぼさなかったそうです。自分の部屋に引っ込んだだけだったそうです。

父親を誰よりも愛してた、とジョーはぼくに言いました。ところが、**その父親が突然、自分の人生から消えた。たぶん、彼女はぼくも父親みたいにいなくなってしまうんじゃないか、と思ってるんでしょう。**だから、ああやってべったりとくっついていたがるのは、ぼくを引き留めておくための方法なんだと思います。

ブラックメールを発信することは、ジョーにとって、信頼することのできない世界、いつか彼女から愛するものを奪うに違いない世界に対処するための、彼女の知る唯一の方法だった。

子ども時代に大きな喪失体験に直面したことのある人物は、受け入れられていない、見捨てられている、無視されているという気持ちを味わうまいとするあまり、要求の多い、依存心の異常に強い大人になることが多い。

ジョーは優等生で、父親にもかわいがられていると感じていた。しかし、それだけでは彼女を守るには十分ではなかった。父親を亡くしたことからくる深い無力感は消えなかった。そのため、成人してからは、二度と父の死に匹敵するような大きな苦しみを経験せずにすむよう、手のこんだ戦略を練り上げることで、その無力感を埋めようとした。その戦略のひとつが友人や恋人にしがみつくことだった。だが、どんなに努力をしてもいつかその友人や恋人を失うのではないか、という不安を表現するための適切な方法を、見つけることはできなかった。

アレンと結婚したとき、彼女のその不安はエスカレートした。彼との関係を楽しむのではなく、彼が彼女とは別行動の計画を立てるたびに、怯えを感じるようになった。そして、彼を四六時中自分のそばに引き留めておけば、彼を失わずにすむだけでなく、父を亡くしたときに失った安心感の一部を取り戻せると思い込んだ。

彼女にはブラックメール発信者の多くに共通する、核とも言うべき思い込みがあった。すなわち、自分の求めるものが手に入るかどうか自信が持てない、だからチャンスはすべて利用しなければならない、という思い込みである。それがしがみつきとブラックメールのすべてを正当化していた。

混ざり合った原因

ジョーの喪失感のおもなルーツをつきとめることは比較的容易だったが、ここで忘れてならないのは、人間の行動は複雑で、さまざまな肉体的・心理的要因によってかたちづくられている、ということだ。

それをひとつの説明で片づけることは難しい。人間には、生まれつき、その人に特有の気質や遺伝的素質が備わっている。そして、そうした要素が他人からの扱われ方や、自分自身と対人関係について学ぶことと呼応しながら、それぞれの内面的・外面的生活をつくりあげている。

第2章に登場したアーティストのイヴは、フラストレーションに異常に敏感で、危機を感じるとほとんどそのたびに自殺をほのめかすボーイフレンドで画家のエリオットに、悩まされてきた。そのイヴが、エリオットの姉と交わした会話について話してくれた。

彼がどうしてあんなにしょっちゅうかんしゃくを起こすのか、その理由を知っているかと尋ねたら、彼のお姉さんが笑ったんです。**彼は生まれたときからずっとそうだった**、って。赤ん坊のときも、哺《ほ》乳瓶《にゅうびん》の乳首が口にちゃんと入っていないとか、二秒前におむつが濡れたとか、そんな理由で、天井が落ちそうなくらい泣きわめいてたって言います。少し大きくなってからは、かんしゃくで手に負えない子どもだったって。あれは生まれつきなのよ、とにかく、あんなに要求が多くてうるさい子どもにはほかにお目にかかったことがないわね、というのがお姉さんの言い分でした。

その子どもが成長して要求の多いうるさい大人になり、相変わらず欲しいものを手に入れるためにかんしゃくを起こしていた。エリオットの基本的な気質の大部分は、フラストレーションへの耐性の低さまで含めて、乳児時代にすでにかたちづくられていたのだ。

そうした遺伝的要素を補完する、あるいは強化するのは、むろん、保護者や社会から彼らに向けて発せられる、彼らは何者でどうふるまうべきかについてのメッセージである。

彼らの場合、子ども時代、思春期、そしてときには成人してからも、何か決定的な経験をすると、それが強力な思い込みや感情を生み、とくに誰かといさかいを起こしたりストレスを感じたりしたときに、それが表面化することが多い。そして、昔なじんだ「フラストレーション→かんしゃく」というパターンに再びはまり込むことになる。それが苦しみの原因になるかもしれないにもかかわらず、とりあえずそれで自分の思いを通せるだろうとの予測がつくからである。

また、昔どおりのやり方が通用しなかった経験があったとしても、次のときにはうまくいくかもしれない、という思い込みも持っている。

危機を関係修復のきっかけにできるとき

フラストレーションへの耐性のなさが、必ずしも過去の大きな喪失体験への反応ではなく、比較的最近経験した不安やストレスへの反応だという例もある。別居、離婚、失業、病気、定年退職など、自分の人間としての価値を揺るがすような出来事が起きると、ブラックメールを発信する可能性は劇的に高くなる。しかも、ほとんどのときには、発信者は自分たちのなかに不安が新たに活性化されていることを意識してさえいない。彼らが意識しているのは、自分がいますぐに欲しいものと、それを手に入れる方法だけなのだ。

第1章で紹介した不動産業者のステファニーは、弁護士の夫ボブに短いあいだ不倫をしていたと告白されて、いきなり奈落の底に突き落とされたような危機感に襲われた。ボブは夫婦のあいだをもとの安定した状態に戻そうと懸命に努力し、セラピーにも通った。しかし、ステファニーは、自分にはある程度のブラックメールでボブに規律を守らせる権利がある、と主張して譲らなかった。彼女の怒りと報復に直面して一年、ボブはほとんど打つ手をなくしかけていた。

そこで私はステファニーとの共同カウンセリングを提案し、ステファニーもそれを受け入れた。

あなたともあろう人が、理解できて当然じゃありませんか。私はあなたのお書きになった本は全部読んでます。相手にまるめこまれちゃいけない、きちんと対決して限度を設定すべきだ、とさんざんお書きになってるじゃありませんか。私には怒る権利があるんです。ボブはとんでもないことをしたんですから、少しは仕返しをされて当然です。

たしかにあなたには怒る権利があるし、傷ついた、裏切られた、ショックを受けた、と思う権利もある、どんなことがあっても、あなたの苦痛を割り引いて考えるつもりはない、と私は応じた。そして、ただし、対決することとブラックメールを突きつけることとのあいだには大きな違いがある、とつけ加えた。ひょっとしたらステファニーは不当な扱いを受けて復讐に燃える妻を演じてボブを罰することで、満足していたのかもしれない。しかし、そのためにボブとの結婚生活は破綻しかけていた。

カウンセリングの進行に伴い、ステファニーの自己防衛的な態度は目に見えて薄れ、ボブの裏切りを知ったときの気持ちを涙ながらに語り始めた。そしてその過程で、それまでとは別の面が見えてきた。なぜ復讐をしたいという気持ちを捨てることがそれほどまでに難しいのかという面に、かなりの光が当たり始めたのだ。

男性に身も心も捧げて裏切られたのは、これが初めてじゃないんです。ボブはそれを知ってました。ボブが私以外の女性と付き合おうと考えたというだけでも、私には信じられないことでした。最初の夫に裏切られたときに私がどれほどつらい思いをしたかを知ってたんですから。なのに、あんなことをするなんて、私、もう少しで死にそうになりました。いま私にどうしろとおっしゃるんですか？どうすればまた彼を信頼できるようになるとおっしゃるんですか？　いまほど自分の魅力に自信をなくしたことはありません。これほど屈辱的で、これほど……これほど無力感にさいなまれたのは、初めてです！

ステファニーはボブの裏切りだけでなく（それだけでも十分につらいことだったが）、最初の夫との苦しい経験とも折り合いをつけようと苦闘していた。ボブへの信頼を失い、自信を打ち砕かれた彼女は、懲罰的なブラックメールを突きつけることで反撃したのだ。それが、自分の内部で荒れ狂う情緒的混乱をおさめるための唯一の方法だと考えたからだ。

おそらく、彼女のそうした反応には、子ども時代の経験がそれなりに影を落としていたのだろうが、カウンセリングでは、彼女が成人してからの経験に的を絞ることにした。前の結婚から引きずっている苦痛が、ボブとの関係をもう一度良好なものに戻すうえでの障壁になっていることを理解したステファニーは、私の同僚のカウンセリングを受けることに同意した。現在、彼女とボブは懸命に関係修復の努力をしている。二人は今回の危機を、コミュニケーションとさらに深く互いを知り合うためのチャンスとして利用することに成功したのだ。二人の関係はきっと修復されるだろう。

すべてを与えられた人

いちばん当惑させられるブラックメールのひとつは、すべてを与えられているにもかかわらず、それ以上を求める人物の発するそれである。

彼らの動機を「喪失不安」と考えるのはつじつまが合わない。そもそも彼らには、喪失体験などほとんどないように思われるからだ。しかし、過剰に保護され甘やかされて育った人々は、もともと喪失体験が少ないため、いざ喪失に直面したときにどう対処すべきかを知らないままにきてしまっている、という例が多い。そのため、何かが失われるかもしれないという気配が見えただけで、早くもパニックに陥り、ブラックメールを発信することで自分を支えようとする。

病院理事マリアの夫で、外科医のジェイがまさにそのケースだった。私は、マリアのカウンセリングを通して、ジェイがすべてを楽々と手にしてきた人物であることを知った。彼は医学部を優秀な成績で卒業し、いくつもの外科手術でパイオニア的な手法を編み出すことで「天才」の名をほしいままにし、もっとも特権的な社交サークルにもやすやすと入れたという。それを聞いて私の頭に浮かんだのは、「すべてを手にする資格のある人物」という言葉だった。

彼の子ども時代は信じられないくらい恵まれたものでした。ひどいいじめを受けた経験もなければ、心的外傷《トラウマ》を受けるような経験もなくて、他人からの称賛ばかりを受けてきたのです。彼の父親は貧しい家庭の出で、一族で初めて大学を出た人です。驚嘆すべき人物なんです。なにしろ、猛勉強と図太さと一日二時間の睡眠で、医学部を出たというのですから。おまけに、ジェイの母親をデートに連れだすお金を稼ぐために、ウエイターのアルバイトもしていたといいます。義父から聞いたところでは、彼は自分にいくつかの約束をしていた、そのひとつは、ジェイには自分が味わったような苦労をさせない、ということだったそうです。

ジェイは、間違いなく、神童でした。彼が医師になる決心をしたとき、両親はお金に糸目をつけずに化学の実験セットを買い与えたり、理科キャンプに行かせたりしたといいます。彼にはいっさいアルバイトをさせませんでした。**彼はまさにすべてを与えられていたんです。**それに加えて、テニスのレッスンは受けさせてもらう、カシミアのスポーツコートは買ってもらう、もちろん、女の子にも不自由しませんでした。

ジェイの人生は、特権を与えられていた、という言葉では足りないほどの、まさに非現実的な人生だった。彼の人生に喪失感は無用と考えた父親は、ジェイに落胆や挫折に備えるための学習をほとんどさせてこなかった。

この種のすべてを与えられた人物には、二つの欠点がある。ひとつは、あまりにも安全な環境で育ったために非現実的な期待を抱くようになり、望むものはすべて手に入ると信じ込んでしまうこと。もうひとつのもっと危険な欠点は、フラストレーションに対処するために必要な、本質的な技能を発達させるチャンスを奪われたことだ。一見最高の動機と意図と思えたもので子育てをしたジェイの父親は、実際には情緒的に問題のある人間を育て上げてしまったのだ。

自分にはキャリアも、家庭も、妻も、愛人も何もかも手に入れる資格がある、とジェイは思い込んでいた。マリアはそんな彼の思い込みに盾ついた。それは、彼にとって、大事な人物によって大切なものを取り上げると脅された、初めての経験だった。ジェイはパニックに陥った。誰かがいつのまにかルールを変えてしまっていた。いまや彼にとって、ブラックメールこそが慣れ親しんだトップの座を取り戻すための手段となった。

この世は自分を中心に回っている（ナルシシズム）

いままでに見てきたブラックメール発信者はいずれも、ほぼ全面的に自分たちの希望、自分たちの欲望のことしか考えていない。私たちの希望や自分たちの圧力が私たちに与える影響などは、まったく眼中にないかのようである。

ブラックメール発信者は、受信者である私たちがその要求に従わないでいると、時としてまるでブルドーザーのように、こちらの気持ちを踏みにじり、しゃにむに自分の希望を通そうとすることがある。すべては相手の気持ちのまったく見えない、自己愛《ナルシシズム》が原因だ。

私の出会った人々のなかでナルシシストの代表といえば、やはり、第2章に登場した政府職員パティの夫ジョーだろう。ジョーはパティに、新しいコンピュータを買う余裕がない、と言われたとたんに鬱に取りつかれ、寝込んでしまった。さらに最近は、次のようなちょっと前例のないナルシシズムを発揮した。

ジョーの収入はけっして悪くないんですが、二人で稼いでも追いつかないような使い方をします。だから、わが家の支払いはしょっちゅう滞ってしまいます。先週も、支払わなきゃならない請求書が山積みになってしまいました。するとジョーが、きみのおばさんに借金を申し込んでくれよ、って言いだしました。たしかにおばはかなり裕福な生活をしてますが、最近乳がんの手術を受けたばかりなんです。だから、いまはおばをわずらわせるわけにはいかない、って言いました。そしたら、信じられないことに、彼がいきなり圧力をかけ始めました。「これが彼女の病室の電話番号だ。調べる手間をはぶいてやったよ。いますぐ電話してくれよ。**大したことじゃないじゃないか。別にいま痛みに苦しんでるわけじゃなし。**それにきみは昔から彼女のお気に入りだったんだろ。電話するくらいどうってことないさ。**ぼくのためにそんなちっちゃいことさ**

えできないってのは、どういうことだ？」

乳がん？　入院？　手術？　そんなのどうってことないさ、というのがこのタイプのブラックメール発信者の言い分なのだ。とにかく、彼はいま何かを必要としている。それも、いますぐに。この緊急事態に、地上には彼以外に誰も存在していない。

ブラックメール発信者の身勝手さは、往々にして、自分に向けられる関心と愛情には限りがある、しかもそれは急速に縮小しつつある、という思い込みから生まれている。

同じく第2章に登場した著名な画家エリオットは、身勝手を絵に描いたような人物で、ガールフレンドのイヴがキャリアを確立するために絵のワークショップに入りたいと言ったときでさえ、彼の頭にあったのは自分のことばかりだった。

そして、もしここでイヴの要求をのめば、自分の身の安全が脅かされる、と考えた。彼女が出かけているあいだに、何かが必要になったらどうする？　もし自分が退屈したり、寂しくなったりしたら？誰が慰めてくれるのだ？　この世は自分中心に回っている、小さいころにそうだったように。

彼はいま再び、依存する人物に全面的な関心と満足を求め、常により多くを欲する五歳の暴君に逆戻りしている。

モグラの塚を泰山に見せかける

ブラックメール発信者はちょっとした意見の食い違いが起きるたびに、それを相手との人間関係の「のるかそるか」の大事件ととらえることが多い。相手の抵抗に出合うと、途方もない落胆とフラストレーションにさいなまれ、ささいな行き違いを大げさにふくらませ、それで相手との関係はおしまいだと考える。

あなたが彼らの親と食事をしたがらなかっただけで、なぜ彼らはそれを大問題と考えるのか。あなたがワークショップに出たいと言っただけで、釣り旅行に出かけたいと言っただけで、あるいは彼らの計画に熱意を示さなかっただけで、なぜあなたを攻撃するのだろう。彼らの要求はなぜそれほどまでに激しいのか。それは、彼らが現在の状況に反応しているのではなく、それが象徴する彼らの過去の何かに反応しているのだと知ったときに、初めて理解できる。

イヴから何かというと自殺すると口走るエリオットの生い立ちについて聞くうちに、男は自立した女から自分の必要とするものを引き出すことはできない、と彼が思い込んでいることが明らかになった。

そういえば、前に彼から父親の話を聞いたことがあります。そのとき、父親が「自分はないがしろにされている」と言ってこぼしていた、と言ってました。エリオットの母親は、たぶん、ビジネスの世界での本物のパイオニアといえる女性だったんでしょう。子ども用衣料の小さな会社を経営していて、それはそれですばらしいことだったんです。ただし、父親だけはそう思っていませんでした。父親はそれを苦々しく思っていたと言います。

いまでもエリオットの記憶にいちばん鮮やかに残っているのは、母親が不在がちだったことだそうです。家にいるときの母親は優しいんですが、急に仕事で出張ということが重なって、母親のいないことがとても寂しかったと言います。

父親はそんな母親にしょっちゅう腹を立てていて、いつも「**まったくあの手の女どもときたら――自分がこっちを必要としてるときには、やたらにべたべたするくせに、自分でやっていけるようになったとたんに、こっちがいることなんか忘れちまう**」みたいなことを言ってたんだそうです。そういうことをしょっちゅう聞かされてたら、聞かされたほうもそのうちに同じ考え方に染まってしまうんじゃないでしょうか。


そうした環境からエリオットが引き出したメッセージは明確だった。そのメッセージとは、「女はいつも男が自分のそばに引きつけておかなければ、愛情あふれるパートナーにはならない」というものだった。エリオット自身は、おそらく、自分がそんな思い込みを持っていることを否定するだろう。

しかし、イヴに対する過剰な反応の仕方を見れば、彼のなかでかつてのデーモンが揺り起こされつつあることが察せられる。

エリオットにとって、女の見せる自立のサインは、それがどんなものであれ、脅威だった。イヴは彼の母親の代役であり、彼が情緒的に依存し、一体化する女性だった。そのイヴが、あまり自立すると、母親が父親（と彼）を見捨てた（と彼には見えた）ように、自分を見捨てるだろう。イヴが戸口を出てゆくたびに、エリオットには子ども時代の喪失感が蘇《よみがえ》っていた。

これはすべての過剰反応に当てはまることだが、こうした場合には、言葉と感情が盛大に吐き出されるが、底にある本当の気持ちが表現されることはめったにない。エリオットは親密な関係を必死に求めていた。にもかかわらず、彼がイヴに数々の激しい言葉を浴びせたために、それを手に入れられないことはほぼ確実になっていた。

ここで、イヴがエリオットに、不安を解消するために専門家の診断を仰ぐことを考えてはどうかと提案したときに、彼の口から出た言葉と出なかった言葉について考えてみたい。エリオットの口から出たのは、「きみは外に出て自分のしたいことをしようとしている。そうすれば、ぼくはひとりぼっちになる。そんな状態で、どうしてぼくは生きなければいけないんだ。きみはぼくのことなんかちっとも考えていない」という言葉だった。

しかし、彼が言わなかったのは、しかし本当に言いたかったのは、「ぼくはいまとても怯えている。

きみが変わりつつあるからだ。最初のうちは、きみもぼくに満足していた。でも、いまは違う。ワークショップに行けば、いずれきみが自分のキャリアを持つようになって、ぼくのために割く時間がなくなる。それを思うと心配でたまらない。きみは誰かほかの男と出会うかもしれない。それが心配でたまらない。きみが自立しすぎるのが怖い。きみはぼくを必要としなくなって、ぼくを捨てるだろう」という言葉だった。

しかし、こうした思いの伝え方はエリオットの手法には組み込まれていなかった。もし組み込まれていれば、ブラックメールに頼る必要はなかったはずだ。おそらく、多くの男性と同じように、彼は自分の要求の多さや不安を恥じていたのだろう。自分の希望を通すために彼が取れる唯一の方法は、わめきちらすこと、すなわちイヴが自分を向上させたいという気持ちをかすかにでも見せれば、それに過剰反応してみせることだった。

別のときから持ち越した感情

第4章に登場した脚本家のロジャーは、子どもを持とうというアリスの提案を受け入れなかったために、彼女からの猛攻撃にさらされ、仰天した。彼が自分の希望をはっきりさせようとしないと思ったアリスが、古典的な過剰反応に出たからだ。

あなたなんか、私のことを本当に気づかってくれたことがないのよ。私たちの仲をもっと親密にするような行動をいっさい取りたくないなら、どうしてこれを愛と呼べるの？　私はもうあなたを信用しない。もうあなたを愛してるかどうかも分からなくなったわ！　あなたはかなり深刻な問題を抱えてるのよ。ほんとに専門家に相談しなきゃいけないのよ。

ところが、ある夜、二人で参加しているアルコール依存症患者のための十二段階のセラピーの会合で、ロジャーは、彼との関係を将来にわたって確固としたものにしようと必死になるアリスの行動の背後にある不安について、重要な情報を得ることができた。彼女がメンバーの前で次のように打ち明けたのだ。

私は現在目の前にあること以外、なんにも信じていません。目の前にあることに飛びついて、しっかりとしがみつくんです。私の父は病的なギャンブラーでした。私の目にはすごく魅力的な父親でしたが、実際の私たちの生活は、今日大金持ちかと思うと、次の日には救世軍のバザーで中古の安物を買わなきゃならない、電話がかかってきても、借金取りからかもしれないから出られない、という状態でした。子どものころは、いったん手に入ったものはなんでもしっかり握って放さずにいたものです。ベビーシッターをして稼いだお金も、誰かからの贈り物も、質に入れてお金に換えられるものはなんでも。父まで、いま家にいるかと思えば、たちまちいなくなってしまう。ときには、一週間も帰ってこないこともありました。**安心できるものが欲しい、約束が欲しいというのは、そんなに悪いことでしょうか**。そういうものが、私にはとても価値のあるものに思えるのです。愛情を持つことのどこがいけないんでしょうか。

アリスは長年、手のなかにあるものがあるとき突然消えてしまうのではないか、と恐れて暮らしてきた。そんな彼女が将来に対する保証が欲しいと思うのは、驚くほどのことではないだろう。しかし、ほとんどのブラックメール発信者と同じように、彼女は受信者の抵抗をかわそうとして、不器用な手法を使った。

ロジャーに容赦ない言葉の攻撃を浴びせる、というかたちで表面化した彼女の過剰反応は、飢餓感と不安に満ちた彼女の内面から発したものだった。いくらロジャーを自分に縛りつけてみても、彼女の内面の飢餓感は満たされなかった。たとえロジャーがそれを満たしてやりたいと思っていても。

アルコール依存症患者のための十二段階のセラピーでの話し合いを通して、アリスは自分がロジャーを縛りつけようとしていることを理解し、それをなんとかしないかぎり、どんな人物との関係もうまくいかないことに気づいた。以来、彼女はロジャーに対する圧力をかなり控えられるようになり、同時に、彼との関係が自然に進展するのを待てるようになった。

戦闘に勝って、戦争に負ける

ブラックメール発信者は受信者との闘いに勝利しながら、そのために使った戦術のせいで相手とのあいだに深い亀裂をつくることが多い。しかも、彼らが手にしたのはあくまでも目先の勝利でしかないのだが、それでも彼らはそれを十分な勝利だと思うことが多い。まるで考えねばならない将来などない、とでも思っているかのように見える。

ブラックメール発信者の大半は、「私は欲しいものを欲しいときに欲しい」という思考様式で行動する。まるで子どものように、行動を結果に結びつけて考える能力に欠け、相手の屈服を引き出したあと、自分たちがどのような状況に置かれるかはまったく考えていないように思える。

マイケル、エリオット、アリス、ジェイ、ステファニーなど、これまで見てきたブラックメール発信者は、相手さえ自分の脅しと圧力に屈すれば、自分は価値あるものを手に入れることができるはずだと考えている。しかし、実際にはそんなことはありえない。

ジョッシュの父は、ジョッシュが恋人をあきらめることで彼に屈したとき、息子との関係がどうなると考えているのだろうか。夫のカルにグループセックスを強要されたマーガレットは、彼のブラックメールに屈してその要求を受け入れた。しかし、それは二人の結婚生活の終焉を告げる鐘の音だった。夜間講座に通う通わないがきっかけで夫婦関係の危機にまでいってしまったリズは、夫マイケルの脅しに屈するふりをして、態勢を立て直すための時間稼ぎをした。リズの話に耳を傾けてみよう。

弁護士さんに電話して、いっさいの手続きを中止してください、と頼みました。それでマイケルも落ち着きましたから、少なくとも理性的な話し合いに入れるだろうと思います。いまのマイケルはすごく優しいですよ。私が彼の言い分を受け入れた、そのうちに仲直りのキスをしにきて、いさかいの埋め合わせをするだろう、と思ってるんです。でも、本当のことを言うと、私は彼の言い分を受け入れたふりをしてるだけです。いま私が一緒に暮らしてるのは、もう好きとは言えない男です。ましてや、愛してるなんて、とんでもありません。

ブラックメール発信者は、自分のつくりだした「ＦＯＧ」に巻かれ、自分の嫌がらせが相手をどれほど遠ざけているかには思いがおよばない。目下のところ、彼らにとって大切なのは、自分自身の喪失不安からいますぐに逃げ出すことなのだ。それがどんな結果を生むかなど、考えてはいない。

喪失感を軽くするために相手の価値をおとしめる

もっとも懲罰的なブラックメール発信者とは、往々にして、大切な人を失った経験のある、あるいは失うのではと恐れている人物だ。彼らの恐れの原因には、相手が自分と情緒的に距離を置こうとしているとか、別居、離婚、人間関係に生じた大きな亀裂などがある。

第2章に登場したシェリーと、その不倫相手のチャールズの話を覚えておいでだろうか。シェリーの職場の上司で、既婚者であるチャールズが、不倫関係を解消するならクビにする、とシェリーを脅した、あの話だ。

私は、**あるときは〝世界一きれいで、刺激的で、おもしろい女性〟**、ところが、彼に「このままじゃ袋小路に迷い込んだような気がする、ちゃんとした生き方をするために**関係を清算したい**」**と言ったとたんに、〝心が冷たくて、彼の大変なストレスや、ことをうまく運ぼうとして懸命になっている気持ちなど気づかってもいない女〟**ということにされてしまいます。

いま彼は、ぼくはひたすら与える側、そしてきみはひたすら受け取る側だ、なんて言っています。本当は、その正反対なんです。それに、情けないことに、このところ彼は急に職場で私のすることなすことにケチをつけるようになりました。私にみじめな思いをさせてやろうというつもりなら、うまくやってると言えるでしょうね。どうして彼は、私にこんな仕打ちができるのでしょうか。

若い恋人を失う危機に直面し、自分の脅しが通用しないことを悟ったチャールズは、自分の痛みをやわらげる手段に出た。それがシェリーの価値をおとしめることだった。彼女を好ましくない、価値のない人間にすることができればできるほど、彼のこうむる損失は小さくなり、喪失感も大幅に軽減されるはずだ。相手が魅力のない人物なら、そのぶん別れは簡単なのだから。彼はさらに、彼女の仕事の価値をおとしめることで、彼女の解雇を正当化することもできた。二重の価値切り下げ、二重の懲罰だ。

この場合、ブラックメール発信者は、どんなことがあっても相手との関係にピリオドを打ちたくないと思っている。にもかかわらず、相手が本気で別れたがっていると感じると、自分のほうから別れを切り出すことが多い。攻撃的なスタンスを取りさえすれば、相手をコントロールする立場にとどまれるからだ。「捨てられる前に捨てさせてくれ」というあの昔ながらの面子《メンツ》保持の戦術だ。

教訓をたれる

お仕置きは子どもの性格をかたちづくると信じて疑わない親と同じで、ブラックメール発信者も懲罰をすることで相手の役に立っている、と自分を納得させているのかもしれない。自分が心から大切に思う人を傷つけることに罪悪感や悔恨の情を抱くのではなく、誇りすら感じている。こうすることで自分は相手をちゃんとした人間にしようとしている、というのが彼らの理屈なのだ。

第2章に登場した「鼻先にニンジンをぶら下げる人」であるアレックスは、ガールフレンドのジュリーに、映画界の有力者にコネをつけてやると約束しては、彼女が彼の「期待に沿わない」からと、その約束を反古にすることで、彼女のためにとてもいいことをしている、と信じ込んでいた。

息子を元の夫に引き渡すのが私にとっていちばんいいことだって彼は言ったわ。**何かにつけて、「きみは自分の前進を妨げるようなことをしている」「私はきみが潜在的な可能性を生かすところを見たいだけなんだ」という言い方をするの。**でも、本心は、息子につきまとわれずに私を独占したいということなのよ。まったく、お優しいったらありゃしない。

侮辱と子ども扱いも、同じように「きみのためを思えばこそだ」という理屈で正当化されている。彼らの侮辱的な言い方や子ども扱いには、一般的に、こちらが考えるよりはるかに少ない悪意しか含まれていない。シェリーに「きみは誠実さというものを学ぶ必要がある。この仕事にはそれがいちばん大事なんだ」と言ったとき、チャールズはそういうことが彼女のためになる、と本気で信じていた。互いにブラックメールを突きつけあった国税調査官のリンと家を守る夫のジェフも、ともに、自分は相手の性格を改善しようとしている、と考えていた。「人をあんなふうに扱っちゃいけないってことを、彼女は学ぶべきなんですよ」とジェフが言ったのは、リンとケンカをしたあとのことだった。

そのとき彼は心底から、自分はリンに「じゃじゃ馬ぶり」をもっと控えなければならないと教えている、と信じ込んでいた。そしてリンのほうも自分の言動を、ジェフを訓練するためのもの、とみなしていた。「たぶん、私が彼に十分に屈辱を味わわせれば、彼だってだらだらした生活をやめてパート仕事ぐらいするようになるはずです。人を動かそうと思えば、ときには露骨な非難も必要なんです」というのが彼女の言い分だった。

懲罰はブラックメール発信者の期待するような結果を生まない、というのはかなりはっきりした事実だ。とくに懲罰を受ける側にとってはそうだ。にもかかわらず、懲罰を訓練とする間違った考え方にしがみつくことには魅力的なご利益《りやく》がある。相手を「ろくでなし」のように見せることができれば、発信者は、その後どんなことが起きても耐えてゆけるからだ。相手が「ろくでなし」だったのなら、自分に悪いところがあるから自分が心から渇望する愛情や絆が台なしになろうとしている、というつらい思いを回避できる。

古い闘い、新たな犠牲者

すでに見てきたように、ときにはブラックメール発信者が何かのストレスにさらされると、それがきっかけで彼らの過去の傷が口を開け、その鬱憤が受信者に向けられることがある。その場合、受信者は彼らの過去のある人物の代役とされており、発信者の懲罰は理不尽なほど度の過ぎたものになることがある。

これまでに登場したブラックメール発信者のなかでも、おそらくもっとも露骨な「罰する人」と思えるマイケルは、彼の執物な攻撃にさらされてほとんどノイローゼ状態になっていたリズの目には、まるで怪物のように映り始めていた。どうして彼がそこまで卑劣な態度に出ると思うかと私が尋ねると、リズはしばらく黙りこくっていたが、やがて次のように答えた――

実は、その点について本気で考えると、マイケルはいまにも爆発しようとしている火薬樽みたいだった、と思えてきます。

彼は十四歳のときから家の商売を手伝って、懸命に働いてきました。彼の両親は事務機器のお店を経営して、かなり成功していました。マイケルは、本当のところ、一度も子どもでいることを許されませんでした。スポーツがすごく得意だったんですが――いまでもかなりのスポーツマンです――、両親がスポーツをする時間をくれなかったと言います。棚卸《たなおろ》しとか、お店の掃除とか、レジの担当とか、いろいろと仕事を押しつけられたんだそうです。

デートするようになったばかりのとき、二人でシカゴに行ったことがありますが、彼はビルのことをなんでも知っていて、自分の大きな夢は建築家になることだった、と言いました。でも、両親がそれを許してくれなくて、彼もとうとうあきらめてしまいました。彼、とても責任感が強いんです。そりゃ、両親には腹を立てたはずです。でも、彼はひとこともそれを言ったことがなかったし、今後も言わないでしょう。だからといって、いまになってその鬱憤を私にぶつけていいということにはならないはずです。

あなたの言うとおりだ、と私はリズに言った。マイケルがリズにぶつけたような、言葉による攻撃や脅しには弁解の余地はない。しかし、大切なのは、マイケルが彼女を非難したり、彼女の「欠点」に怒りをぶつけるからといって、それは自分のせいではない、ということをリズが理解することである。むろん、彼に非難や怒りをぶつけられれば、それを自分に対する攻撃と受け取らずにいるというのは難しいだろうが。

リズが彼の攻撃にうんざりして、別れる、と脅したとき、彼の懲罰行動は極端な過熱状態に達した。リズなしで生きねばならないという不安が、積もり積もっていたフラストレーションに火をつけた。

もしマイケルに自分の気持ちを表現する能力があれば、こう言ったのかもしれない――「頼むからもう一度夢を取り上げるようなことはしないでくれ。ぼくは十代のころから落胆と痛みと喪失感を味わい続けてきたんだ。自分の望みがかなったことはなかったんだ。誰もぼくを気づかってくれなかった。それが本当につらい。両親はぼくの愛するものを何もかも奪って、よくもこんな好きでもない仕事に引きずり込んでくれたもんだ。そして、今度はきみがぼくと別れたいという。またそんな目にあうなんて、耐えられない。きみはぼくがどれだけの落胆に耐えられる人間だと思ってるんだい」

本来ならこれは、彼の両親に向けられるべき情動に満ちた言葉だが、生まれてからずっと両親にコントロールされてきた彼は、ついにそれを口にするだけの自信と強さを身につけることができなかった。マイケルがためこんできた悲しみと怒りは、消えたわけではなかった。それが、彼の現在の生活のなかに噴き出してきた。彼は愛するリズを、怒りの対象として見るようになっていた両親と、混同していたのだ。

強い関係を維持するために発信されるブラックメール

妙に聞こえるかもしれないが、懲罰はブラックメール発信者を受信者との強い情緒的関係に縛りつける役割を果たしている。

発信者は高度に張りつめた雰囲気をつくりあげることで、自分たちに向けられる受信者の気持ちを活性化していることを、しかも、その気持ちがたとえ否定的なものであっても、それによって強い絆がつくりあげられたことを、知っている。受信者は、そんなブラックメール発信者に腹を立てるかもしれないし、憎しみを抱くかもしれない。しかし、受信者の関心が自分に向けられているかぎり、彼らは見捨てられたわけではないし、無関心で切って捨てられたわけでもない、と考えるのだ。懲罰は亀裂の入った人間関係におびただしい情熱と熱気を保つ役割を果たしている。

再婚した妻ジョーにブラックメールを送られているアレンは、一方で元の妻ベヴァリーにも、考えられるかぎりもっとも残酷なかたちで罰せられ続けていた。二人のあいだに生まれた子どもたちを武器として使われたのだ。

アレンとベヴァリーはとげとげしいやりとりの末に離婚した。彼らの結婚生活は、双方にとっての不幸とストレスの源だった。にもかかわらず、アレンは離婚を望んだが、ベヴァリーはそれを望まなかった。そのため、ベヴァリーは徹底的に闘った。双方で少しは和解の努力をしたし、カウンセリングも受けたが、すべてはむなしかった。

彼女は子どもたちがぼくにとってどういう意味を持っているかを知ってたんです。男が自分の子どもと、とくにまだ幼い子どもと毎日一緒にいられないというのがどういうことか、それを本当の意味で理解している人は少ないと思います。ぼくはベヴァリーと離婚せざるを得ませんでした。でも、子どもたちと他人になりたいと思ったわけじゃありません。彼女は最初のうち、**ぼくが彼女を捨てたら、二度と子どもたちには会えないだろう、と言って脅しました。**よその州に行く、ひょっとしたらこの国を出るかもしれない、とまで言いだしたんです。パニックになりましたよ。まともにものが考えられなくなりました。そういうことをした女性を知ってるんです。いや、元の奥さんにそういうことをした男だって知ってます。

最終的には双方が冷静さを取り戻し、アレンに自由訪問権が与えられることで決着した。アレンもベヴァリーもかろうじてお互いに礼をつくせる状態に立ち戻り、ベヴァリーは法廷の命令を尊重した。ところが、彼がジョーと再婚したことが、ベヴァリーのブラックメールを再燃させた。

いまのぼくに心から愛せる人ができたことが、ベヴァリーには我慢ならないんです。ぼくが独身でいるかぎりは、まだチャンスがある、と思ってたんです。彼女がいまだに苦い思いでいることは知ってます。だから、子どもを通して、またしてもぼくに仕返しを始めたんです。

ぼくが子どもたちを迎えにいくのが十分でも遅れると、彼女はさっさと彼らをどこかに連れだしてしまいます。彼女と子どもたちが暮らしている家に行くには車で一時間近くかかるんですよ。いつもいつも時間ぴったりに着くなんて無理です。先週なんか、一時間半近く待ちぼうけを食わされました。ところが、彼女、ドライブウェイに車を停めるなり、こう言うんです——「あなたを待ってぐずぐずしてるつもりはありませんからね。だいたい、あなたがちゃんと来るかどうかなんて、どうしてあたしに分かるのよ」

彼女はぼくがそれを額面どおりに受け取って、不満を言わないことを期待してます。だけど、ぼくがちょっと予定を変更しなきゃならなくなると、猛烈に攻撃します。**養育費の支払いが一日でも遅れようものなら、たちまち電話をかけてきて、問題を法廷に差し戻して、ぼくの訪問権を制限してもらう、と脅します。**いやになりますよ、夫婦だったころよりも、いまのほうが話し合いの時間が多いんですからね！

アレンの前妻は、明らかに、彼を、あるいは彼との結婚生活を、あきらめていない。そして、（男女を問わず）離婚したブラックメール発信者の多くと同じように、アレンとの情緒的なつながりを維持するために、彼女の武器庫のなかのもっとも強力な武器である子どもを利用している。アレンとベヴァリーは法的に離婚している。しかし、心理的な離婚はまだ宙ぶらりんのままなのだ。

子どもを親権を持たない親に対する武器として利用するのは、もっとも古くもっとも残酷なブラックメールの形態のひとつだ。それ以上に残酷な懲罰はない。引き起こされる情動が強烈であるために、それはとりわけ効果的でもある。それは、かつていつくしみあった人々を、勝者のいない恐るべき戦場に封じ込める。

あなたは悪くない

ブラックメール発信者の心理を考えると、私たちは往々にして、自分がいけないからブラックメールを突きつけられる、と考えがちになる。何よりも大切なのは、そうした考え方を払いのけることだ。ほとんどの場合、ブラックメールを突きつけられたのは、あなたのせいではけっしてないのだから。

ブラックメールとは、発信者自身の内面のかなり不安定な部分から、それを安定化させようとして生まれるものだ。発信者の非難、情報操作、そして私たちに自分は相当に悪い人間なのだという気持ちを起こさせる、彼らの自己正当化のほとんどは、ちゃんとした根拠のあるものではない。ブラックメール発信者の言動の根底にあるのは恐怖であり、不安だ。そして、そうした恐怖や不安が彼らの内面に巣くっている。

多くの場合、ブラックメールは現在よりも過去の出来事にかかわりを持ち、発信者があげつらう私たちの言動よりも、発信者自身の要求を満たすことにかかわっている。だからといって、私たち受信する側がブラックメール発信のプロセスに中心的な役割を果たしていない、というわけではない。なんといっても、ブラックメールは私たちの屈服がなければ起こり得ないものだ。そこで、次にブラックメールを定着させる私たち自身の内面にある要因を検証しよう。

第6章 責任はあなたにも

ブラックメールは発信者と受信者の双方がいなければ成立しない。それは、ソロではなく、デュエットの、それも受信者の能動的な参加なしには完成しないパフォーマンスだ。

自分はそんなものに参加した覚えはないと思う人が多いのは分かっている。自分の行動を弁護したくなるのが当然であることも分かっている。しかし、ブラックメール発信をやめさせるには、それを突きつけられた側も自分の内面に目を向け、知らず知らずのうちに相手のブラックメール発信行為に加担していたと思える要因を見つめなければならない。

ここで忘れてはならないのは、受信者がブラックメール発信に加担しているといっても、それは何も受信者が発信行為を挑発したり、その原因を提供したりしているといっているのではなく、ブラックメール発信のためのゴーサインを出しているという点である。大切なのは、すべての人がブラックメールに負けるわけではないということだ。にもかかわらず、もしあなたがブラックメールに屈するとしたら、なぜ、どんなふうにそうなるのかを理解しなければならない。

まず手始めに、次の項目を考えてみよう。

ブラックメール発信者の圧力に直面したとき、あなたは——

＊彼らの要求に屈した自分を絶えず非難する。
＊よくフラストレーションを感じて腹を立てる。
＊彼らの要求を受け入れなければ罪悪感にとらわれ、自分は悪い人間だと思い込む。
＊彼らの要求を受け入れなければ彼らとの関係がだめになると不安になる。
＊ほかにも彼らに手を差しのべる人がいるのに、危機に際して彼らが頼りにする唯一の人物になってしまう。
＊彼らに対する義務は自分自身に対するそれよりも大きいと思う。

もし以上の項目にひとつでも心当たりがあるなら、あなたはブラックメール発信のための理想的な土壌づくりに手を貸していることになる。

ホットボタン

どれほど聡明でバランスが取れていても極端にブラックメールに屈しやすい人がいるかと思えば、

その一方には簡単にそれをはねつけることのできる人がいる。どうしてブラックメールへの対応の仕方に、人によってそれほど大きな違いがあるのだろう。その答えは「ホットボタン」にひそんでいる。「ホットボタン」とは、すべての人々の内面に存在する、さまざまな情動を極端に感じやすい部分のことで、ボタンのひとつひとつにはいまだ決着をつけられずにいるさまざまな心理的課題、すなわち怒りや罪悪感、不安感、傷つきやすさがためこまれている（そこを押すと、それまで押さえ込まれていたマイナスの感情が飛び出してくる）。

それはいずれも私たちの弱点で、私たちが持つ基本的な気質と感受性と、幼いころから積み重ねられてきた体験とによってかたちづくられている。どの弱点も、子細に観察すれば、私たちの個人史のさまざまな層が鮮やかにあばきだされるはずだ。例えば、どんな扱いを受けてきたか、どんな自己イメージを持っているか、過去の印象的な出来事によってどんな人格的特性を持つに至ったか、などが。

ホットボタンにためこまれた感情や記憶は、時として苛烈で、現在の出来事がきっかけで心の奥深くに埋め込まれていたものが浮かび上がってきたりすると、突然、思考や論理を超えた反応が誘発され、長い年月ためこまれているうちに力を得た純粋な感情が堰を切ったようにあふれ出してくることがある。

私たちは必ずしもホットボタンの形成につながった出来事を記憶していないかもしれないし、自分の言動の理由が複雑になると、原因と結果がつかみにくくなることも考えられる。しかし、もしあなたが一度でも「鬱積した」感情や経験がどこへゆくかを考えたことがあるなら、ホットボタンに探りを入れてみるといいだろう。

ブラックメール発信者に「ホットボタン」のありかを知らせる

長い年月のあいだに、私たちの内面にはさまざまなホットボタンが埋め込まれているのかもしれない。しかし、多くの人々はできるだけそのボタンに触れないように日々を送る習慣を身につけている。ところが、そうしてホットボタンに触れるのを避け続けているうちに、私たちは自分で意識する以上に自分自身をはっきりとさらけだしていることになる。自分の弱点であるホットボタンに触れまいと、その周辺をおっかなびっくり迂回するうちに、実質的にはそのありかを他人に知らせる地図を描いていることになるからだ。私たちをよく知っている人々なら、それをけっして見逃さないだろう。

人間なら誰しも、自分の周りの人物がどんなことに敏感に反応するかを知っている。ある人物が怒りを恐れたり、非難を避けようとする傾向を持っていたりすれば、その人物の友人はそれをよく知っているだろう。しかし、ほとんどの場合、人間はかなり思いやりのある生き物だから、その情報を自分のために利用しようとは思わない。

ブラックメール発信者も、自分が安心できる境遇にいるときには、やはりそれを利用しようとは思わない。ただし、彼らの場合は、いったん自分の要求を受け入れてもらえないという事態に直面すると、あっと言う間に喪失不安が頭をもたげる。そうなると、思いやりは消え、相手についての情報をすべて利用して、自分の目的を遂げようとする。つまり相手のホットボタンを押してみるのだ。

ブラックメールに屈しやすい人の特徴

ホットボタンを作動させないために、人間はさまざまな人格的特性を身につけている。その特性はそれぞれの人格にかっちりと組み込まれているため、一見しただけでは、それが私たちの恐れるものに対する防御の盾であることが分からないかもしれない。しかし、細かく観察すれば、人格的特性のすべてが私たちのホットボタンと密接にかかわっていることが分かるはずだ。

皮肉な話だが、私たちをブラックメールにさらすのは、実はこの「防御の盾」とも言うべき人格的特性なのだ。その特性とは――

1　他人に認めてもらいたいと思う過剰な欲求。
2　怒りに対する強烈な不安。
3　他人の人生に過剰な責任を感じる傾向。
4　どんな犠牲を払っても平和が欲しいと思う気持ち。

5　高度の自己不信。

どの特性も、適度に発揮されるなら、けっして有害なものとは言えない。それどころか、極端にさえならなければ、肯定的に評価され、称賛さえされる特性だ。しかし、それが私たちをコントロールし、私たちの知的で、自信に満ち、積極的で、しかも思慮深い部分と相対立するようになると、私たち自身がブラックメール発信者に重大な心理操作の舞台を提供することになる。

そうした特性と、そこから生まれる行動スタイルを検証すれば、ブラックメール受信者の言動が実際にはかなりの程度まで過去のいやな経験に対する反応であることが分かるし、自分を守ってくれると信じていたその反応によって受信者が裏切られることが多いことがよく分かるだろう。

1　認められたい病

人間なら誰しも、大切に思う人に認めてもらいたい、好意を持ってもらいたいと思っている。しかし、何がなんでも相手に認めてもらわねばならない、好意を持ってもらわねばならないと思うようになると、その思いがホットボタンにスポットライトを当て、ブラックメール発信者に照準を合わせるための目標を提供することになる。

プロローグで紹介した法廷専門レポーターのセアラは、絶えずボーイフレンドのフランクに何かができるところを証明してみせねばならない状態に追い込まれていた。彼のテストに合格するたびに、彼の温かい称賛の言葉を楽しむことができた。しかし、彼女が抵抗すると、フランクはそのつど称賛の言葉を撤回し、彼女にみじめな思いを味わわせた。そこでセアラは、たとえそれが自分の気質に反したことでも、彼の圧力に屈することで、彼からの絶え間ない称賛を維持しようとした。

彼に不機嫌になられることに耐えられないんです。山荘のペンキ塗りをして週末を過ごすなんて、私の期待してたことじゃないと言ったら、彼は頭を振ったきり、ポーチに出ていってしまいました。私もあとを追ってポーチに出たんですが、**そこで彼に、きみがそんなにわがままで子どもじみた人だったなんて信じられない、と言われました。それを聞いたとたんに怖じ気づいて、どうしていいか分からなくなりました。**だから、なかに戻って、古着に着替えて刷毛を手にしたんです。すると、彼がにっこり笑って抱きしめてくれました。それでまた息がつけるようになりました。

セアラはフランクの称賛という薬の効き目が切れたときに、その苦しみを癒す「麻薬」を手に入れた。人に認められたいと思うこと、あるいはそれを求めることは、けっして間違ってはいない。しかし、「認められたい病」が昂じると、絶えず相手の称賛を求め、それが得られないときには、自分はだめな人間だと判断するようになる。彼らが安心していられるかどうかは、ほぼ全面的に、他人が高く評価してくれるかどうかにかかっている。「認められたい病」患者のモットーは、「もし認められないとすれば、私は何かよくないことをしたのだ」であり、もっとひどい場合には、「もし認められないとすれば、私にはどこかおかしいところがあるのだ」だ。

セアラは、フランクに不機嫌になられるとひどく打ちのめされた気分になった、と告白したが、彼女のその言葉は彼女がかなり重症の「認められたい病」患者で、もう一度彼に認めてもらえなければ何が起きるかと不安でならない、という恐怖心の持ち主であることを物語っている。

この恐怖心は、幼い子どもの抱く恐怖心とまったく同じものだ。子どもは、周囲に認めてもらえないことをこのうえなく深刻に受け止める。「ぼくはパパ（あるいは、ママ）の嫌がることをしてしまった。パパはぼくのせいで機嫌が悪くなった。もうぼくを愛してくれてない。きっと、パパに追い出されるだろう。ぼくはひとりぼっちになって、死んでしまうだろう」

セアラは、人に認めてもらうことを生存のための必要条件とする自分の性癖が、両親よりもむしろ、両親が仕事に出ているあいだに世話をしてくれた祖母に起因するものであることを発見した。

たしかに、祖母は厳しい人でした！　祖母は私たちと同じアパートの階下の部屋に住んでいて、私は学校から帰ると、必ずそこに行くことになってました。祖母はとても口やかましい人で、私のことをいつも、声が大きすぎるだの、なまけ者だのとお小言を言っていました。神さまはなまけ者の女の子はお好きじゃない、そういう女の子を追い出しておしまいになることだってある、と言うんです。別に私が憎くてそんなことを言ったとは思いませんし、祖母自身が小さいときにそんなばかげたことを誰かに言われて育ったんだと思います。**でも、当時はそう言われると、どうしようもなく不安になりました。**そういえば、「良い《グッド》、より良い《ベター》、もっとも良い《ベスト》／けっして気を抜いちゃいけない／良い《グッド》がより良い《ベター》になり／より良い《ベター》がもっとも良い《ベスト》になるまで」というわらべ歌を教えられたこともあります。その歌は生涯私の頭から離れないでしょう。

セアラは祖母から多くを学び、祖母を敬愛してもいた。そして、人格形成期の多くをそのそばで過ごした。祖母の教えのなかにはセアラに望ましい作用をしたものもあったし、あまり望ましい作用をしなかったものもあった。そのなかでいつしかセアラは、祖母に認めてもらえるような行動をすれば、自分は良い子で、したがって安心していられる、ということを学ぶようになっていた。しかし、同時に、自分のすることが完全主義者の祖母の考える「良いこと」の基準に達することはあり得ず、ましてや、つかみどころのない「もっとも良いこと」などできるはずがないことも知った。

フランクとの関係で感じたセアラの気持ちは、すべての重症「認められたい病」患者になじみの感情であり、誰かが彼らのホットボタンを押したことを示す確実なサインだ。

人間とは、幼いときには、自分の世話をしてくれる「強いジャイアント」に認められることを必要とする生き物だが、ときには、自力で生きてゆけるようになってからもずっと、その思いを亡霊のように引きずることがある。セアラの育った家庭では、彼女がいかに「成し遂げたか」によって、愛情が与えられたり与えられなかったりした。そのため、彼女は誰かに認められることを貪欲に求める性癖を身につけた。フランクは彼女のその性癖につけこみ、彼女に対する「喝采」と愛情を出し惜しんだ。セアラ自身も頭では、すべての人を四六時中喜ばすことができるわけではないことを理解していた。それでも、努力しなければならないと感じていた。

セアラの関心は主としてフランクに認めてもらうことに向けられていた。ところが、著名な外科医の夫ジェイがほかの女性と付き合っていることを知ったあとも、結婚生活を解消させまいとする彼の圧力に耐えようとしていたマリアの場合、自分がセアラとは異なる種類の不安にとらわれていることを発見した。それは、世間がどう思うか、という不安だった。

私の一族や、身近な人に離婚経験者はいません。古いと言われれば、まあ、そのとおりです。私は古い人間で、それを誇りにしています。この結婚をうまくやっていけないと考えること自体、私には耐えられないことです。それに、ジェイと別れたらどうなるかなんて、考えることさえできません。**世間はどう思うでしょう。**私の人生はバラバラになるでしょう。**両親は腹を立てるでしょうし、ジェイ**

の両親も子どもも牧師さんもそうでしょう。みんな、私のことを逆境に耐えて結婚生活を維持するために闘う勇気もない女だと思うでしょう。

ジェイとの生活を続けるための方法を懸命に模索するうちに、家族の伝統や歴史、コミュニティの重みに押しつぶされそうになったマリアは、いつしかジェイとの生活を続けるほかに道はない、と確信するようになった。離婚など考えれば、自分の信念に反することになる、と確信したのだ。

しかし、私のカウンセリングを受けるうちに、彼女はそれまで必死に持ち続けてきた信念が他人によって押しつけられたものであることや、良い家族、良い結婚の定義とは「何があっても別れない」という考え方よりもはるかに広く深いものであることを悟り始めた。

マリアにとって、その悟りは一種の解放に思えた。にもかかわらず、依然として、自分のなかでその姿を見せ始めていた、本物の信念を探ったり表現したりする気にはなれなかった。なんとしても、身内や友人たち、教会の仲間たちに認められ続けたいという気持ちが抜けなかったからだ。病院の仕事を立派にこなし、家庭を守り、二人のすばらしい子どもを育て、教会活動にも社交活動にも積極的にかかわってきたマリアという見事な女性が、大切に思う人の非難を受けると想像したときに、無力な子どもに変身してしまったのだ。何週間もかけて彼女の「認められたい病」の根を探るうちに、マリアはそれまで「些細なこと」として片づけてきた中学時代のある出来事を思い出した。

私は小さいころから「いい子」でした。ところが、ある年の学年末が近づいたころ、そのころ私が誰よりも大切に思っていたボーイフレンドのダニーが、その日最後の授業をさぼって海に行っても誰も気づきさえしない、と言いだしたんです。それで、それを決行しました。そして、そのあとはそのことは考えないようにしていました。ところが、二日後、父が何か打ち明けたいことはないか、と言い始めました。何も思いつかないと言ったら、娘が自分に嘘をつくなんて信じられないと言って、同じことをまた言ったんです。何かないと言ったら、娘が自分に嘘をつくなんて信じられないと言って、同じ心臓がドキドキし始めましたが、打ち明けることはできませんでした。だから、押し黙っていました。すると、父がものすごく穏やかな声で、学校から連絡があった、おまえが何をしたかは分かってる、と言い始めたんです。おまえは私と家族に恥をかかせるようなことをした、夕食の席で全員に謝ること、加えて今週の日曜学校の、真実を語ることはなぜ大事なのかという課題の予習をしておくこと、と言われました。

大変な屈辱でした。父に言われたとおり、みんなに謝って課題の予習もしましたが、あのときの屈辱と孤立感は、たぶん、一生忘れないと思います。額に嘘つき《ライアー》のしるしの「L」という烙印を押されたような感じで、そのあと何週間も、誰にも以前と同じように接してもらえていない、という気持ちを味わいました。私が本当の意味で規律に反するような行動をしたのは、あれが最後だったかもしれません。

授業をさぼり、学校や家庭の規律を破ればどういうことになるかを教えようとした父の善意の試みが、マリアの心に次のような考え方を刻み込んだ――

家族とコミュニティの支えなどはかないものだ。**私が彼らに喜んでもらえるようなことをしなければ、たちまちそれを受けられなくなる。認めてもらうには、それなりのことをしなければならない。**

マリアの父はそんなことを意図して彼女を叱ったわけではなかったし、マリアの解釈の仕方も正しくはなかったが、マリア自身はその後ずっとそれを肝に銘じ、他人に認められるかどうかで自分の成功をはかってきた。そんなマリアがジェイの圧力に立ち向かえるようになるには、まずある人物に認めてもらえないなら自分は価値のない人間だという思い込みを捨てねばならなかった。

極端に感受性の強い「認められたい病」患者は、ある行動に出ることで誰かの軽蔑を買うことになるなら、たとえそれが自分にとって最高の利益になる可能性があっても、その行動に出ることを渋るものである。例えば、アーティストの卵のイヴは、店員にちょっと顔をしかめられただけでもいたたまれない気分になるたちで、気に入らない品物を返しにいっても、店員がいやな顔をするとたちまち罪悪感のとりこになり、返品することができなくなってしまう（そういうことは、ときには、ほとんどの人が経験することではあるが）。たとえ相手が赤の他人でも、その人の非難を買う危険を冒すことができないタイプだった。

2　怒りを避ける人／和平の調停者

モーゼの十戒に、十一番目「なんじ、怒るなかれ」と、十二番目「なんじ、他人の怒りを買うなかれ」がつけ加えられている、と思っているかのような生き方をしている人はけっして少なくない。ちょっと意見の行き違いの気配が見えただけで、あわてて和平調停に乗り出し、恐ろしい炎が手に負えなくなる前に消し止めようとする人が多い。

波風の立ちそうな状況を穏やかさと理性とで鎮めようとする和平調停者の意欲は尊いが、その意欲が「ケンカほど悪いものはない」という硬直した思い込みにまで進むと、やっかいなことにもなりかねない。その思い込みのために、調停者はたとえ友人同士のあいだでも、言い争いがあってはならないと思うようになるからだ。言い争いが起きれば、人間関係が崩壊し修復不可能になってしまうのでは、と恐れるのだ。

なにしろ、降伏はより大きな善を手に入れるための一時的譲歩だ——というのが彼らの信念なのだから。

理性の声

病的に怒りっぽい夫マイケルの懲罰的なブラックメールと格闘しているリズは、深夜のFM放送のディスクジョッキーのような穏やかな声と、彼女の現状を知らない人なら、彼女が動揺のただなかにあることに気づくことは難しいだろうと思えるほど、落ち着いた物腰の女性だ。

私がそれを指摘すると、彼女は笑いながら次のように言った――ああ、それはカモフラージュです。子どものころ、きょうだいの様子を見て、母が怒っているときに口答えするとたたかれたりお仕置きをされたりするけど、口答えをしなければ無視されるだけですむ、ということに気づいたんです。たぶん、そのときに、人間の心はなだめられるものだ、相手を絶対に動揺させないようにするには、撫でながら優しく声をかけてやればいいのだ、という結論に達したんだと思います。そういえば職場での評価表にも、いつも「ものごとに動じない」「プレッシャーに強い」というようなことを書かれてきましたし、自分でも緊張をやわらげる才能があるような気がします。軍隊の爆弾処理班みたいなものですね。自分のそういうところが気に入ってます。ひとつには、そのおかげで怒りをまったく恐れないでいられますから。だって、うまく対処すれば、怒りが制御できなくなる前に押さえ込めることを知ってますから。

自分をそう説明するリズの口調には相当な説得力があった。「落ち着かせる」「穏やかな」「ものごとに動じない」「プレッシャーに強い」などという特性が、彼女の自己規定の一部になっていたからだ。彼女自身もそれを誇りにしているようだった。しかし、マイケルとの状況は、穏やかとは程遠いものだった。

彼に恋をしたのは、彼と私があまりにも違うタイプだったからだと思います。彼は外向的でエネルギッシュで率直です。とても情熱的な面があります。火と燃える部分が。私はもっと穏やかで、目立ちたがらない性分です。いま考えれば、初めから彼がかんしゃく持ちかもしれないということに気づいてたんでしょうね。でも、かんしゃく持ちには慣れてましたし、さっきも言いましたように、怒りへの対処の仕方は分かってます。ばかなことを、とお思いになるでしょうね。現にこうして、病的に怒りっぽい人と結婚して脅されて、彼のことが怖くてたまらないのに、怒りへの対処の仕方は分かってる、なんて言ってるんですから。でも、対処できる、と思ってたんです。ところが、いつのまにか、その怒りが私の手に余るようになって、私自身も自分をコントロールできなくなりました。何をしても、優しく撫でて、なだめて、謝っても、彼の怒りの火に油を注ぐだけのような気がしてきたんです。私には分かりません。何がいけなかったのでしょうか。

リズは長年、人々への接し方に磨きをかけてきた。そしてそれは彼女のためになっているように思えた。彼女のその技は、高く評価されるべきものだ。不安定な私たちの社会は、かんしゃくをコントロールできる人々を尊重している。彼女の穏やかな声、物腰、そして人への接し方は、相手の怒りをほぐすうえで極めて大きな力を発揮してきた。そのため、彼女はいつしか自分を怒りをまったく恐れない人物と誤解するようになっていた。それもこれも、怒りを中和する方法を知っていたからだ。

長いこと彼女は、自分が穏やかでいれば、マイケルもいい人でいてくれるし、彼が理不尽なことを言いだしても話し合いで説得できる、と信じてきた。恐れる理由は何ひとつない、と自分に言いきかせてきたのだ。そして、彼が弱い者いじめの本領を発揮したときでさえ、長年磨き上げてきた話し合いという手段に頼った。

自信を持っていたテクニックが彼に通用しなかったとき、彼女は防御の手段を失ったように感じ、次第にフラストレーションをため始めた。エスカレートする一方の彼の圧力と脅しが、（怒りといさかいに満ちた子ども時代に形成された、ただし、彼女自身はとうの昔に消えたと思っていた）ホットボタンを作動させていたのだ。だが、ブラックメールへの彼女の対処法は、あくまでも子ども時代の決心をもとにしたものだった。

すなわち、「怒っている人をさらに怒らせてはいけない。彼らの気持ちを落ち着かせること。そうでなければ、彼らはあなたを傷つけるだろう。もっと悪くすれば、あなたを捨てるかもしれない。彼らを怒らせてはいけない」。この決心はリズに取れる選択の幅を極端に狭め、しかも、彼女自身は自分の怒りをふさわしいかたちで表現するすべをまったく身につけていなかった。相手をなだめるテクニックが功を奏さず、結局、彼女自身がたまりにたまった怒りとフラストレーションを一気に放出するにおよんで、急速に危機が高まった。

彼女が怒りを恐れる自分自身の気持ちを再検証し、それに対処するための選択の幅を広げないかぎり、彼女は今後もマイケルのようなブラックメール発信者の餌食《えじき》になりやすく、その揚げ句に自分のなかに鬱積していた感情を驚くようなかたちで噴出させることになるだろう。

怒りのもうひとつの顔

第1章に登場したコミュニティカレッジで文学を教えるヘレンは、ソングライターのジムに出会ったとき、彼こそ完璧な男性だと思った。彼女は自分が怒りに過敏であることを知っている。そして、それが彼女の人間観、とくに生活をともにしたいと思う恋人に対する考え方をかたちづくっている。

私に向かって声を荒らげるような男性と付き合うなんて、思いもよらないことでした。子どものころに、父と母がいやってほど声を荒らげていましたから。父は反逆児タイプの人で、だから、軍隊に入るなんてまるっきり性に合ってなかったんです。昇進もできず、二十年たっても文書係どまりでした。ところが、父の言うところの「まぬけども」が人と調子を合わせるのが上手だというだけで、先を越して出世していく。それを見ているのが我慢ならなくて、フラストレーションをためこんだのです。家に帰ってきては母にわめきちらす、すると、母もわめき返す。そのあとは二人してドアを乱暴に開けたり閉めたり、キッチンでは鍋釜のぶつかりあう音がするというありさまで、私たち子どもにとってはかなり恐ろしい光景でした。

だからといって、それ以上のことが起きるわけじゃないのは分かってましたが、弟なんか、自分の部屋に駆け込んで泣いてました。だから、私たちは彼のベッドをドアに押しつけたものです。怒鳴り合いをしている父と母が入ってこないように、ということだったんでしょうね、いま思えば。ひどいときなんか、父が足音荒く出ていったきり、二日ほど戻ってこないということもありました。

それがそれほど大きな心的外傷《トラウマ》になったわけではありませんが、でも、自分の人生にあの種のドラマはもういらないんです。あの場にいて、ああいうことを体験したんですから。もううんざりです。


大人になったヘレンが選んだ、「腹を立てている人のそばにいないほうを選ぶ」という怒りを避けるための戦術は、彼女の子ども時代の「その場を逃げ出して嵐が通り過ぎるのを待つ、あるいは絶対に見つからないところに隠れる」という戦術の名残だった。彼女の戦術に組み込まれていなかったのは、怒りは人間の正常な感情であり、いくら怒りのないところ、あるいは怒りを表に出さない人を見つけようとしても無理だ、という考え方だ。

ジムに会ったときには、天にも昇るような気持ちでした。彼は穏やかで優しくて、いつも考えていることを書いた紙をくれたり、私のために歌をつくってくれたりします。ほんとにロマンティックなんです。会った瞬間から、この人が怒鳴ったり、騒動を起こしたりするなんて考えられない、と思いました。やった！　この人にしよう！　ところが、ほら、「自分の望むものには気をつけよ、それを手に入れるかもしれないから」っていうことわざがありますよね？　いまになって、その意味が分かりました。

私を苦しませるには怒鳴ればいい、と思いますよね、普通は。それなら分かるんです。ところが、ジムはその反対なんです。**腹を立てると、いつもよりもっと静かになります。**何がいけないのかも話してくれません。ひとことも口をきかないんです。**こんなことなら怒鳴ってくれればいいとさえ思います。**そうすれば、何がどうなっているのかが分かりますから。

いまの状態は最悪です。彼が引きこもってしまうと、私は死んだような気分になります。何かこう、完全に切り離されてしまったというか、北極海のまっただなかで浮氷に乗って漂ってるような気分になるんです。**あんなふうに静かな、氷のような怒り方をされると耐えられなくなります。たとえ逆立ちしてでも、彼をだんまりの殻から引き出さなければいられなくなるんです。**

あるいは、ブラックメールに屈しないではいられなくなると言うのだ。そして、事実、その頻度は次第に高くなっている。

怒りの好きな人はいない。しかし、どんなときにも自分がそれを回避しなければならない、どんな犠牲を払っても平和を維持するために怒りを押さえつけなければならないと思うとすれば、与えられた選択肢は、自分が引き下がるか、相手の要求に屈するか、相手をなだめるかのどれかしかなくなってしまうだろう。どの手段をとっても、ブラックメール発信者に、彼らの欲しいものを手に入れるための方法を教えることになる。

3　他人の人生に過剰な責任を感じる人

私は日ごろから人々に自分の言動に責任を取るよう勧めている。しかし、なかには自分がほとんど、あるいは、まったく関係していない問題にまで責任を持たねばならない、と思う人も多い。ブラックメール発信者は、私たちのそうした責任感につけこんでくる。自分がいやな思いをするのは、相手に問題があるからだ、相手さえこちらの言い分をのめば問題は解決する、と考えるのだ。

奇怪な非難

ある日、ケンカのあとで画家のエリオットが睡眠薬を大量に飲んだとき、イヴの世界は崩壊した。

エリオットはその後、数週間にわたって入院生活を送ることになったが、退院して自宅に戻ると、自分の苦しみも悩みも不安もすべてイヴに責任がある、と責めたてた。

彼はすっかり取り乱して、何もかも私のせいだと責め続けました。「これでぼくは精神病院に送り込まれて、自殺しなきゃならないはめに追い込まれる。そうなったら、きみはさぞかしせいせいするんだろうな。いまやぼくはこういうことをしてしまったわけだから、しかるべきところに閉じ込められる。そして、それが原因で死ぬことになる」と言って。ぞっとしました。私が私だという理由だけで、彼の苦しみの原因になっているという気がして、どうしていいか分からなくなりました。

客観的に見れば、エリオットの言動はばかげているし、イヴに対する非難もこじつけとしか言いようのないものだった。イヴほど聡明な女性が、彼の言い分をまともに受け取るなど普通では考えられないことだが、そのときの彼女はそうではなかった。彼の「予言」したことが、たぶん、本当に起きるだろう、そしてすべてを自分の責任にされるだろう、と考えた。

なぜそういう非難の押し売りをまともに受け止めてしまうのか、何か思い当たることはないか、と尋ねたところ、イヴはすぐに実の父との関係について話し始めた。それが問題の根を明らかにしてくれた。

「父はいつも死ぬことばかり話してました。いま考えれば、父は死という考え方に取りつかれていたのだと思います」と言って、イヴは彼女が八歳のときのある出来事を語り始めた。

あの日のことは一生忘れないでしょう。いまでもまるで昨日のことのようにありありと思い出します。父の運転する古くて大きなポンティアックの助手席に乗っていたときのことです。横断歩道のところで信号が赤になって車が停まったので、窓の外に目を向けて、近くの家の庭で遊ぶ五～六人の小さな子どもを見ていました。そのとき、父が私のほうを向いて、こう言ったんです。「おまえは大事なことを何も知らないよな」

思わず父の顔を見ました。すると、父が続けました。「もしパパがいま心臓発作を起こしても、おまえはどうすればいいか分からないだろ？　おまえはどうすればいいか分からない。そしてパパはおまえの目の前で死んでしまう」

それだけ言うと、またアクセルを踏んで、車を走らせたんです。父はそれ以上何も言いませんでしたから、私も黙ったまま、スカートの水玉模様の数をかぞえながら、何も考えまいとしていました。

しかし、むろん、八歳のイヴは父の非難（と彼女自身が受け止めたこと）のことを考えていた。パパが言いたかったのは、おまえは八歳だ、パパを救えて当然なのに、おまえにはそれができない、ということだと考えた。あたしにはパパを生かし続ける責任がある、それができて当たり前だ、だから、もしいまここでパパが死んだら、それはあたしの責任だ、と考えたのだ。子どもにとって、家族は世界だ。そして、その家族の期待に添えないことは世界がバラバラになり、何もかもが消えてしまうことと同じなのだ。

「わが家でいちばんの真理は、『パパに優しくしなければ、パパは死んでしまうからね』という言葉でした。私は本気でそれを信じてました」とイヴは言った。イヴの父の言動は奇怪で、子どもにとっては恐怖だった。父親の奇怪な論理を信じ、それを人生の規範として大人になったイヴに、はたしてエリオットの言動を客観的に見ることが可能だっただろうか。

父親との経験が彼女のなかに、他人の非難をまともに受け止めてしまうという行動スタイルの種子を植えつけ、彼女はそれを今日までしっかりと引きずってきた。このような子ども時代の経験が、大人になってからの非難やブラックメールへの屈しやすさに直接的に結びついているとは必ずしも言えない。しかし、イヴにはそれが顕著に現れていた。

アトラス症候群

アトラス症候群にかかった人は、問題を解決できるのは自分しかいないと思い込み、自分のことはあとまわしにしても問題解決に当たろうとする。オリンポスの神々に反抗した罪で、一生天空をその肩に担うことを運命づけられたギリシャ神話の巨人アトラスに似て、彼らは自分以外のすべての人々の気持ちや行動を「なおす」という重荷を自分に課し、押しつぶされそうになっている。

第2章と3章に登場した元看護師で娘のブラックメールに悩むカレンは、両親が離婚した十代のころに、アトラス症候群を発症した。

父が出ていったとき、母はほとんど孤立無援で、私にそのすき間を埋める役割が回ってきました。母の親きょうだいはみんなニューヨークにいて、私たちはカリフォルニアにいましたし、ここには母の親しい友人がひとりか二人しかいませんでしたから、母は私を頼りにしたんです。私がたしか十五歳かそこらのころですが、初めて友だちとニューイヤーズイブのデートをするチャンスがめぐってきました。その夜はもともと母と夕食に出かけて、そのあと映画を見に行くことになってたんですが、クリスマスのころに友だちから電話がかかってきて、私のためにブラインドデートの相手を確保したから、ダブルデートをしよう、と誘われたんです。それを聞いて、私、すっかりうれしくなって、どうしても行きたくなりました。でも、少しうしろめたさもありました。だから、おばに電話して相談したんです。そしたら、おばが「フランセスだって、せっかくそんなチャンスがあるのに、いくらなんでも自分と一緒にいてくれ、なんて言わないわよ。行ってらっしゃい！」と言いました。

だから、勇気を奮い起こして、行きたい、と母に言いました。すると母がすごくつらそうな顔をして、目にいっぱい涙をためて言うんです――「それじゃ、ママはニューイヤーズイブに何をすればいいの?」でも、とにかく出かけて、楽しんだんですが、家に帰ってみると、母が偏頭痛《へんずつう》で寝込んでるんです。それどころか、痛い、痛い、と言って悲鳴まであげてました。それを見て、思いました――**あたしさえ出かけなきゃ、こんなことにはならなかったのに、って。ものすごい罪悪感で耐えられないくらいでした。**もちろん、自分の人生をあきらめる気持ちなどありませんでしたが、これ以上母を苦しめたくない、と思いました。

カレンはわずか十五歳だったが、早くも母の依存を受け止めるすべを身につけていた。自分が母の世話をしなければ、誰がする? という思いに取りつかれていたのだ。母は母でやっていけるとは、思いもしなかった。しかも、もし母の望みどおりにせずに母を怒らせれば、あるいは「傷つけ」れば、母も、父と同じように、自分を捨てるかもしれない、と考えていた。

最初は、母に何をしてあげればいいのか分からなかったのですが、ある日、どうすれば母を助けられるかが分かったんです。紙と鉛筆を持ってきて、契約書を書きました。「**私はここに、私が大人になったときには、お母さんがすばらしい人生を送れるようにすることを約束します。**お母さんがすてきなお友だちをたくさん持てるよう、楽しいことがたくさんできるよう、心を配るつもりです。愛をこめて、カレン」。ある日、それを母に渡しました。すると、母はにっこり笑って、いい子ね、って言いました。

私たちの多くは、他人の幸せを維持するという役割を引き受ける。それは途方もなく責任の重い役割だが、それなりの報いももたらしてくれる。カレンは、自分に力があることを確認する方法を見つけた。母を幸せにし、ひいては彼女自身の世界が崩壊しないことを確実にする方法を発見したのだ。ある人がアトラス症候群的な傾向を持っているかどうかは、周りの人にはよく分かる。カレンの娘で、はるか昔の交通事故の苦しみをことあるごとに思い出させることで、カレンにブラックメールを突きつけていたメラニーは、祖母に対する――そしてほとんどの人に対する――母の態度を見て育った。そんなメラニーにとって、母の責任感というホットボタンを作動させるのは簡単なことだった。

メラニーと私は仲のいい親子です。彼女にとって、ドラッグ依存症の治療プログラムに参加して、クスリもお酒もやらずにいるというのがどんなに大変なことか、私にはよく分かります。あの事故さえなければ、あの子ももっと強い人間になっていたでしょう。私は看護師ですから、苦しみについてはよく理解しています。あんな事故にあわせるようなことをしなければどんなによかったでしょう。でも、それができなかったのですから、**いま私はあの子を守ってやらなければなりません。それは母親としての私の義務です。**もちろん、あの子に圧力をかけられるのはたまりません。でも、あの子には私が与えてもらえなかったものを与えてやりたいんです。あの子と孫を心から愛してますから！実は、あの子、私に腹を立てると、孫に会わせないって脅すんです。家族はひとつでなければいけません。私たちをひとつにする役割を私が担わなければいけないなら、そうするつもりです。

アトラス症候群の人の多くがそうであるように、カレンは他人に対する責任がどこで始まりどこで終わるかを、まったく理解していなかった。ずっと昔に、自分以外のすべての人の世話をしなければならない、と教え込まれていたからだ。

4　思いやり過剰の人（いくら犠牲を払っても平和が欲しいと思う人）

思いやりや共感は優しさを、いや気高ささえ呼び覚ます。そして、私たちはそうしたものを欠いた人をほとんど尊敬しない。したがって、思いやりや共感というこの特性がときには極めてやっかいなものになることを理解するのは難しい。しかし、思いやりは、ときには自分の幸せを犠牲にしても他人のためにつくしたいという気にさせる過剰な同情心に転化することがある。

私たちはいったい何度「彼があまりにも気の毒で、別れるわけにはいかない」とか「涙で頬を濡らした彼女に見つめられると、どんなことでもしてやろうという気持ちになる」とか「私はいつも彼女に折れているけど、彼女はとてもつらい人生を過ごしてきたから……」という台詞を口にしてきたことだろう。人は往々にして、他人の情緒的な要求に巻き込まれ、問題を正しく評価し、どうすれば最善の結果を生むことができるかを見極める能力をなくしてしまうことがある。

他人の問題や悩みに共感し、適切な救いの手を差しのべることができる人がいるかと思えば、もう一方には、相手の苦しみを止めてやるためなら、自分の健康や自尊心を犠牲にしてまで、すべてを捧げようとする「思いやり過剰」の人がいる。一部の人はどうしてそこまで「思いやり過剰」になるのだろう。そこには、多くの場合、ホットボタンが関係している。

同情の力

第2章に登場した悩み苦しむタイプの夫をもつパティは、子ども時代のほとんどを、不幸な家庭で過ごした。母は深刻な鬱病と思われる症状に苦しみ、寝室にこもったまま何時間も、ことによっては何日間も出てこないことが多かった。いまパティはよく「母は私の子ども時代をずっと眠って過ごしてたんです」と冗談を言うが、その一方でいつも母親の存在と母の求めることを意識し、邪魔にならないように息をひそめるようにして遊んでいたことを忘れてはいない。

私は小さいころから人に頼ろうとしない子どもでしたが、母のことは心配していました。ほかの子のお母さんはしょっちゅう病気ということはありませんでしたが、私の母はちょっと気持ちが乱れるようなことがあると、たちまち寝込んでしまいました。だから、私の心のチャンネルはいつも母に合わされていました。**母の寝室のドアの向こうの気配をうかがうだけで、母が起きているのか眠っているのかが分かりましたし、ぐっすり眠っているのかちゃんと眠れないのかまで分かりました。**ぐっすり眠っているときには、部屋をのぞいて、呼吸に乱れがないかを確かめたものです。父がいないときには、そうするのが私の仕事のひとつだったのです。

思いやり過剰の人にとって、それはまさにおあつらえむきの訓練の場だった。肉体的・情緒的に窮地にある親や大切な人と狭い空間を分け合っているときには、人間は彼らの出すサインに極端に敏感になるものだ。彼らがまばたきをするたびに、小さなため息をつくたびに、あるいは声の調子を変えるたびに、そこになんらかの意味がこめられていると感じるようになり、パティのように、眠っている人の息づかいにまで気をつかうようになる。だが、当時のパティのように子どもであれば、何かの変化に気づいたとしても、どうすることもできない。

すでに見てきたように、私たちの多くは子ども時代に、大人になったらもっとちゃんとできるようになろうと決心する。したがって、大人になって子ども時代の情景を再現し、自分にはもう状況を好転させる力があるのだからものごとをうまく進めるために努力しよう、と思うようになるのは当たりまえのことだ。

ほら、よく「人は自分の父親と結婚する」と言うじゃありませんか。私の場合は、母親と結婚してしまったんです！　たしかに、ジョーは私の母ほどひどい鬱じゃありませんが。そもそも、私は機嫌のいいときの彼のエネルギッシュなところが大好きです。でも、彼はすごくむら気で、気分の上がり下がりが激しいんです。彼も、やっぱり、気持ちが動揺することがあると、ため息をつきますし、部屋にこもってベッドにもぐりこんだりすることさえあります。母と同じです。そうなると、たちまち子どものころに受けた訓練の成果が出てしまいます。ジョーに言わせれば、私は彼の心が読めるんだそうです。彼が悲しそうな顔をすると、私はたちまち問題のありかをつきとめるとか、ほかの誰にもできないようなかたちでそれを表に取り出すことができそうにみえる、と言うんです。一緒になったばかりのころは、彼と私はウマが合う、私には彼を幸せにする力がある、という感じが気に入ってました。でも、そのうちに彼が私に心を読むことを期待するようになって、それが鼻につくようになりました。彼と一緒にいると、おもちゃ屋に小さい子どもを連れていったときのような気分になります。ほら、子どもって、高いおもちゃを――そんなものを買いにきたんじゃないのに、手に取って、自分のものみたいな顔をして放さないことがあるでしょ？　それを取り上げて棚に戻すと、親友を取り上げられたみたいな顔をすることが。私はその子をにっこりさせるために、そのおもちゃを買ってやる人なんです。それがそんなにいけないことでしょうか。

思いやり過剰の人、すなわち悩み苦しむ人に幸せをもたらすことのできる人でいることには、大きなご利益がある。相手を絶望の淵から生きる者たちの世界に連れ戻してやる――これはほとんど神話的と言ってもよいほどの旅なのだから。

悩み苦しむ人であるブラックメール発信者が思いやり過剰の受信者に出会うと、ここでもやはりたくさんのアイロニーが生まれることになる。受信者は発信者の苦しみを前にしてやるせない思いになり、その苦しみにピリオドを打ってやらなければと、まるではじかれたように立ち上がる。しかし、涙ながらの要求のすべてに「イエス」と答えることで、受信者はいっそうやるせなさをつのらせ、自分自身の要求を無視したことから生まれる苦しみを止めることができなくなる。

良い子症候群

広告代理店の重役でありながら部下のテスにブラックメールを送られているゾーイは、自分のホットボタンが形成されたと思われる子ども時代を振り返った。しかし、特別な心的外傷《トラウマ》は見当たらなかった。彼女の子ども時代は幸せで、両親も彼女を支えてくれていたというのだ。

ひとつだけ問題があったとすれば、私には女の子に求められる控えめさが欠けていたということです。私は競争心のとても強い子どもでしたし、昔もいまも勝つことが大好きです。両親は、私のそういうところがかなり気に入らなかったようで、私が学校でいい成績を取っても、目立ちたがり屋だと言いました。妹たちはそういう両親の言葉を聞いて、絶対に自分を押し出しすぎないようにしているようでした。でも、私は妹たちのようにはなりませんでした。両親はいつも、おまえのことはとても誇りにしている、でも**おまえみたいにけたたましく人の関心を引きつけようとするのはレディらしくない**、と言ったものです。

その後ゾーイは、まだ女性の力をあまり認めようとしなかった時代環境のなかで、「強く出すぎ」ないよう、頭を低くして過ごしてきた。しかし、彼女の仕事ぶりが人目につかないはずはなく、自分では部長になろうとさえ思ってもいなかったにもかかわらず、いまや十人の部下を抱える重役になっている。

ここまでの道は、女にはとても厳しくて、とくに私のような人間にはそうでしたから、いつもほかの人とは違うやり方をしようと心に決めて、今日までやってきました。ビジネスの世界にだって、品位と思いやりを見せる余地はいくらでもあると思いますし、**私の下で働**

く人たちにも、私を上司として見ると同時に友人として見てもらいたい、と思って接してきました。いばりちらしたり、部下に自分の意志を押しつけたりすることには興味がないんです。私たちは同僚であって、主人と奴隷じゃありませんから。個室を与えられる身分になったら、その戸口で人間性を捨てなければならないなんて、いったい誰が言ってるんでしょうか。

ゾーイはほかの女性に助言と支えを与えられる自分の能力に誇りを持っていた。その面では、居心地がよかった。気高く思いやりのあるゾーイ、指導者ゾーイ、どんなときにも頼りになる友ゾーイ。彼女はいっさいの弁解なしにあふれるほどの思いやりを見せられる人で、出世の階段を上りながらも、自分の最大の長所と思えるその特性を捨てたいとは思わなかった。

上司であると同時にいい人でもありたいという彼女の決意のおかげで、部下の何人かとのあいだに良好な友情を築くことができた。とくにテスとの関係はうまくいっていた。二人は定期的に夕食をともにし、共通の趣味である芝居見物にも頻繁に出かけた。そうした交友関係があったために、テスの前で「上司を演じ」、彼女の要求に「ノー」というのはゾーイにとってはとくに難しいことだった。

特殊効果撮影会社社長のチャールズと彼のアシスタントのシェリーの例でも明らかなように、職業レベルと個人レベルの双方で密接すぎる関係を持つことは、それがたとえ恋愛ではなく友情関係であっても、どんなときにもやりにくい面が出るようになり、悪い結果に終わるのが普通だ。一方がもう一方よりも権力を持っているときには、なおさらだろう。

チャールズとシェリーの場合は、上司がブラックメールを突きつけた。予想される、典型的なシナリオだ。しかし、ゾーイのケースでは、上司が極めて敏感なホットボタンの持ち主で、それが部下のブラックメールの標的にされる条件を整えることになった。

テスはどうしてももっと責任を持たせろと言ってきかないんです。あなたは私の友だちでしょ？　なのにどうして手を貸してくれないの？　と言うんです。友情と会社に対する私の責任とのあいだにはなんの関係もない、と言って説得しようとしても、あなたは自分の地位に酔っている、あなたって、露骨に自分の力を誇示する人だ、と言いだす始末です。それは、私には耳に覚えのある言葉です。**みんなが私を恐れたり、冷たい人だと思うなんて、たまらないんです。**ああああ！　頭がどうにかなりそうです！

ゾーイはまだ、人生の勝者になりたいと思う自分と、人に好かれることを気にする自分とのあいだで繰り広げられる葛藤を、解決できずにいた。依然として「良い子症候群」に悩まされていたのだ。これは、力と成功を手にし、同時に愛される存在でもありたいと願いながら、それができるかどうかに自信がない現代女性にはよく見られる「病《やまい》」だ。自分はどうふるまう「べきか」と思い悩むゾーイの相矛盾する気持ちが、ブラックメールへのドアを大きく開き、そこからテスが入り込んできた。

テスは、ゾーイが不満をぶちまけるには理想の相手であることを知った。彼女ならいくら不満を並べても聞いてくれることを知ったのだ。しかし、ゾーイが差し迫った仕事に追われていたり、一緒に過ごす時間を取れなかったりしたときには、テスは次のように釘を刺した――「私に手を差しのべられるのはあなただけなんだからね。あなたがいなきゃ、私はやっていけないんだから」。それは、ゾーイにとっては耳に心地よい音楽だった。しかし、耳に心地よい音楽には、ブラックメールを避けたいと思う人物にとっての苦い旋律《しらべ》がまぎれ込んでいた。

ゾーイに必要なのは、思いやりの定義を広げ、その対象に自分自身を加えることだった。

5　自己不信の強い人

自分が完璧ではないこと、間違いを犯す可能性のある人間であることを知っているのは、健全なことだ。しかし、健全な自己評価も、場合によっては、簡単に自己卑下に変わることがある。他人の批判にさらされると、最初はそれに反発するものの、やがて自分の感覚や評価基準には欠陥があるに違いない、と考えるようになるかもしれない。大切な人が、おまえは間違っていると言っているのに、絶対に自分は間違っていないなどということがあり得るだろうか、もしかしたら、自分は勘違いをしているのかもしれない――そんな思いにとらわれるのだ。

これは権威を持つ人物、とくに親を相手にしたときによく見られる現象である。しかし、相手が恋人や大切な友人で、しかもその相手がたまたまブラックメール発信者だったというときにも、同じ現象が起きることがある。そうした人物を理想化するあまり、彼らを力と知恵の源泉とみなし、自分よりかしこくて機知に富み、「正しい」人と思い込むからだ。若いころから、女は感情の生き物で、したがって大切なことは何も理解できない、それに対して男は女よりも優った、理性と論理の達人だ、というメッセージを押しつけられてきた女性には、とくにそれが当てはまる。

相手を知性と知恵のある人と思い込んでしまえば、自己不信が高まっているときにはとくに、ブラックメールを突きつけられると自分への疑念はあっと言う間に活性化される。いちばん分かっているのは彼だ、それどころか、私にとって何が最善かを知っているのも彼だ、と考えるようになる。

知っていることが危険に思えてくる

子ども時代に暴力的な父から受けた激しい虐待を話そうとしたロバータ（第4章）は、そう決心したとたんに家族からの圧力に悩まされることになった。そんな彼女にとって、自分の信じる現実にしがみつくのは苦しく、難しいことだった。

「家族全員が、私は間違っていると言います」とロバータは訴えた。「もしみんなの言うことが正しいとしたら、どうでしょう。もしすべてが私の想像の産物だったとしたら？　私が大げさに考えすぎただけだったとしたら？」

虐待の犠牲者は、過去の恐怖から自分を切り離すために、自分に疑いの目を向けるという手段を取ることが多い。私が聞いたなかでもいちばん多いのは、「たぶん、私が思うほど事実はひどくはなかったのでしょう」「たぶん、私が過剰反応してるんです」「たぶん、あんなこと、まったくなかったんでしょう」「たぶん、あれは夢だったんです」というものだ。ロバータには現実にしがみつく必要があった。しかし、時として、そのしがみつき方に揺れが出た。

こんなことで家族全員を失うことはできません。生まれてからずっと、私は家族に目を向けてもらうために意味のあることをしようと努めてきました。でも、みんな、一度も目を向けてくれませんでした。兄は、目に入れても痛くないほど両親にかわいがられていました。初めての男の子だったからです。でも、そのあとに生まれた私は、ただまるまる太っただけの女の子で、父はそれが我慢ならなかったようです。生まれたその日から、父は私を嫌っていました。**私のすることは何もかも間違っているんです。**誰も私を信じてはくれません。私はみんなに好かれたいだけなんです。でも、みんな、私のことを嫌っています。こんなことをしようとするなんて、**きっと私は頭がどうかしているんです。みんなの言うとおりです。**

「父に虐待されたという言葉を取り消せ、さもなければ家族から追放する」と圧力をかけられたロバータは、もう少しでくじけそうになった。彼女はいつしか家族のスケープゴートにされていたのだ。

家族のなかに起きたよくない出来事のすべてがひとりの人物のせいにされる、というのは珍しいことではない。ロバータは、家族の否認と秘密の保管庫で、自分以外の全員の安定を保つために、非難と緊張と罪悪感と不安を吸収せねばならなかった。それによって、家族のほかのメンバーは自分たちの不健全さに目を向ける必要がなくなったのだ。

自分の愛する人々に、おまえは頭がおかしい、間違っている、病気だ、と決めつけられれば、自分の認識にきちんとした根拠があると信じることはとくに難しくなる。しかし、私たちの支えと懸命の努力によって、ロバータは自分の立場を守りきる勇気を見いだすことができた。長いあいだ取りついていた自分への疑念を取り去ることができなければ、彼女の回復はありえなかっただろう。すでに見てきた行動スタイルのすべてと同様に、自分への疑念は彼女を守ってはくれなかった。むしろ、彼女を牢獄に押し込めていた。

自分の知っていることをあくまでも信じようとする闘い、あるいは自分の認識中枢を無理やり押し込めてきたことに気づくための闘いは、ロバータの場合ほどドラマティックなものではないかもしれない。しかし、その闘いが重要であることは、まぎれもない事実だ。自分の知る真実を打ち明けることがロバータの精神的サバイバルの問題であったと同じように、それは、私たちのほとんどにとって、ブラックメールをやめさせる唯一の道である。

あなた自身がブラックメール発信者を育てている

ブラックメールを発信するには、訓練と練習が必要だ。誰がその訓練をさせているのだろうか。それは、あなただ。あなた以外のいったい誰に、絶対的な確実さと正確さで、「それが私に効くやり方だ」「その種の圧力をかけられると、私は必ず屈服する」「それこそ私のいちばん敏感な場所を探る特別あつらえの道具だ」ということをブラックメール発信者に知らせられるだろうか。

おそらく、あなた自身にはブラックメール発信のための個人レッスンをしたという意識はないだろう。しかし、発信者は彼らのテストに対するあなたの反応から手がかりをつかみ、あなたがすることとしないことの双方から教訓をくみ取っている。

次のリストを見れば、あなたがブラックメール発信者にとって、どの程度すばらしい個人トレーナーの役割を果たしているかを理解する手がかりになるだろう。

ブラックメール発信者の圧力を受けたとき、あなたは——

＊謝る。

＊合理化する。
＊言い争いをする。
＊泣く。
＊懇願する。
＊大切な予定や約束を変更またはキャンセルする。
＊圧力に折れて、こんなことはこれが最後だろうと思う。
＊要求をのむ。

あなたは――

＊はっきりと自分の思いを伝えること
＊目の前で起きていることに立ち向かうこと
＊限度を設定すること
＊ブラックメール発信者に彼らの言動は受け入れられないと知らせること

――を難しいと思う。

以上の項目にひとつでも思い当たる人は、ブラックメール発信者のコーチ役になり、彼らのドラマの共演者になっている。毎日の生活のなかで、私たちは自分が何を受け入れ、何を受け入れないか、何に対決することを拒むか、何をなりゆきにまかせるかを周りの人々に知らせることで、彼らに私たちの扱い方を教えている。

私たちはとかく、自分さえ相手のしていることを無視すれば、あるいは大騒ぎしなければ、相手も迷惑な行動をしなくなると考えがちだが、こちらが受け入れられないことは受け入れられない、と率直に態度や言葉で示さないかぎり、相手に「これは効いた。もう一度やってみろ」というメッセージを送っているのと同じなのだ。

リズが罰を与えるタイプの夫のマイケルとの問題を相談に来たとき、真っ先に話してくれたのは、マイケルの脅しが怖くてたまらないということだった。しかし、その後、彼女は過去を振り返るうちに、今回の大きな危機が始まるずっと前から、もう何度も彼に微妙なブラックメールを突きつけられていたのに、それを見て見ぬふりをしてきたことに気づき始めた。

マイケルは昔から完全主義者でした。デートの約束をして、相手が約束の時間に五分でも遅れると帰ってしまう人がいますけど、彼もそういう人なんです。時間は守らなければならないということを知らせるだけのために、そういうことをします。

コーヒーテーブルの上の雑誌を整然と並べ直して、そうなっていないと文句を言うようになったときに、ヒントをつかむべきでした。彼の決めるルールが――彼はどんなに小さなことでもルールを決めてるんですが――、そのルールが、一緒に暮らし始めた瞬間から、私たちの緊張のもとになっていました。

でも、双子が生まれたときには、ルールなんて気にしていられませんよね。手のかかる子どもが二人もいるのに、家のなかをちりひとつなくきれいにしておくなんて無理です。ところが、マイケルには現実はなんの意味も持たないんです。**いつもいつも、家のなかは決められたルールに従ってきちんとしておくべきだ、ということを知らせるんです。**よくもあんなことができたものだと思います。彼はあくまでも自分のやり方を押し通してきたんです。

そういえば、ある日、**食器を食器洗い機に入れないで、流しに置きっぱなしにして出かけたことがありました。帰ってみると、それが床の上に積み重ねてあったんです。**マイケルの仕業です。信じられない思いでした。でも、何も言いませんでした。ただ怒りをぐっと飲み込んで、食器を拾い上げました。

そのときリズは、自分が間違っていた、マイケルが怒るのも当然だ、という結論に飛びついた。しかし、そんなときに彼が怒るように仕向けたのは、リズ自身だった。マイケルとしては、自分の懲罰がどれほど効くかを見逃すことはできなかった。つまり、リズ自身がマイケルに、万一ルール違反をしたときには懲罰すべし、というトレーニングをしていたのだ。

いまその一件のことを考えると、彼はいつも私のちょっとした落ち度を正す方法を見つけ出していたような気がします。そういえば一度、ガレージのドアを閉めずに出かけてしまって、帰ってみるとドアの自動開閉装置が取りはずされていたことがありました。おかげで、車から降りて自分で開けなければなりませんでした。やっぱり、マイケルの仕業です。**なんだか、親が自分の子どもに、これは絶対に忘れちゃいけないことなんだよ、と教えるために思いつくお仕置きみたいでした。彼は私に、自分はだらしなくて無責任で、悪い母親なんだ、と思い込ませたんです。**結局、私はひどい罪悪感にさいなまれて、最後は謝ることになりました。

マイケルのするようなつまらない懲罰を受けると、私たちは大人としての尊厳と力を奪い取られる。言ってみれば、それは子どもがお尻をたたかれるのと同じ情緒的な懲罰で、私たちはお仕置きの必要な悪い子におとしめられるわけだ。リズが気づいたように、そのときに罪悪感を抱くと、それは容易に「私は悪いことをした。だからこんな扱いをされて当然なのだ」という思いにつながる。

ホットボタンが作動し始めたいま、リズはマイケルに腹を立てていることを知らせることさえ考えられなくなり、まして彼に立ち向かうことなど思いつきもしなかった。しかし、自分の気持ちを隠すことで、彼女は彼に、言うことをきかせるためには懲罰的な行動をエスカレートさせてもかまわない、ということを教えていた。

ブラックメール発信者は、相手がどこまでなら許してくれるかを観察することで、自分の行動をどこまでエスカレートさせてもかまわないかを学んでいる。マイケルの懲罰は繰り返され、そのつどエスカレートしながら、ついにはその頂点に達して、彼女を苦しませ、怯えさせることになった。彼と別れようとするなら、いっさいの財産分与はせず、子どもたちも取り上げる、と脅したのだ。

表面的には、ガレージの自動開閉装置を取りはずすことと、その後にやってきたより大胆な脅しとのあいだには、さほど関連がなさそうに思える。しかし、以前の出来事は、肺炎に移行する可能性のある風邪のようなもので、手当てをせずに放っておくと、危険な状態を招く恐れがある。

すべてのブラックメールの受信者が気づいているように、現在は将来へのプロローグにすぎない。あなたが今日教えることが、明日戻ってきて、あなたに取りつく。

自分に突きつけるブラックメール

すでに明らかになったように、ブラックメールには二人の人物が必要である。しかし、ときにはひとりしかいなくてもブラックメールが成立することもある。たったひとりで、発信者と受信者の両方を演じながら、ブラックメール送受信ドラマのすべての要素――要求から抵抗、圧力、脅し――を容易に上演することができるのだ。

それが起きるのは、他人の否定的反応を恐れる気持ちが強く、想像力が勝ってしまう場合だ。その場合、私たちは、もし自分が自分の欲しいものを要求すれば、相手がそれをよく思わず、身を引き、腹を立てるだろう、と考える。そこで、必死に自分を守り、相手にほんのわずかでもこちらが悪く思われるようなチャンスを与えまい、「もし私が……したら、どう思う?」と尋ねるような最小限の危険も冒すまい、とするようになる。

具体的な例を挙げよう。私の友人のレスリーは、一年以上前からイタリア旅行を夢に見て、一緒に行く友人とスケジュールを調整し、オペラのチケットも手配していた。ところが、六カ月前、彼女の娘のエレインがすったもんだの末に離婚した。以来、レスリーはときおりエレインに金銭的な援助をしたり、二人の幼い子どもを預かったりして、援助の手を差しのべてきた。レスリーとエレインはそれまで必ずしも仲の良い親子ではなかったが、エレインの離婚以来、親密さが戻り、レスリーは娘とのあいだに花開いた新たな女同士の友情に、いまぞくぞくするような喜びを感じている。

「その友情を危険にさらすようなことは、とてもできないわ」とレスリーは私に言った。「それに、もし私がイタリアに行ったら、娘が腹を立てて、私のことを身勝手だと思うのは目に見えてるのよ。どうしてイタリアなんかに行ける? 娘が大変な思いをして、私の助けを必要としてるのに」。レスリーがイタリア行きのことを話しても、エレインは、おそらくきちんと受け止めるだろう。しかし、レスリーは現実をきちんと見極めることを拒み、長年の夢だった旅行を延期するほうを選んでいる。

私たちはいったいどれほど、筋が通っていて、自分の甲斐性でできることを、相手の反応が怖いというだけの理由で、しないですませているのだろうか。自分の夢や計画ばかりか、自分の思いを口にさえしていないのに、「きっと」誰かに反対されるというだけの理由で、したいことを棚上げしている。何かを求め、その何かを求める自分の気持ちにあらがい、否定的な結果をでっちあげて自分に圧力をかけ、したいことをしないですませてしまう。自分で自分を取り巻く「ＦＯＧ」をつくりだしているのだ。それが、自分に突きつけるブラックメールである。

注意！

この章をけっして自分を責めさいなむ方法として利用しないこと。現時点までのあなたは、あなた自身の知る範囲内で最善をつくしてきたのだから。これまでのあなたはＰＴＡ、すなわち「気づく前に（Prior To Awareness）」行動した大勢の人々の一員だった。そんな自分を思いやりを持って観察し、ブラックメールの発信と受信、そしてそのなかで自分が果たしてきた役割についてより深く理解するために、この章を利用していただきたい。

第7章　ブラックメールはあなたにどう影響するか

ブラックメールは人の命を脅かすことはないかもしれない。しかし、人間の持ついちばん大切な宝である健全な自我、すなわち統合性《インテグリティ》を奪い去る力を持っている。

「統合性」とは、人間の内面にある、価値観とモラルの範囲を決めるところだ。それによって、私たちはものごとの善悪を判断することができる。この「統合性」はとかく人間の「誠実さ」と同じものと考えられがちだが、実際は、それ以上のものだ。

すなわち、「統合性」とは人間の「完全性」ないしは「無欠性」を意味する言葉で、普通私たちはそれを「これが私という人間だ。これが私の信じるものだ。これが私の進んですること――そしてこれが私が一線を引くところだ」という確固とした知識として経験している。

「統合性」があるというのはどういうことか、次のリストを見ていただきたい。声をだして読んでみてもいいだろう。それぞれの項目のひとつひとつが、あなた自身の感覚であるとイメージしてほしい。

＊私は自分の信じることをはっきりと表明する。
＊私は人生を不安に左右されない。
＊私は私を傷つけた人と対決する。
＊私が何者であるかは、他人に決められるのではなく、自分で決める。
＊私は自分にした約束を守る。
＊私は自分の肉体的・精神的健康を守る。
＊私はほかの人々を裏切らない。
＊私は真実を語る。

いずれも圧力から自分を解放しようとする力強い宣言で、それが本当の私たちの姿を反映しているなら、私たちは絶えず身に襲いかかってくるストレスや圧力にもぐらつくことはないだろう。しかし、私たちがブラックメールに屈するようなことがあれば、これらの宣言が、ひとつまたひとつとバツ印で消されることになる。何が自分にとって正しいかを忘れてしまうのだ。バツ印で消されるたびに、私たちの「完全性」は少しずつ犠牲になってゆく。

自己認識の核であるこの「統合性」が侵されたとき、私たちは人生に指針を与えてくれるもっとも明確な力のひとつを失うことになる。そして、漂い始める。

自尊心に加えられる打撃

弱虫。あきれた腰ぬけ。落伍者。できそこない。まぬけ。またしてもブラックメールに屈し、かろうじて窮地を抜け出してきたとき、私たちが自分を形容する言葉は、いくらでもある。「私に気骨《きこつ》さえあれば、屈服することはないだろうに」と私たちは自分に語りかける。「私は本当にこんなに弱いのか。いったいどうしてしまったんだ」と。

比較的小さな問題で誰かに屈したのなら、それにこだわったり自分を責めさいなんだりする必要はない。この世には少しばかり自分を曲げたり妥協したりしなければならないことがあるのはほとんどの人が知っていることだし、他人の圧力に負けたからといって、それがそれほど大きな問題でないことも多い。しかし、自分にとって好ましくないことに屈することが繰り返されると、自己イメージが大きく損なわれる。ものごとには必ず限度というものがある。これ以上譲歩すると自分にとっていちばん大切な信条や信念を侵すことになる、という一線がある。

人はどのように自分を裏切るのか

病院理事のマリアは、そうした一線を無視して譲歩を続けたために、大きな代償を払うはめになった。彼女がそれに気づいたのは、私のカウンセリングが始まって数カ月たったころのことだった。その日、彼女はいつになく口数が少なかった。いつも外向的だった彼女には珍しいことだった。その理由を尋ねた私に、彼女がゆっくりと答え始めた。

いま、いろんなことに怒りを感じています。もちろん、ジェイの仕打ちにも腹が立ちます。でも、いちばん腹立たしいのは、私が私自身にした仕打ちです。たしかに、私たちは家族のことをさんざん話し合ってきました。いつもいつも家族のことを話し合ってきたのです。それを誇りにしてましたし、どんなときにも家族を最優先で考えてきました。でも、**いま鏡をのぞきこむと、そこには自分を十分に尊重して、夫に「あなたが不倫をすることで、私や私の結婚生活をおとしめることは許さない」と言おうとしなかった女の顔が見えます。ずいぶん自分を裏切った生き方をしてきたという気がします。**
私はいままでいろいろと努力してきました。ただし、自分のために立ち上がることだけは一度もしてきませんでした。これじゃまるで「私を蹴飛ばして」という看板をぶら下げてるのと同じですよね。

それを聞いた私は、彼女自身にはそうは思えないかもしれないが、彼女がずいぶん進歩したことを伝え、彼女の懸命の努力によって、自分の欲求を認識し、育ちや環境からくる圧力を押し返せるところに到達することができたのだ、とつけ加えた。そのときマリアをさいなんでいた強烈な自責の念は、ひとつには、彼女が何年ぶりかで、あるいは生まれて初めて、自分以外のすべての人々の権利を尊重し守らねばならないという強い価値観を努力して持ち続けてきたことを、はっきりと認識したために生じたものだった。

悪循環

自分の統合性を尊重し、守ることは容易ではない。ブラックメール発信者は、混乱と騒乱をつくりだすことで、私たちの「内なる導きの声」を黙らせる。そうされているうちに、私たちは自分自身の理性との接点を失い、またしてもブラックメール発信者に屈してしまったことに気づいて自己嫌悪に落ち込む。

夫のジョーに、入院中のおばに電話して借金を申し込んでほしいと言われ、それを聞き入れてしまった政府職員のパティは、ブラックメールの重圧にさらされて窮地に陥った人の典型例だ。

あのときの私は、完全に勝てない状況に落ち込んでいました。もしあのときおばに電話しなければ、自分はジョーを裏切った最低の人間だ、という気分になっていたでしょう。彼はわが家の大黒柱です。彼がいればこそ、私たちは生きていけるんです。その彼がちょっとした好意を求めた。それを聞き入れることは、どう考えても当たり前のことだ、という気がしました。**でも、電話したあと、すごくい**

やな気持ちになりました……情けなくて、みじめで。利用されたような、自分はとんだ意気地なしだというような気がして。でも、そのとおりだったんです。

パティ自身は何がよくて何がいけないことかの観念をなくしていたわけではなかった。しかし、ジョーとの平和を推持するために、それをなくしたかのような行動を取った。その結果、悔恨と自己卑下にさいなまれることになった。

そうした自責の念は「悪循環」という不幸な結果を生むことになる。圧力を受けると、人は自分の信念にそぐわないことをしてしまう。そして、自分のしたことに気づいて愕然とし、自分は本当はブラックメール発信者の言うとおりの欠陥人間だ、と思うようになる。そのため、自尊心を打ち砕かれ、ますますブラックメールに屈しやすくなる。欠陥人間だという思いに取りつかれたいまはとくに、何がなんでもブラックメール発信者に認めてもらいたいと思うようになっているからだ。認めてもらえれば、自分が本当はそれほどどうしようもない人間ではないことを証明できるだろうから。私は自分の規範を守ることはできないかもしれない、でも発信者の規範には合わせられる、と思いたいのだ。

それをパティは次のように表現している――

あのときはおばに電話をしなければ、彼が愛してくれなくなる、私はいい奥さんじゃない、と思って怖かったんです。私には彼が必要だったんです。彼は私を愛してくれなくなるだろう、彼を裏切りたくない、と思ってました。

パティは電話をすることに極度のためらいを感じていた。にもかかわらず、ジョーに「ノー」と言うよりは、電話をかけるほうがましだという気になった。何がよくて何がいけないかについての観念を侵すことと、悪い妻と思われることとの選択を迫られて、彼女は前者を選んだのだ。

合理化と正当化

統合性を守ることは、ときには恐ろしく孤独なことでもある。それによって、大切な人に認めてもらえなくなる危険があるばかりか、その人物との関係が危うくなる可能性さえあるからだ。

夫のカルにグループセックスを強要されたマーガレットは、何があっても彼と別れたくないと思っていた。そこで、自分に正直であることと相手の要求に妥協することとの選択を迫られたブラックメールの受信者の多くがすることをした。合理化をしたのだ。

マーガレットがしたのは、カルの要求に応じるための「ちゃんとした理由」を考え出すことだった。そこで、グループセックスはそれほど大したことではない、たぶん自分は考え方が古くてお上品ぶっているのだ、と自分に言いきかせた。なんといっても、カルはそれ以外の面ではとてもすばらしいところがたくさんあるのだから、と。そこまで徹底的な合理化が必要だったこと自体が彼女に、あなたはいま真実で健全なものごとの境界線を越えようとしている、という警告を発していたのだが。

　自分にとって好ましくないことを受け入れるよう自分を説得するには、大変な精神的・情緒的エネルギーが必要になる。内面で自分の統合性とブラックメール発信者の圧力との激しい闘いが繰り広げられ、すべての戦争がそうであるように、たくさんの喪失と犠牲が生み出される。マーガレットも合理化をしたことによって、恐るべき苦しみを伴う代償を払わねばならなかった。

　しかし人間は、いくら混乱し、自己疑念にさいなまれ、相手との関係に相矛盾する思い《アンビバレンス》を抱いていても、常に自分に真実を語りかける内なる声を完全に黙らせることはできない生き物だ。しかも、その真実の声は、私たちにとっては、ひょっとしたら聞きたくないと思える声かもしれない。そのため、その声を意識の外に押し出し、耳を傾けまいとするかもしれない。しかし、それは、こちらが耳を傾けさえすれば、知恵と健全さと明晰さに導いてくれる声でもある。言ってみれば、その声は私たちの統合性を守る守護天使なのだ。

　著名な画家のエリオットに苦しめられていたイヴは、アーティストとしての地歩を固めるかたわら、仕事を得て経済的な安定をはかるためにワークショップへの参加を申し込んだ。しかし、エリオットの圧力を受けたとき、彼女の楽観的な計画は頓挫した。

私の望みは、いつも誰かに頼っていなくてもすむように、手に職をつけたいというだけのことなんです。コンピュータグラフィックスのクラスを取って、ついでにイラストレーションの勉強も少ししようと思っていました。そうすれば、大きな仕事が入ってこないか、といつもいつも期待して待ってなくてもすみますから。ところが、彼がそれをひどくいやがって、ある日、私がコンピュータのテストを受ける予定のまさにその日に、睡眠薬を大量に飲むと脅しにかかったんです。茫然としました。究極の悪夢が現実のものになったような気がしました。彼がアルコールの瓶と錠剤の入った瓶をいっぱい持って座ってるんですから。そんなの見てしまったら、学校に出かけるなんてできっこありません。**行きなさい、イヴ、学校は続けるのよ、と自分に言いきかせたんですが、でも……そのまま……へたりこんでしまいました。**なんてことするのよ、やめてよ、と言っただけでした。

イヴは人間のする約束のうちでいちばん大切なもののひとつは自分自身に対してする約束だ、ということが見えなくなっていた。エリオットの圧力と、自分には彼の生存そのものへの責任があるという思い込みに比べれば、自分自身にした約束など、取るに足りないもののように思えたのだ。

エリオットの脅しは不吉で、イヴはまだそれに対処するだけの心がまえができていなかった。ブラックメールのもっとも深刻な影響のひとつは、それが受信者の世界を狭くしてしまうことだ。ブラックメールを突きつけられると、人はとかく発信者を喜ばせるために、自分の好きな人々や活動をあきらめがちになる。とくに、発信者が支配的だったり、過剰に要求が多かったりすると、その傾向が強くなる。

しかし、ブラックメール発信者を喜ばせるために、取りたいと思うクラスを取ること、自分の興味の対象を追いかけること、大切な人と会うことなどをあきらめるたびに、受信者であるあなたは自分の大切な部分を放棄し、あなたの全体性を縮小させていることになる。

私たちの幸せに対する影響

ブラックメールを突きつけられると、私たちのなかに、表現されないままに終わったたくさんの感情がくすぶり続けることになる。ブラックメール受信者のほとんどに、そうした感情を押し込めようとする傾向がある。押し込められた感情が、いずれさまざまなやっかいなかたちで表面化するだけだというのに。例えば、それは抑鬱、不安、過剰行動、頭痛などのかたちで表面化する。いずれも、自分の感情を直接的に表現できないときに現れる肉体的・情緒的症状である。

精神的健全さが危機にさらされたとき

イヴはエリオットとの破滅的な関係にからめとられるあまり、自分の正気が脅かされようとしていると思い込んでいた。

自分がにっちもさっちもいかない状態に追い込まれているのは分かっていました。心がぼろぼろで、そのうちに精神病院に送り込まれるんじゃないかとさえ思いました。**頭がおかしくなりそうな気がして、**そのくせ彼から精神的な距離を置くことができなかったんです。激しい怒りと愛情と罪悪感がからみあって、どうにもなりませんでした。

イヴのように絶えず抑圧的なブラックメールを突きつけられている受信者は、それがあまり頻繁になると、自分の「頭がおかしくなる」のではないか、と極度の不安に襲われることがある。強い感情と頭がおかしくなることとを混同する人が多いのだ。

イヴがはっきりとその不安を口に出しているように、ブラックメールは受信者の精神の健康に危険をおよぼすことがある。それどころか、肉体の健康に危険をおよぼすことさえ考えられる。とりわけ、受信者がブラックメール発信者を喜ばせようとするあまり、自分の肉体的限界を超えようとするときには、用心しなければならない。

警告としての肉体的苦痛

上司の圧力に応えるため、残業につぐ残業で自分を酷使していた雑誌編集者のキムは、ある真夜中、両方の肩から腕にかけて激しい痛みが走るのに気づいて目を覚ました。

前々からそういうことになるのではと不安だったんですが、いざそうなってみるとショックを受けるものですね。どうして「腕が痛み始めてますから、少し仕事のペースを落とさなければなりません――二～三人分の仕事をするのではなく、ひとり分の仕事をすべきなんです」と言えなかったのか、いまとなっては分かりません。でも、**頭のなかに前任者のミランダの仕事ぶりを褒めそやすケンの声が鳴り響いていて、それを聞くたびに、私だって彼女に負けないくらい有能だというところを証明してやらなきゃ、という気持ちになりました。**しかも、ケンはどうすれば私をたきつけられるか知ってるんです。本当に怖いのは、自分で自分にこんな仕打ちをしたということです。

私たちが自分のからだを守らないと、からだのほうが痛み（苦しみ）というかたちで警告を発し、危険に気づかせようとする。

キムにとって、繰り返し起きる過労性の痛みは、限度以上の働きを求める上司の圧力に屈していると取り返しのつかないことになりかねない、という肉体からの警告だった。

キムの場合、原因と結果は極めて明白だった。多すぎる仕事量と長時間労働、そして前任者を超えなければという圧力に疲労困憊し、それが肉体の反乱につながっていたのだ。

私は、すべての肉体的不調は心身症である、という考え方には賛成しない。しかし、精神と情緒と肉体が密接に関係しているという証拠はいくらでもある。精神的な苦しみが頭痛、筋肉の痙攣《けいれん》、胃腸の不調、呼吸障害など、さまざまな肉体的混乱を引き起こす率を相当程度上げることは十分に考えられる。ブラックメールに伴うストレスや緊張を、なんらかのかたちで発散する道が阻害されたり閉ざされたりすると、それが肉体症状として現れるのは、当然のことだろう。

ブラックメール発信者をなだめるために他人を裏切る

ブラックメールへの屈服が、自分自身と自分の統合性に対する裏切りの原因になることは言うまでもない。しかし、ここで見逃されがちなのが、ブラックメール発信者をなだめようとすることで、あるいは彼らの非難を避けようとすることで、私たちは大切な人をも裏切っているかもしれないという点だろう。

すでにこの本のなかでも、ブラックメールが、受信者の人生にかかわるほかの人々にまでさまざまな影響を与えている例をいくつも見てきた。例えば、家具デザイナーのジョッシュは、両親にユダヤ人女性であるベスとの付き合いをやめたと嘘の報告をすることで、ベスを裏切った。そして、それによって彼女は深く傷つけられた。ベスは彼に守られていないと感じ、いずれ事実が明らかになったときには、最初に勇気を持ってことに当たった場合よりもはるかに深刻な騒ぎになるだろうことを知っていた。

一方、元看護師のカレンは、母親と娘の板ばさみになり、どちらか一方の気持ちを傷つけねばならない事態に直面していた。

母の七十五歳の誕生日を祝うために、ちょっとしたパーティを計画していたときのことです。誰が来るのと母にきかれて、招待者のリストを読み上げたんです。私がメラニーの名前を読み上げたとき、母がいきなり私をさえぎって、こう言いました――「メラニーには来てもらいたくないね。あの子があんたの娘だってことは分かってるけど、近ごろのあたしに対するあの子の態度はひどいもんだから。まったく失礼もいいところなんだから。この前電話したときだって、忙しいと言って、電話口にも出てこなかったしね。何か欲しいときだけ調子のいいことを言って」なんとかまるくおさめたくて、最近はメラニーもいろいろ感心なことを考えてるのよと言ったんですが、母は聞く耳を持ちませんでした。「**あんたがメラニーに来るなと言わないなら、あたしはパーティには行かないからね。**あたしなしでやってちょうだい。どうせ、誕生日をひとりぼっちで過ごしたことは何度もあるんだから、今度だって、ひとりで過ごせるわよ」。だから、こともあろうに自分の娘に、あなたはおばあちゃんのパーティに来ても歓迎されない、と言わなければならないはめになりました。

カレンは母親と娘のいさかいに自分から巻き込まれる道を選び、結果的に二人の大人の女性の悪感情のメッセンジャーになった。私たちの多くと同じように、彼女はブラックメールに対処する方法を身につけておらず、選ぶべき道は二つしかないと考えた。ひとつは母に折れて娘の気持ちを傷つける道、そしてもうひとつは母に譲らず、その気持ちを傷つける危険を冒す道だった。どちらにしても、マイナスの結果しか生まれない。

カレンと同じように、あるブラックメール発信者の特定の要求に直面して、二人の大切な人のうちのどちらかを選ばねばならないという、にっちもさっちもいかない状態に追い込まれたことのある人は、けっして少なくないだろう。例えば、よくあるのが「子どもを取るか、ぼくを取るかだ」という要求である。脚本家志望の恋人ジュリーが息子のことを考えるあまり、自分に十分に目を向けてくれないと思ったとき、ビジネスマンのアレックスは彼女にその手の要求を突きつけた。

もうひとつおなじみのシナリオとして挙げられるのが、とりわけ離婚のあとなどに、どちらかの親が子どもを味方につけようとして突きつけるブラックメールだろう。とくに、苦いやりとりの揚げ句に決まった離婚の場合の典型的なブラックメールは、「もしあなたがあなたの父親／母親とこれからも口をきくなら、あなたは私の人生（あるいは、私の遺言書）から除外される。私はもう二度とあなたとは口をきかない」というものだろう。子どもにとってはつらいジレンマと言うほかはない。

受信者がどのような選択をしようと、誰かを裏切ることになる。そうでなくても、すでに十分に罪悪感と自責の念にさいなまれているというのに。

人間関係に与える影響

ブラックメールはすべての人間関係から安心感を奪い取る。ここで言う安心感とは、相手に寄せる好意と信頼を指している。相手に好意を持ち、信頼していればこそ、私たちはたとえ相手にもっとも自分の奥深くに秘めた思いや感情をさらけ出しても、必ず思いやりや優しさで受け止めてもらえると信じている。好意と信頼のない人間関係は、情緒的な率直さを欠いた表面的なものになる。そして、率直さのない人間関係では、相手に自分の本当の姿をさらけ出すことはできなくなる。

人間関係における安心感のレベルが下がるにつれて、人はかまえるようになり、ますますブラックメール発信者から本当の自分を隠そうとする。発信者がこちらの気持ちを思いやったり、こちらにとって最善のことを考えてくれたりするとは思えなくなるし、本当のことを話してくれるとさえ思えなくなる。発信者が自分の思いを通そうとすると、よくても無神経に、悪くすれば冷酷非情になり得ることを知っているからだ。そうなったが最後、その人間関係から親密さが消えてゆく。

隠蔽される本音

アーティストの卵イヴは、著名な画家エリオットとの関係から親密さが消えた様子を極めて苦い口調で話してくれた。

彼の言ってることがすごく異様で正気の沙汰ではないのは分かってるんです。でも、ずっとそうだったわけじゃありません。付き合い始めて一年くらいは、いまとは大違いでした。シンプルで、ロマンティックな関係だったんです。彼は頭が切れるし、信じられないくらい才能はあるし、私たち、本当に愛し合ってました。彼が狂気の面を見せ始めたのは、私が彼のところで暮らすようになってからのことです。

いまはまるで与圧室のなかで暮らしてるみたいな感じです。とても口では説明できません。例えば、人間って、ある人にすごくいら立ってて、もしかして、この人、頭がおかしいんじゃないかと思ってるのに、やっぱりその人のことを愛してて、心の底では気づかってる、っていうことがあるでしょ？ いまの私もそんな感じです。でも、いまはもう彼とのあいだに親密さはありません。本当の意味での親密さは消えてしまいました。性的な意味での親密さを言ってるんじゃありません。情緒的な面での親密さのことです。
彼に自分の本当の気持ちを打ち明けるなんて、できません。彼、ものすごく傷つきやすくて……もろいですから。自分の夢や計画を話すこともできません。話すと、彼がひどく脅威を感じますから。安全な話題じゃないんです。**言うことにいちいち気をつかってなくちゃならないんじゃ、本当の意味の親密さなんて生まれっこありません。**

ブラックメールの受信者は発信者による否定的判断、非難、圧力、過剰反応にあまりにも慣らされているため、イヴと同じように、生活の重要な部分を発信者と共有することを渋るようになっている。そのため、次のようなことを話さなくなる——

＊自分のしたばかげた、あるいはバツの悪いこと——ブラックメール発信者にばかにされるかもしれないから。
＊悲しみ、怯え、あるいは不安感——ブラックメール発信者の要求に抵抗する自分が間違っていることを証明するための材料として、彼らにそれを逆用されるかもしれないから。
＊希望、夢、計画、目標、空想——ブラックメール発信者にそれを打ち砕かれたり、自分が身勝手だとい

う証拠として利用されるかもしれないから。
＊不幸な体験やつらい子ども時代――ブラックメール発信者に自分の不安定さや不適切さの証拠として利用されるかもしれないから。
＊自分が変化し、進化していることを示すことはすべて――ブラックメール発信者は受信者に現状を揺さぶられることを好まないから。

絶えず薄氷を踏むような思いで誰かと付き合わなければならないとしたら、どうだろう。そんな人間関係にあるのは、表面的なあたりさわりのない話し合い、ぴりぴりした沈黙、猛烈なストレスだけだろう。ブラックメールの受信者が譲歩すれば、発信者は満足し、一時的にストレスが解消されるだろう。そして、そこに人工的な穏やかさが生まれるだろう。しかし、その真下には、亀裂が横たわっている。しかも、その亀裂は次第にその幅を広げている。

受信者は再びブラックメールを突きつけられまいとして、驚くほど懸命に自分を抑えつけようとする。会話のなかでも、なんとかうまく立ち回って、深刻な話題を避けよう、あるいはそれよりももっと恐ろしい理不尽な要求を避けようとする。広告代理店重役のゾーイがそのへんのところをうまく語っている。

最近はテスに「どう、仕事はうまくいってる？」と声をかけることさえしないようにしています。かければ、テスはそれに返事をしたうえで、私の力でいまの彼女の状態をよくしてほしいと言い始めるでしょうから。いま彼女と話し合えることといったら、そうですねえ、お天気のこととか、ドジャースのこと、メル・ギブソンのこと、それに映画のことくらいでしょうか。映画と言っても、喜劇に限られます。とにかく、軽い話題だけに絞っています。

いったん人間関係にブラックメールが入り込み、安心して話し合える話題が減るにつれて、友人関係であれ、恋人関係であれ、家族関係であれ、かつては本物の深さを持っていた関係が、次第に希薄なものに変化し始める。

家具会社を経営するアレンは、再婚した妻ジョーの極端な依存癖と過剰反応に直面し、彼女と何を共有するかは慎重に考える必要がある、と思うようになっていた。

不安でたまらなかったり心配なことがあったりしても、ジョーには打ち明けることができません。彼女と暮らしていくには、ぼくは「ジブラルタルの岩」みたいに揺るぎない存在でなければならないからです。でも、彼女はぼくの妻です。最近は、こちらがどんな思いでいるかを少しは分かってくれればいいのに、と思いますよ。

実は、このところ、仕事があまりうまくいってないんです。売り上げががたんと落ちて。だから、それを補うためにそれなりの投資をしなければなりません。サンホセに小さな工場があって、ちょっと見てみたいと思っています。向こうからも新たに契約を結んでもいいという話が出てて、うまくいけば会社が救われる可能性があるんです。ところが、その工場の様子を確かめにいくために二〜三日家を空けることを言いだす気になれないんです。ジョーが動転するでしょうから。それに、仕事がうまくいっていないということも言えません。そんなこと言ったら、彼女がパニックになりますから。まったく、これじゃ、本当のパートナーだなんてとても言えませんよ。ぼくは何もかもひとりでこなさなきゃならない大道芸人みたいなもんです。

アレンは自己検閲をして、ジョーに「対処できない」と思う話題を口にしないようにしていた。その結果、彼女と生活をともにしているにもかかわらず、人生の明るい面だけでなく暗い面も共有できることから生まれる親密さを持てず、ひどい孤独感に悩まされていた。二人の結婚生活はまるで心に拘束服を着せられたような不自由な状態になっていた。

萎縮する心

ブラックメールの大きなパラドックスのひとつは、発信者に時間や関心、あるいは愛情を強要されているを感じれば感じるほど、受信者はそれを心おきなく与えるような心境ではなくなる、という点だ。たとえさりげなく表現される愛情でさえ、彼らの圧力に屈したしるしと誤解されるかもしれないと思うと、しばしばそれを表現することを控えることになる。受信者がいつしか自分自身を情緒的な「けちん坊」に変え、ブラックメール発信者に希望や幻想を抱かせまいとするようになるからだ。

脚本家のロジャーは、私のカウンセリングを受けるようになってまもなく、そのパラドックスについて話してくれた。当時はまだ、女優のアリスとの関係がそれほど確かになっていなかった。

アリスとはいろいろすばらしい時間を過ごしていますから、ぼくが彼女を高く評価していることや、彼女がいろいろな面でどれほどすばらしい女性かを話して、ぼくがそう思っていることを知ってもらいたいと心から思っています。**でも、愛している、とはっきり言えないんです。**そんなことを言えば、彼女が結婚申し込みと受け取るのは分かってますから。そうでなければ、またしても赤ん坊がどうのこうのという話を持ち出すでしょう。ぼくはとても情愛のある人間です。でも、**ふと気づいてみると、ずいぶんいろいろなことを表現しないで控えてるんです。**彼女をミスリードしたくありませんから。控えておいて、自己嫌悪に襲われます。自分の思っていることを自由に表現できない気がするからですよ。彼女が拒絶されたという気になっているのは分かってるんです。

当時のロジャーは、自分の本当の気持ちを――たとえそれが肯定すべき気持ちであっても――自由に表現する気分になれずにいた。何を言っても、非現実的な期待を持つアリスの複雑な思考回路をめぐりめぐって、やがてそれが将来のブラックメールのための弾薬になってしまうことが分かっていたからだ。

人間は、往々にして、自分自身の優しい気持ちだけでなく、幸せな気持ちも抑えつけねばならなくなることがある。父親にユダヤ人女性との結婚を反対されているジョッシュは、たとえ何かの喜びを感じても、それを両親のどちらとも共有することができずにいる。恋人のベスを頑強に拒む父親の態度を見て、共有するのは安全ではないと思うようになっているからだ。

「親父はその話は聞きたがりません。どうやらぼくは自分の人生を生きちゃいけないとされてるようです。おまえを愛してる、と親父は言いますが、そんなわけないですよ。ぼくがどんな人間かも知らないんですから」

ジョッシュの父が、息子である彼とのあいだに持っていると考えている人間関係は、そもそも存在していないのだ。従順なジョッシュなど存在していない。ジョッシュがベスとともに見つけた安らぎ（それが彼にとっての現実なのだが）は、父親の知らないところでしか存在することを許されていない。父と息子の関係はにせもの、そして、ブラックメール発信者とのあいだに長期にわたって保たれてきた関係の（ほとんどとは言わないまでも）多くも、やはりにせものである。

人間関係から安心感と親密さが消えると、人は演技することに慣れ始める。幸せでもないのに幸せなふりをし、すべてが順調なわけではないのに順調なふりをする。何かに興奮しているにもかかわらず興奮していないふりをし、もはや彼らのことがほとんど分からなくなっているのに、圧力をかけてくる人を愛しているふりをする。かつては思いやりと親密さの優雅なダンスであったものが、仮面舞踏会に変わり、そこに参加する人々はますます本当の自分を隠すようになる。

そろそろそれをきちんと理解して、行動に移らなければならない。ブラックメールとあなたを不当に利用するためにそれを使う人々に、効果的に対処するために。それができるようになれば、あなたは驚くほどすみやかに統合性を取り戻すことができる。そして、ブラックメール発信者との関係を劇的に改善することができる。

第2部

理解から行動へ

はじめに――いまこそ変わろう

私の好きな小話に、街灯の下によつんばいで這い回る女を車の中から見つけた男の話がある。何か困っているに違いない、と思った男が車を停めて声をかけた。

「どうしました？　助けが必要なようですが」

「ありがとうございます」と女が答えた。「実は、鍵を探してるんです」

一緒に探し始めてしばらくたったころ、男がもう一度口を開いた。

「どこに落としたか、大体の見当はつきますか」

「ええ、そりゃもう」と女は答えた。「この道を一キロ半ばかり行ったところです」

男は、当然のことながら、あっけにとられて質問を重ねた。

「それじゃ、なんでこんなところを探してるんです？」

女が答えた。

「ここはなじみの場所で、街灯もここのほうが明るいですから」

ブラックメールを突きつけられたときには、いつもの行動様式のなかからその場にふさわしいものを選び出し、それを駆使して窮地から脱出すればいい、と考えがちになる。

そこにはたしかにある種の論理が存在している。屈服しさえすれば、たちまち平和が取り戻せる、という論理だ。しかし、そんなことを続けていれば、いつまでたってもブラックメール発信をやめさせる本当の鍵を手に入れることはできない。本当の鍵は道路を一キロ半も先に行ったところ、すなわち自分の考え方をはっきりと押し出した、しかも自己防衛的ではない行動のなかにあるのだから。

第2部では、そうした行動について説明したい。

一歩一歩

ここでは、私自身が開発した手法を一歩一歩たどりながら、強力で、自己防衛的ではないコミュニケーション術と、視覚化、チェックリスト、ライティングエクササイズなど、さまざまなレベルで短期間のうちに現状を変えるための方法を紹介したい。

私たちがたどるルートは二つ、そのひとつはすぐにでも始められる「行動」のルートだ。このルートをたどっていても、最初のうちは内面が変化したとは思えないかもしれない。ブラックメール発信者の圧力を受けると、依然として恐怖心や義務感、罪悪感に悩まされることもあるだろう。しかし、やがて効果的な行動法が身につくはずだ。いったんあなたの行動が変われば、発信者との関係も必然的に変わるだろう。その結果に、おそらくあなたは勇気づけられるはずだ。

「行動」のルートと同時に、もうひとつの「情緒」のルートもたどることになる。内面を変えるためのこのルートは少し時間がかかるが、それによって、あなたの内面にひそむ「ホットボタン」を解除すると同時に、心の傷を癒し、これまであなたをブラックメールに屈しやすくしていた誤った思い込みを正すこともできるだろう。

さあ、いまこそ、この本から新しい手法を学び、それをあなたの人生に取り入れよう。ブラックメール発信者にいままでより意識的に対処し始めている自分に気づけば、あなたの自分自身に対する感じ方が劇的に改善されていることが分かるだろう。

不安が減り、恐怖心、義務感、罪悪感にあやつられることが少なくなったと感じられるようになれば、目の前にたくさんの選択肢が用意されていることが分かるようになるだろう。あなたが近しい関係でいたいのはどんな人なのか、あなたにはどの程度他人に対する責任があるのか、自分の時間と愛情とエネルギーをどんなふうに使いたいのか、それを決められるようになるだろう。

どうか、あせらずに粘り強く努力してほしい。なかには、自尊心と統合性を大きく傷つけられるあまり、もはやそれが永遠に失われてしまった、と感じている人もいるだろう。しかし、あなたの自尊心と統合性は、けっして失われてはいない。どこか思わぬところに置き去りにされているだけなのだ。

新しい行動に出ることで、それをもう一度見つけ出そう。私とともに、あなたのなかで、そしてあなたの人間関係のなかで、ブラックメール発信者が摩滅《まめつ》させてしまったものを再発見し、再建しよう。人生からブラックメールを追放するための具体的な一歩を踏み出そうとするあなたに、乾杯。

第8章　行動に入る前に――心の準備

こんな小話をご存じの方も多いだろう。ニューヨークを訪れた観光客が小脇にバイオリンを抱えた男を呼び止めて、音楽の殿堂カーネギーホールへの道を尋ねた。すると、男が答えた。「カーネギーホールへの道？　練習、練習、練習」

何かに熟達するには練習しなければならないというのは、誰もが聞かされ続けている。日常生活のさまざまな面にもそれは当てはまる。何かを身につけるには、練習が欠かせない。おっかなびっくりペダルをこいで、よろけたり転んだりしながら、やがて自転車に自由に乗れるようになったことや、キーボードに当てた指をぎごちなく動かしながら、ついにタイプが打てるようになったことは、あなたにも経験があるだろう。

ところが、人生に重要な変化を起こすために何かを実行したときには、人は往々にして一夜にしてその成果を期待しがちになる。しかし、新しい技を身につけるには練習が欠かせない。そして、それを使いこなせるようになるにはそれなりの時間が必要であることは当然だろう。新しい靴が足になじむには、それを履いて歩かねばならない。同じように、ブラックメールを振り払うための新しい行動を身につけるときにも、やはり訓練をしなければならない。したがって、そのための行動を始めた人が、初日から成果を手にすることなどまずありえない。しかし、遠からず、成果は現れるだろう。

ここで大切なのは、何かを決心するとは、あなたがあなた自身に約束をするということで、しかもその約束は十分に守る価値があるということだ。

最初の一歩――自信をつけよう

ブラックメール発信者にきちんと対応しようと思うなら、その前にしなければならないことがいくつかある。

その第一は、これからの一週間、毎日、ひとりきりになれる時間をつくり、①自分自身と交わした契約書、②自分を力づけるための言葉（パワーステートメント）、③自分を肯定するフレーズ（セルフアファーミングフレーズ）、という三つの簡単な「道具」を使って自分に自信をつける訓練をすることだ。そのための時間はせいぜいで一日に十五分。ただし、その間は、できることなら電話線のプラグを抜き、邪魔が入らないようにして、あなた自身に意識を集中させてほしい。なかには、入浴の最中、車のなか、あるいは昼食時のデスクの前でしか、プライベートな時間を取れない人もいるかもしれない。それでもかまわない。どこにいても、訓練はできる。

①自分自身と契約をする

真っ先にしてほしいのは、次ページの契約書に署名することだ。そこには、あなたがあなた自身にすべきいくつかの約束ごと（ブラックメールの呪縛を振りきるための基本原則）が記されている。

この時点で早くも、こんな約束はとても守れない、と深刻に考え込んでしまう人がいるかもしれない。とくに、過去にブラックメールに屈しまいと努力して、それができなかった人はそうだろう。しかし、過去のことは忘れよう。そして、新しい理解と技に基づいた新たな手法の第一歩を踏み出そう。

この契約書は、いままでのやり方を変えようと決心したあなたのやる気を具体的なかたちにし、目標を明確にするための、強力なシンボルなのだ。

なかには、この契約書を自分の手で書き写すことで最高の結果を手にできることに気づいた人もいる。これから私が説明する練習のために、特別に用意したノートの一ページ目に、この契約書の内容を書き写す人もいるかもしれない。練習中に考えたことや感じたことをノートに記録したいと思う人は、そうしてほしい。

契約書を別の紙に書き写すにしても、この本に直接署名するにしても、これからの一週間、毎日、その内容を声に出して読み上げよう。

私自身に対する契約

私＿＿＿＿＿＿＿＿＿＿は、自らを選択の自由を持つ成人と認め、私の対人関係および私の人生からブラックメールを排除するために、積極的に行動することを誓います。その目的を達成するために——

□私は自分自身に対して、今後自ら進んで恐怖心、義務感、罪悪感によって自分の決断を左右されないことを約束します。

□私は自分自身に対して、この本でブラックメールとの闘い方を学び、それを自らの人生で実行に移すことを約束します。

□私は自分自身に対して、今後私が後退的な態度を取ったり、挫折したり、もとの行動パターンに逆戻りしたりするようなことがあっても、それを努力をやめる口実に使わないことを約束します。失敗は、それを教訓として利用するかぎり、失敗ではないことを理解します。

□私は今回の行動に際して、自分を大切にすることを約束します。

□私は、積極的な行動を取ったときには、それがどれほど些細なことであれ、それができた自分を評価します。

署名＿＿＿＿＿＿＿＿＿＿

日付＿＿＿＿＿＿＿＿＿＿

②パワーステートメント

次に「パワーステートメント」（ブラックメール発信者が圧力をかけ始めたときに、あなたが浮き足立つのを防いでくれる短い言葉）を覚え、唱える練習をしよう。

その「パワーステートメント」は、**「私には耐えられる」**

ばかばかしい、と思う人がいるかもしれない。しかし、正しく使いさえすれば、この短いセンテンスは、ブラックメール発信者に抵抗するためのもっとも強力な武器のひとつになる。なぜならば、そこには、ブラックメール発信者に要求を突きつけられたら一も二もなく従わねばならない（すなわち、**圧力に耐えられない**）、という私たちの思い込みを迎え撃つ力が込められているからだ。

＊「私は彼の気持ちを傷つけることに耐えられない」
＊「彼女にあんなふうに言われると耐えられない」
＊「罪悪感に耐えられない」
＊「不安に耐えられない」
＊「彼女に泣かれると耐えられない」
＊「彼の怒りに耐えられない」

私たちは絶えず自分に向けてそんな言葉を発している。しかも、本当に耐えられないと思い込むと、それが発信者の涙であれ、真っ赤な顔で発せられる怒鳴り声であれ、私たちが誰かに借りがあることを思い出させる「穏やかな」言葉であれ、取るべき道はたったひとつ、自分の意見を撤回し、譲歩し、相手の言いなりになり、平和を維持するほかはないと考える。その思い込みこそ、ブラックメールの受信者の足元に仕掛けられた罠《わな》なのだ。そう思い込んだときすでに、受信者は「私は何々に耐えられない」というお題目をマントラに仕立てあげ、実質的には自分自身を洗脳してしまっている。

いまは信じてもらえないかもしれないが、実際のあなたは自分で思っているよりもずっと強い。あなたは圧力に耐えられる。そして、あなたが取るべき第一歩は、「耐えられない」という思い込みを「私には耐えられる」という思い込みに変えることだ。

「私には耐えられる」と繰り返すことで、あなたの意識と無意識のなかに新しいメッセージが浸透し始めるだろう。これからの一週間、ブラックメールを排除するためのステップを踏み出そうと考えて、恐怖や動揺を感じたり、勇気が萎えるのを意識したら、そのたびに立ち止まり、自分に向かって「私には耐えられる」と繰り返してみよう。大きく息を吸い、吸った息を完全に吐いて、「私には耐えられる」と言おう。それを少なくとも十回は繰り返してほしい。

いままさに、あなたに圧力をかけているブラックメール発信者と面と向かい合っているところを想像しながら、その言葉を繰り返してほしい。「私には耐えられる」という「パワーステートメント」

をあなた自身と、ブラックメール発信者の有言無言の圧力とを隔てる盾と考えてほしい。そして、「私には耐えられる」と声に出して言ってみよう。最初はおずおずとしか言えないかもしれない。そんなことをしても効き目があるとは思えないかもしれない。でも、とにかく続けよう。やがて、自分を信じられるようになるだろう。

それは無意識的なプロセスなのだろうか。そのとおり。途中で違和感を覚えることはあるだろうか。あるかもしれない。しかし、もとのやり方ではうまくいかなかったことを思い出してほしい。「私には耐えられる」と自分に向かって唱えることには、たしかに効果があるはずだ。

③セルフアファーミングフレーズ

次に、「私には耐えられない」という思い込みを「私には耐えられる」という思い込みに置き換えるという基本的なコンセプトを利用して、自分を肯定するフレーズ（すなわち、あなたの気持ちを落ち着け、自分の力を信じ、勇気を持たせてくれる言葉）を考えてみよう。例えば、ブラックメール発信者を相手にしたとき、あなたは――

①「私が求めているのは間違ったことだ」と自分に言いきかせる
②「今回は譲っておこう、あとで断固とした態度を取るつもりだから」と考える

③相手を喜ばせることをするが、自分が何を求めているかはよく分からない

ことが多いのではないだろうか。それを逆転させて、次のように言いかえてみよう。

´①「私は自分が求めるものを求める、たとえそれでブラックメール発信者が腹を立てるとしても」

´②「自分の立場を守り、いま断固とした態度を取ろう」

´③「相手だけでなく自分も喜ばせることをする。しかも、自分が何を求めているかははっきりと分かっている」

さらに、以前のやり方を過去形にして「前は……だったが、もうそんなことはしない」と置き換えてみよう。例えば、「前は、私が求めているのは間違ったことだ、と自分に言いきかせていたが、もうそんなことはしない」と。

両方の態度を口にし、どちらを言ったときのほうが気分がいいかを確かめよう。次に、新しい積極的な態度を、自分のことを言っているつもりで、声に出して唱えてみよう。その内容がまだあなたに当てはまらないことは分かっているが、それを口にするだけでも、恐怖心、義務感、罪悪感に駆られて取る行動から解き放たれるのがどんな感じのものかが分かるだろう。それぞれのフレーズを過去形

にしたり、積極的なかたちに置き換えたりすると、あなたのなかに力が戻ってくるだろう。私のクライアントの一部は、鏡に映る自分の目を見つめながら、それぞれのフレーズを積極的なかたちに置き換えたものを繰り返し唱えると、とくに効果があった、と言っている。それによって、文字どおり、自分の行動を肯定的なかたちで目にするあなた自身を見るチャンスになるはずだ。

これからの一週間、「契約」「パワーステートメント」「セルフアファーミングフレーズ」という、三つの単純な「道具」を使って訓練しよう。一週間が終わるころには、あなたはそれまでよりも容易に自分を中心に置いてものごとを考えられるようになり、いまの状況に対処するための行動に直接乗り出せる状態になっているだろう。

どうか、どれほど気持ちがはやっても、まず準備のための練習に時間を取ってほしい。時間はいくらでもある。あなたを悩ませるブラックメール発信者やブラックメールがどこかに行ってしまうことはないのだから。

さらにもう一歩——SOSを発信しよう

あなたはすでに一週間にわたる基本的な心の準備を終えた。次に必要になるのは、実際にブラックメールを突きつけられたところを想定した戦闘プランだ。突きつけられたブラックメールにすぐに反応しなければ、と考えてはいけない。その前にまず**ＳＯＳを発信しよう**。

ＳＯＳを発信するといっても、何もモールス信号や手旗信号を学ぶ必要はない。変化のプロセスの最初の三つのステップを頭文字として覚えるだけでいい。ここで言うＳＯＳとは、「Stop（止まれ）」「Observe（観察せよ）」「Strategize（戦略を練ろう）」の頭文字だ。最初の二つのステップはこの章と次の章で扱うが、そのための「道具」と「戦術」については第10章で説明する。くれぐれも、途中のステップを飛ばさないでほしい。強固な土台のうえに戦略を立てることが何より大切なのだから。

ステップ１　止まれ（Stop）

ブラックメールの受信者がまずすべきことは**何もしないこと**。何もしないというのは、**要求が出された瞬間にどう反応するかを決めない**という意味だ。そんなことは簡単だと思う人がいるかもしれない。しかし、場合によっては、それが考えるほど簡単ではないことがある。とくに、すぐに返事をしろという圧力が強烈なときにはそうだろう。したがって、大切なことは、十分に心して準備をすることだ。

どうすれば、何もしないでいられるのだろう。そのためにはまず、圧力のないところで考える時間を自分に与えなければならない。考える時間を持つには、ものごとの進行を遅らせるための時間稼ぎのフレーズをいくつか覚える必要がある。以下に、要求を突きつけられたときに（その要求がなんであれ）、真っ先にあなたが口にすべきフレーズをいくつかリストアップしよう。

＊いますぐには返事できないわ。少し考える時間が必要ね。
＊これは重要なことだから、急いで決めるわけにはいかない。少し考えさせてくれ。
＊いますぐに決断するつもりはないわ。
＊きみの要求をどう考えればいいのかよく分からない。もう少したってから話し合おう。

要求が出されたら、すぐに時間稼ぎの言葉を口にしよう。そして、いくらブラックメール発信者に決断を迫られても、そのつど同じ言葉を繰り返そう。

どのくらい時間があればいいのだろう。当然のことながら、問題が大きければ大きいほど、時間が必要になる。休暇にはどこに行くか、コンピュータを買うべきかどうかというような問題なら、急いで決断して、その決断があなたにとってあまり好都合ではないとしても、失われるものはそれほど大きくはないだろう。しかし、結婚生活、子どもたちの運命、あるいは転職など、人生の大事にかかわる問題の場合は、必要なだけ時間を取って、熟考しなければならない。

学習プロセスのひとつとして、もしブラックメール発信者が「人生の大事」に当てはまらないことで圧力をかけてきたときに、とりあえず、最低二十四時間の猶予が欲しい、と要求してみよう。そして、その時間を利用して、決断し、何があってもその決断を守れるようになっていてほしい。

あなたのタイムテーブルか、発信者のタイムテーブルか

ブラックメールの特異なところは、背後で絶えず時計が時を刻む音がしていると感じる点だ。相手がなんらかの要求を出す。ある時点で、あなたはそれに対する答えを出さなければならない。ところが、ブラックメール発信者は、多くの場合、ゆっくりしている時間はないという考え方に基づいて、圧力をかけてくる。そこにはスリラー映画やサスペンス映画の効果を高めるあの幻想――ストーリーは時間との競争で組み立てられている――が働いている。受信者はそのドラマに組み込まれ、それが現実のことかどうかを問わなくなってしまう。

一歩引いてみれば、ほとんどの場合、緊急性などない。それがあるのはブラックメール発信者の心の内だけであることが分かるというのに。

無批判に「いま行動せよ、これが最後のチャンスだ」という世界に入り込んでしまうと（ほとんどすべてのブラックメールは、そういう世界のなかで組み立てられている）、圧力がかかり始める。その世界に入り込まないうちに、時間稼ぎのフレーズを口にしてみよう。時を刻む針の音が消え、ドラ

マを外から眺められるようになるだろう。たしかに、車やコンピュータの安売りセールは日曜日で終わるのかもしれない――しかし、セールはいずれまたあるだろう。たしかに、発信者には大切な締切があるのかもしれない――しかし、それはあなたの締切ではない。

あなたはブラックメール発信者の欲しがる何かを持っている。時間はあなたの側にある。時間稼ぎのフレーズを利用するときに、あなたに必要なのは考えるための時間だけ。少しでも理性のある相手なら、それくらいの時間はくれるはずだ。ところが、ブラックメール発信者のなかには、受信者に時間稼ぎをさせないためにブラックメールを利用する人さえいる。それがパティの懸念のひとつだった。

「すばらしい方法だと思います」と政府職員のパティは言った。私とともに時間稼ぎのフレーズを練習しているときのことだった。「でも、あなたはジョーをご存じないから。私が考える時間が欲しいなんて言ったら、彼のことですから、そのとたんにふくれっ面をするでしょう。そして、そのあと、こう言うに決まってます――『セールは今週で終わるんだ。世界中の時間はすべてわれわれのものというわけじゃない。いったいなんだって言うんだ?』」

「そう言われたら、あなたはどう答えます?」と私は尋ねた。

「『いますぐに結論を出すつもりはない』というようなことを言ってみようと思います。でも、そんなの、彼の右の耳から入って左の耳から出ていってしまうに決まってます。子どもみたいに『どれくらい時間がかかるんだ、どれくらい時間がかかるんだ』とうるさくせっつかれるでしょう」

「そのときには、『必要なだけかかる』と繰り返してください」と私は応じた。ブラックメール発信者は時間が欲しいと言うあなたに腹を立てたりむくれたりと、さまざまなかたちで圧力をかけるかもしれない。しかし、同じ言葉を繰り返すことで、一般的には、あなたが真剣にことに当たっているというメッセージが伝わるはずだ。

「発信者の立場の変化→圧力強化」に備える

時間稼ぎの言葉を口にすると、ブラックメール発信者は混乱したり憤慨したりするかもしれない。なにしろ、あなたがいつのまにかゲームのシナリオを変え、いつものように自動的に屈服してくれなくなったのだから。その結果、両者のあいだに混乱状態が生まれることが考えられる（事実、生まれることが多い）。あなたが「時間が必要ね」と言っただけで、発信者とのあいだのそれまでの力関係が崩れ、発信者があなたの動きを待たねばならない立場に追い込まれることになるのだから。発信者にとって、それは受け身の、しかもいままでよりもはるかに弱い役割だ。

当然のことながら、発信者はもとの力関係を取り戻そうと圧力を強めるだろう。あなたとしては、それに対処できる心がまえをしておかなければならない。発信者はいまやなじみになった自分自身のシナリオにしがみつくだろう。しかし、あなたはあくまでも新しいシナリオを守り、頭のなかで、「私には耐えられる」というパワーステートメントを繰り返してほしい。
それまでの習慣の力と「FOG」をつくりだす発信者の熟練の技とに圧倒されて、新しい対処法を守り抜く勇気が揺らぐこともあるかもしれない。相手が、人間関係のなかでたとえ少しでもコントロール権を手放すことを嫌う「罰する人」――そして、あなたの時間稼ぎに強力に抵抗するブラックメール発信者――である場合、あなたの動機を説明することが重要になる。あなたは次のようなことを言いたくなるかもしれない――

＊これは権力闘争ではない。
＊私はあなたをコントロールしようとしているわけではない。
＊あなたの要求について考えるためにもっと時間が欲しいと言ってるだけだ。

もしあなたの相手がものの道理の分かる人なら、そうした言葉は思慮のある心強い言葉として相手に届き、二人のあいだの緊張をやわらげる役に立つだろう。

きちんと対処したのに、どうもすっきりしない

考える時間を要求し、動機もきちんと説明した。おかげで要求を突きつけられては屈服するという、いつものパターンを脱することができた。にもかかわらず、なんだかへまをしてしまったという気になることも少なくない。ゾーイの場合がそうだった。


どうなったかお聞きになりたいですか？　ひどいものでした。テスが新しい靴の大型プロジェクトについての収支報告会議に自分も加えろと言ってせっついてたんです。ちょうど一週間後にニューヨークから私たちの会社の経営者たちが来ることになっていたものですから、彼らにいいところを見せたいというのが理由でした。とくにデールにいい印象を持ってもらいたがっていました。デールが彼女に目をつけていて、なんとかして彼女を職場から追い出そうとしている、と彼女は思い込んでたんです。経営者たちの訪問は一週間後に迫っている、だからいますぐ出席者のひとりに加えてほしい、と言ってきました。

そのあと、彼女はありとあらゆる手を使い始めました。「その仕事をさせてくれなきゃ、あたし、クビになっちゃう。あなたが助けてくれなきゃ、あたし、何をするか分からない。あなたに圧力をかけるのはいやだけど、でも、あたしは本当にいますぐ助けが必要なの」。そう言って、目にじわっと涙をためるんです。

だから、あなたの指示どおりにしました。「申し訳ないけど、そんな重大なことをいますぐ決めるわけにはいかないのよ」って言ったんです。とたんに彼女が反撃に出ました。「でも、これがあたしにとってどれほど大事なことかは分かるでしょ？　あたし、本当にあなたの助けが必要なの。あたしたち友だちでしょ？　あたしのこと信頼してくれてないの？　あたしはいい仕事をするわ。あなただって、それは分かってるはずよ。あなたのために頑張るってことも分かってるはずよ」

そのころには、「ああ、困った、ああ、困った。私は彼女を助けなきゃならない。これは緊急事態だ。彼女の言うとおり、もしここで彼女を助けなきゃ、彼女は大きなトラブルを抱え込むことになるだろう。なんとかしなきゃ」という思いに落ち込み始めてました。心臓の鼓動が速くなって、呼吸まで荒くなったような気がしました。呼吸を整えて、早口で二度「私には耐えられる」と唱えました。そして、こう言ったんです――「あなたがいますぐに私に何かしてもらいたがってるのは分かるわ。でも、考える時間が必要なのよ。明日話し合いましょ」

彼女、怖い顔でじろりと私をにらんで、「あなたは上司であると同時に友だちだと思ってた。あなたにとって友情はそれなりの意味があるものだ、と思ってたわ」と言って、そのまま出ていってしまったんです。すごく後味の悪い思いをしました。いまも彼女を裏切ったという気持ちから抜け出せません。あなたの指示どおりにすればうまくいくと思っていました。でも、とてもいやな気分です。

「おめでとう」と私はゾーイに言った。「それはあなたが古いパターンを破ろうとしている、ということよ」。時間稼ぎをすることは容易ではないかもしれない。しかし、ときとともに徐々に容易になるはずだ。いまこの段階でしているのは、決断を先に延ばすことだけ。ブラックメール発信者をあなたのタイムテーブルにのせる以外に、あなたはまだ何もしていない。過激なステップとは、とても言えない。

あなたが時間稼ぎのシナリオにしがみつき続けるうちに、ブラックメール発信者は次第にやけっぱちの反応をみせるようになるかもしれない。彼らの脅し文句は「よこせ——いますぐ」だ。

健全な変化に付随する不快さに耐えること、それはブラックメールをやめさせようとする人のすべてが身につけねばならない、もっとも難しいことのひとつだ。過去、不快さは常に屈服への序曲だった。しかし、あなたはいまそれを変えようとしている。だから、不安定さを感じている。しかし、心配はいらない。統合性を取り戻す過程で、不安定さや不安を感じるのは、まったく自然なことなのだから。

不快感との対話

考える時間が欲しいと言い続けることに、ゾーイは次第に不快感を覚えるようになった。テスは執拗《しつよう》で、彼女の姿を見るたびにゾーイはそこに苦しむ人の姿を見始めていた。テスの要求を考えれば考えるほど、それを受け入れるわけにはいかないという思いが強くなった。にもかかわらず、罪悪感はどんどん大きくなった。

自分は薄情な人でなしだ、という思いを克服することができません。その思いがどんどん強くなります。私は何もしていない、なのに心がぼろぼろになりかけてます。本当にこれでいいんでしょうか?

内面的な不快感は、変化を妨げる大きな要因のひとつだ。しかし、自分の統合性を取り戻すためには、その不快感を再生し、それを正常な感覚として認識しなければならない。

ゾーイにもそれを伝え、その手段のひとつとして不快感と対話することを勧めた。対話するためには、不快感を外に取り出し、その正体を知ることが必要になる。そこで、ゾーイには、次の面談日に、彼女にとって不快感の象徴となっている品物を持ってきてほしいと伝えた。ちくちくするセーター、写りの悪い彼女自身の写真、きつくて足が痛くなる靴などだ。それを使って、彼女にとってひどくいまわしいと思える感情(つまり、不快感)の正体を知ってもらおうと考えたのだ。

彼女が入ってきたとき、私は持ってきた品物を彼女の前の空いた椅子に置いてほしいと伝えた。彼女が持ってきたのは、どうしても足に合わないハイヒールだった。その後、彼女はまるで人間に対するように、不快感のシンボルであるそのハイヒールに向かって話しかけ、さらにそのあとは、彼女が不快感それ自体の役を演じて、自分自身に話しかけることになっていた。

ゾーイにとって、それは初めての体験だった。そのため、当然、自意識過剰になり、少しばかり渋る様子を見せた。しかし私は、それによって彼女を大きく左右していると思える状態について多くのことを学べるはずだ、と説明した。あなたも同じことをして、心のうちを自由に吐き出してみよう。不快感に向かって、それについて感じていることを語りかけ、問いかけてほしい。
いったん作業に取りかかったゾーイは、次第に熱を帯び始めた。以下は、彼女がそのときに語った言葉の一部だ。

不快感よ、あなたは自分のことをすごくかっこいいと思ってるんでしょ。あなた、長いことわが物顔にふるまってきたけど、私はもううんざり。いままであなたにはたくさんの力を与えてきたわ。でも、そんな日が終わったことをここに通告するつもりよ。
あなたは私より大きいと思ってた――たぶん、あなたはそうじゃないことを知ってたんでしょうけど――、でも、いまこうしてあらためてあなたを見ると、小さくて、みっともない。それに、私をトラブルに巻き込んでる。じつのところ、あなたが勢いをつけるたびに、私は意気地なしの臆病者になって、自分が何者かさえ分からなくなってしまう。もう、あなたにはほんとにうんざり。ご退場願っていけない理由でもある？

不快感のシンボルに語りかけてどう感じたかをゾーイに尋ねたところ、次のような言葉が返ってきた――

最初はばかみたいなことをしているという気がしましたが、その世界に入り込むにつれて、不快感が私の日常の大きな部分にのしかかっていることが分かりました。不快感なんて、私の生活の一部にすぎないのに、まるでそれを体重が二百キロを超えるゴリラみたいな感じでとらえてるんですね。不快感なんて、むしろこの靴のようなものなんですよね。**自分で思っていたほど、私の人生にはまりこんではいないんですね。**

訓練の次の段階では、ゾーイは私と向かい合わせに座り、靴を手にして不快感の役を演じ、彼女自身が口にしたばかりの言葉に反論した。

ご退場願う？　笑っちゃうわね。私はどこにも行くつもりはありませんからね。ここが気に入ってるし、退場するなら、一戦交えてからにしなきゃ。私がちょっと金切り声をあげれば、あなたなんかそれだけで飛び上がって、私の思いどおりになるくせに。

練習を終えたとき、ゾーイはそれまで自分にはコントロールできないと思い、「耐えがたいもの」と決めつけていた感覚（ここでは、不快感）を新しい観点から見られるようになっていた。しかし、それができるようになったからといって、すぐに状況が変わるわけではない、と彼女には釘を刺した。

ゾーイはたしかに面倒見のよさから屈服へという、いつもの行動パターンを断ち切るための鍵をいくつか発見し始めていた。しかし、不快感から解き放たれるためには、一戦交えることが必要だった。あなたにもこの練習法を利用してもらいたい。特定の品物に語りかけるのもいいだろう。あなたから不快感に、そして不快感からあなたに宛てて手紙を書いてもいいだろう。なかには、まず不快感に語りかけ、ついで不快感に質問してその返事をさせるというかたちで、対話を書き留める方法を取る人もいる。

あなたと不快感との対話で使われる言葉や、そこから発見されることがらは、ゾーイのそれとは大きく異なっているかもしれない。しかし、価値ある情報を手にできることだけははっきりしている。練習のポイントは、不快感を外面化し、見つめ、それに負けない対処法を見つけ出すきっかけをつくることだ。不快感と直面すれば、あなたが避けようと必死になっていたときに思ったよりもそれが小さく、脅威的でもないことが分かるだろう。

「逃げる」

ここで紹介するもうひとつの「何もしない」戦術は、自分以外の二人の人物のいさかいに巻き込まれたとき、あるいはあなたではない誰かを利するために第三者があなたにブラックメールを突きつけたときに、有効な手法だ。あなたがすべきことは、「その場から逃げ出すこと」。

母親と娘のいさかいに巻き込まれて、ちょっとした危機に陥っていた元看護師のカレンは、何もしないことで彼女自身を含めた三人の女性の現実的な関係改善のきっかけをつかむことに成功した。カレンは言った――

「メラニーがパーティに来るなら、パーティそのものを中止にしてもらいたい」と母が言ったときに、あなたの指示どおりに時間稼ぎができたとしますよね。それで、いますぐには決められないから、また電話する、と言えたとしますよね。そのあと、どうすればいいんですか？

「そのあとはお母さんに電話して、私は何も決めない、それが私の決断だ、と伝えてください。いいですか、カレン、これはあなたのお母さんとメラニーの問題なんですよ。ボクシングの試合の最中にレフリーが割って入ったらどうなります？　ぼこぼこに殴られちゃいますよ！　あなたは巻き込まれないようにしなきゃ。お母さんには、パーティにメラニーが来るのがいやなら、自分でそう言いなさい、私がお母さんに代わって言うつもりはない、と言ってください。パーティを中止にするにしても、まだ時間はたっぷりあります。しばらく様子を見ましょうよ」と私は答えた。

案の定、カレンの母フランセスはわめき、愚痴を言い、いやな役回りをカレンに押しつけようと圧力をかけた。すべて、予想されたことだった。しかし、カレンが譲歩しそうにないのを知ったフランセスは、自分で孫のメラニーに電話を入れ、彼女に腹を立てていることを伝えた。

驚いたことに、それがメラニーとフランセスの対話の扉を開き、結果的に二人のあいだのわだかまりをいくぶんか解消することにつながった。それは、より正直な関係の始まりでもあった。しかも、それが次にカレンとフランセスの関係にも肯定的な影響をもたらした。カレンが圧力に屈するのを拒むことをフランセスが知ったのが、その理由だった。その結果、フランセスはカレンに新たに敬意を抱くようになり、それまでの心理操作がもはや通用しないことを悟り始めた。それもこれも、カレンが「何もしなかった」せいだった。

二人の人物のいさかいに巻き込まれたときには、メッセンジャーとして二人のあいだを取りもったり仲裁役を買って出たりしないで、リングから優雅に退場してほしい。それが何よりも大切なことだ。退場しなければ、最終的には、二人のあいだにわだかまる悪感情があなたに向けてぶちまけられ、しかも何ひとつ解決しないというのが、ほぼ既定の事実だから。

病院理事のマリアのケースでは、夫ジェイの両親が二人のあいだに割って入り、マリアが息子のジェイと別れるのを防ごうとして、彼女の義務感という「ホットボタン」を力いっぱい押し続けた。マリアはすでにジェイに、重大な決断をするには時間が必要であることを伝えていた。しかも、答えを迫るジェイの異様なまでの訴えにも揺るがなかった。にもかかわらず、ジェイの両親を相手にすると、その決意があやしくなった。

私がジェイの両親をどれほど傷つけているかが分かるんです。両親はそんな目にあっていい人たちじゃありません。優しくて、愛すべき人たちですし、何も間違ったことはしていません。私がジェイと離婚すれば、二人がどれほど苦しむか、私には分かるんです。お義母さんなんか、毎日のように電話してきて、ジェイと私がうまく問題を解決してくれればどんなにうれしいか、と言い続けてます。

そこで私はマリアにも、「何もしない」方法を学ぶ必要がある、と伝えた。彼女の場合、「何もしない」ことのなかには、ジェイの母から繰り返しかかってくる電話の強制的な話し合いに応じないこと、あるいはジェイとの問題を独自の思惑を持つ第三者と長々と話し合わないことが含まれている。私がマリアの参考のために提示した応答の仕方は、あなたが第三者の圧力から逃れるためにも役立つだろう。

ジェイの母「フレッドも私もいまの状態に耐えられないのよ。何がどうなってるのか、この先どうなるのか、私たちには分からない。あなたとジェイと孫たちのことが心配でたまらないわ。離婚のことでなんらかの結論が出るにはどれくらいかかるの？」
マリア「まだ何も決めてないんです」
ジェイの母「じゃ、あとどれくらいかかるの？」

マリア「必要なだけかかるでしょう。ねえ、お義母さま、何かほかのことを話しましょうよ」

まだ決めていない、と答え続けること。決断には必要なだけ時間がかかる、と繰り返してほしい。そして、そのあとは話題を変えよう。

人間とは、たくさんの質問をするものだし、質問をされるとすぐにはっきりした返事をしなければならないと思うことも多いものだ。むろん、質問されたらすぐに答えなければならない、などということはない。「分からない」と答えてもかまわない。同じように、「決めたらお知らせします」と答えてもかまわない。それでも圧力が続くようなら、話題を別のものに誘導しても悪いことではない。圧力をかけているのがブラックメール発信者ではなく、どちらかと言うとあなたが好きで尊敬している人物でも、あくまでもあなた自身のタイムテーブルを守り、急いで決断しなければと感じないことが何よりも大切だ。決断すべき問題が重要なものであるときには、とくにそれが当てはまる。

距離を置く

時間稼ぎをしたあとも依然として不安と圧迫感が強すぎて、不快感をやわらげることをしたくなったときには、**距離を置こう**。だからといって、なんの説明もなく背中を向けて相手を置き去りにしろと言っているわけではない。きちんと説明して、しばらく静かにしていられる別の部屋に行こうと提案しているのだ。「水が飲みたいから」とか「お手洗いに行きたいの——すぐに戻るわ」と言ってもいいだろう。あるいは、本当に不安が昂じたときには、「水を飲んでお手洗いに行ってこなきゃ」と言ってみてはどうだろう。

どの口実を使うにしても、自宅でも、レストランでも、職場でも、飛行機のなかでも、それどころか、ほとんどすべての場所で使えるはずだ。ブラックメール発信者とのあいだに物理的な距離を置くことで（たとえ一部屋か二部屋分の距離でも）、相当程度の切迫感を払拭できるはずだし、同時に何よりも大切な情緒的な距離を稼ぐことができるだろう。

ステップ2　観察せよ（Observe）

ブラックメールのドラマから自分を切り離すことができたら、あなたはブラックメール発信者への対応法を決めるのに役立つ情報を集められる状態になっている。決断のために稼いだ時間のあいだに、自分自身とブラックメール発信者の双方を観察しよう。

視覚化

観察するために、次のような視覚化の練習をしてほしい——まず、地上五十階の展望台に向かうガラスのエレベーターを思い描くこと。エレベーターはいま地階に停まっている。あなたはそのエレベーターに乗り、ゆっくりと昇り始める。下をのぞくが、地表を這う霧に隠れて何も見えない。ときおり霧がとぎれ、物体や人間の輪郭が見える。しかし、すべてはぼんやりとかすんでいる。しかも、霧は現れたり消えたりしている。そこは純粋な情緒の領域。ブラックメール発信者にかき回されて波立つ感情の世界だ。

エレベーターは昇り続けている。あなたは霧の世界を離れ、より広い景色の見えるところに入り始めている。展望台に着くころには、三百六十度視界が開け、すべてを覆いつくしていると思えた霧が、ビルの谷間に閉じ込められているのが分かるだろう。すべてを包み込んでいると思えたものが、実は小さな切れ端でしかなかった、絵の小さな一部分でしかなかった。

エレベーターはいまや別の地平、すなわち理性と認知力と客観性の領域に達したのだ。エレベーターを出て展望台に立ってみよう。静けさと清明さを楽しもう。あなたはいつもその領域に入ることができる。それを覚えていてほしい。

ブラックメールの圧力を受けているときには、感情の領域から認知力の領域に移行してみることが役に立つ。なぜならば、「FOG（恐怖心、義務感、罪悪感）」に取り巻かれると、認知力がバラバラになったり、ゆがんだりしやすくなるからだ。だからといって、感情から遊離しろと言っているのではない。感情に加えて認知力と理性を持つこと。そうすれば感情に流されることがない、と言っているのだ。理性と感情は、ともにたくさんの情報を持っている。その両者を交流させなければならない。私たちの目標は、考えると同時に感じられるようになることなのだから。感情のなかだけでのたうっていてはいけない。ブラックメールが激しくなったときには、展望台の視野が欠かせない。

本当は何が起きているのか

ブラックメール発信者の要求をひとりで考えられるだけの時間を取ろう。自分自身に観察者の役割を課すのだ。心のなかには依然としてさまざまな感情が渦巻いているだろうが、いったんそこから目を離し、周りの状況をじっくりと検証してみよう。自分で自分の疑問に答えることで、あなたの置かれた状況がかなりはっきりしてくるはずだ。

まず、一歩引き、発信者の要求を観察することから始めよう。

①相手は何を求めたのか。

②要求はどのように出されたのか。例えば、優しく持ち出されたのか、脅迫的に、あるいはいら立たしげに持ち出されたのか。あなたの状況に当てはまる言葉で表現しよう。

③あなたがすぐに同意しないのを知って、ブラックメール発信者は何をしたか。そのときの相手の顔の表情、声の調子、身体言語《ボディ・ランゲージ》なども含めて答えること。できるだけ具体的に。ブラックメール発信者の目は

どうだったか、腕と手は何をしていたか。あなたに話しかけるとき、彼らはどこに立っていたか。どんな身ぶりをしたか。声の調子は？　全体的な感情の調子は？　あなたの感じたままを言葉にしてみよう。

次に挙げるのは、最近のジョーとの騒ぎのあとでパティが書き留めたメモだ――

ジョーはいまにも引きこもりを始めそうに、ふくれっ面をして、すごく気分を害した様子でした。全身で、自分がどれほど悲しくて落胆しているかを表していました。胸の前で腕組みして、何があっても私と目を合わせまいとしてました。さんざんため息をついて、セーターの毛玉を引っぱっていましたが、口を開いたときには、泣き出しそうな声になってるんです。そのあと立ち上がって寝室に入り、ドアをバタンと閉めてラジオの音量を上げました。

次に、要求を突きつけられたときのあなた自身の反応を観察しよう。

①あなたは何を考えているか

あなたの頭のなかを去来する思いを書き留めよう。とくに、繰り返しわきあがる、あるいは侵入してくる思いに関心を向けること。それを観察することにより、長年のあいだにあなた自身がつくりあげてきた思い込みを理解するための貴重な情報が得られるだろう。ブラックメールの受信者に共通して見られる思い込みには、次のようなものがある――

＊自分が手に入れるよりずっと多くのものを相手に与えてもかまわない。
＊もし誰かを愛しているなら、私はその人の幸せに責任がある。
＊優しくていい人は他人を幸せにするものだ。
＊もし私が自分の本当にしたいことをしたら、相手は私のことを身勝手だと思うだろう。
＊拒絶されるというのは私に起こり得る最悪のことだ。
＊誰もその問題を解決しないなら、それを解決する役割は私に課せられている。
＊この人には絶対に勝てない。
＊相手は私よりも頭がよくて強い。
＊これをしても私が死ぬことはないだろう。彼らは私を本当に必要としている。
＊彼らの必要とすることや気持ちのほうが私のそれよりも大事だ。

以上の思い込みのうち、あなたに当てはまるのはどれだろう。どれにいちばん共感するだろう。そして、あなた自身に次のように問いかけてほしい。「私はどこでこんな考え方を身につけたのだろう」「いったいいつからそう思い込んできたのだろう」と。

そうした思い込みはどれひとつ当たってはいない。にもかかわらず、それにしがみつくのは、それが長年にわたって身にしみついてきたものだからだ。

エリオットが動揺するという理由で、罪悪感に負けてワークショップをやめたイヴの行動の根底には、エリオットの感情のほうが自分の感情よりも価値がある、という彼女の思い込みがあった。

まず最初に思い込みがある。すなわち、相手のほうが私よりも重要な人間で、私の求めていることなど重要ではないのだ、という思い込みだ。そこから、罪悪感、義務感、憐れみといった感情があふれ出し、最後に行動がついてくる。イヴの場合、その行動はワークショップをやめることだった。

最近では、人間の気分は外的な出来事に左右されると同じ程度に脳内物質によっても左右される、ということが分かるようになったが、生化学的な（すなわち、脳内物質の）バランスの乱れによって生じる反復的な抑鬱症や不安神経症でさえ、自己軽視の思い込みによって症状が悪化する例が数多く報告されている。あなたのなかに根深く住みついた思い込みの正体が分かれば、ブラックメールを突きつけられたときに、なぜあなたがいまのような感情を持つかを知る手がかりになるだろう。

そして、いったんその正体が分かれば、思い込みと感情が、服従と屈服という自滅的行動パターンを生むための促進剤となっているさまが見えてくるだろう。

②あなたはいまどんな気持ちでいるか

ブラックメール発信者と向き合っているシーンを再現したとき、あなたはどんな気持ちになるだろう。そのときの気持ちをすべて書き出してほしい。出発点として、次のリストを利用しよう。

怒り	脅迫された	傷ついた	罪悪感
いら立ち	不安	フラストレーション	これも運命
落胆	間違っている	不適格感	憤り
怯え	心配	愛せない	困惑
罠に落ちた	圧倒される		

これは、言ってみれば、あなたの「心の脈拍数」を調べるようなもので、単純な検査ながら、重要な診断の手段となっている。ここで大切なのは、「感情」とは一語、あるいはせいぜいでも二語で表現できる心の状態だということだ。

「……のような気がする」とか「……と感じる」と言うとき、あなたはその瞬間に、自分が考えたこと、あるいは信じたこと、すなわち「思考」を口にしている。ここでは「思考」と「感情」を区別し、そのあいだの関係を探ろうとしているのだから、大切なのはその両者を明確にすることだろう。

例えば、「夫がいつも勝っていると感じます」というのは「思考」だ。「感情」にまで触れるなら、「私は夫がいつも勝っていると信じていて、私は挫折を感じています」と言えばいい。

次に、あなたのからだのチェックをしよう。

ブラックメール発信者を前にしたときの気持ちを書き出したリストを見て、からだのどこの部分でその気持ちを感じるだろう。それは、みぞおちで渦巻いているだろうか。首筋にわだかまっているだろうか。背中だろうか。それともあなたの頬で燃えているだろうか。からだが感情にどう反応しているかを調べてほしい。

ときには、からだが心の伝えない真実を教えてくれることがある。口では何も心配していないと言いながら、そのじつ全身に汗が噴き出していることに気づくかもしれない。「ううん、なんでもない」と言っているくせに、なぜ胃袋がきゅっとかたくなっているのだろう。肉体の反応は否認と合理化を突き抜けて進行する。しかも、肉体は嘘をつかない。怒り、あるいは憤りという感情を確認したとき、あなたはそのたびに、けっしてあなたのためにならない（ブラックメール発信者の）要求を用心深く吟味しろ、と警告を発せられているのだ。

③あなたの発火点は？

ブラックメール発信者の言葉と非言語的言語（ボディランゲージなど）は、私たちのなかで極めて特異な反響の仕方をする。そこで、大切なのは、私たちの反応が何によって引き出されるかを知ることだ。相手の表情、声の調子、身ぶり手ぶり、姿勢、言葉、さらにはにおいまでが私たちの思い込みシステムと感情を活性化させ、彼らの要求に屈する方向へと私たちを導くことがある。それは、いわば、私たちの「ホットボタン」に直接に取りつけられた電線なのだ。だからこそ、どうすればその電線に電流が通るかを知っていればいるほど、あなたはその電流を遮断することができるようになる。

あなた自身を観察して、ブラックメールを突きつけられたときのことを考えてほしい。そして、あなたをいちばん動揺させる発信者の行動をリストアップしてほしい。あなたの屈服を引き出す要因のなかには、次のような相手の言動があるだろう――

＊わめく、怒鳴る。
＊ドアを乱暴に開け閉めする。
＊あなたが自分をよく思えなくなる特定の言葉（例えば、「大げさ」「身勝手」など）を投げつける。
＊泣く。
＊ため息をつく。
＊怒った顔をする――赤い顔、眉をひそめる、険悪な顔つき。
＊だんまり。

次に発信者のそうした行動に直面したとき、あなたがどんな気持ちになるかを考えて次の傍線の部分を埋めてほしい――

ブラックメール発信者が＿＿＿＿＿＿＿＿をしたとき、私は＿＿＿＿＿＿＿＿と感じる。

父親にユダヤ人女性との結婚を反対されたジョッシュに、父の姿や行動を前にして彼のなかにどのような反応が起きるかを考えてほしいと言ったとき、彼は自分のなかの不安レベルを高めるのは、父親の言葉よりもむしろその様子であることに気づいた。

「リストをつくってみたら、親父の顔が紅潮すると、まだ親父が口も開かないうちから、ぼくのなかに必ず怯えが生まれることに気づいたんです。そのときの気持ちを表現する言葉をいろいろ考えて、『怯える』なんていうのよりもっと大人の男としての沽券《こけん》にかかわらないものを探してみたんですが、やっぱり『怯える』というのがいちばんしっくりくるんですよ。ぼくにとって『怯える』とは『闘え、さもなくば逃げよ』を意味しています。純粋な動物的本能が働き始めてるんです」

自分自身を観察するときには、できるかぎり正直でなければならない。自分の「感情」を判断してはいけない。評価してもいけない。さらに、その「感情」に根拠があるかないか、その「感情」を抱く権利があるかどうかなどを決めることもやめてほしい。コメントはいっさい控えて、観察してほしい。私の経験上、観察の結果を口にするときには、次のような言葉から始めると効果があるようだ――

＊おもしろい話ですよね、……
＊気づき始めたところなんですが、……
＊いままでまったく気づかなかったんですが、……
＊意識し始めたんですよ、……

ジョッシュは、自分の気づいたことを「おもしろい話ですよね、親父の顔が赤くなるたびに怯えるなんて」というかたちで表現すると、防御的な気持ちや不安が少なくなることに気づいた。「親父の顔が赤くなると、心底怯えるんですよ」と言うよりも、そのほうがずっと思慮深く客観的な言い方であることは確かだ。この客観性があなたをより知的なモードに立ち返らせ、自己批判からあなたを切り離すうえで役に立つ。「『おもしろい話だよな』と自分に向かって言ったとき、自分が子どもじみた弱虫だという気持ちがずいぶん軽くなったんですよ」とジョッシュは言った。

「おもしろい話だよな」という出だしがジョッシュに、あとに続くのは観察者の言葉だということを知らせ、自分の反応に批判を加え、なんのかんのとレッテルを貼りたがる、私たち人間の内に住む判断者から距離を置くことを可能にした。

思い込みと感情と行動を関連づけられるようになるまで、観察を続けよう。ブラックメール発信者はそうした関連づけを本能的かつ知的に行い、それを利用することで私たち受信者より優位に立っている。しかし、いまやあなたは対等の立場で闘いを始めようとしている。かつては内部の事情に通じる者だけの情報（すなわち「インサイダー情報」）だったものが、いまやあなたのものにもなっている。それでは、その情報を、あなたとブラックメール発信者とのあいだに存在する「要求・圧力・屈服」パターンを劇的に変化させる、効果的な行動戦術へと転化する手段を紹介することにしよう。

第9章　相手の要求を分析し作戦を練る

いまやあなたはブラックメールを突きつけられても、いくらかの時間稼ぎができるようになっている。おかげで、自分がどうしたいのかを考えるだけの時間的な余裕を持てるようになった。

そこで、その時間を利用して、あなた自身に自分の内面を知るためのいくつかの質問をしてほしい。それによって、相手の要求を客観的に見つめ、それをのむべきか抵抗すべきかを慎重に決めることができるようになるだろう。どちらにすべきかを決めることができたら、次にその決断をブラックメール発信者に伝え、それに対する発信者の反応に対処するための、強力で効果的な方法を紹介したい。

相手の要求を分析する

まず、相手の要求を考え、それについて次に挙げるいくつかの質問への答えを書き留めよう。ただし、そのときに自己検閲をしたり、いったん書いたものに永遠に縛られると感じたりしないこと。もし途中で考え方が変わったり、新しい考え方をするようになったりしたときには、もとの答えをふくらませたり、つけ加えたり、消し去ったりしてもかまわない。

＊この要求には、何か私を不快に（あるいは居心地の悪い気分に）させるものがあるだろうか。あるとしたら、それは何だろう。
＊要求のどの部分は受け入れられるが、どの部分は受け入れられないのだろう。
＊相手の要求は私を傷つけるものだろうか。
＊相手の要求は私以外の誰かを傷つけるものだろうか。
＊相手の要求は私の求めることや気持ちを考慮に入れているだろうか。
＊相手の要求の何かが、あるいは要求の出され方が、私に恐怖心、義務感、あるいは罪悪感を起こさせているだろうか。起こさせているとしたら、その原因は？
＊その要求は私にとってどんな良いことをもたらすのだろうか。

要求を構成する要素を個々に見れば、一つか二つを除いて、ほかはすべて受け入れられるということも多いかもしれない。例えば、あなたが夫に、彼の身内を訪ねるために大陸横断の旅をするよう圧力をかけられているとしよう。あなた自身はできることなら一緒に行きたいと思っている。しかしいまは時期が悪い。仕事が忙しくてその暇がないのだ。だから、不快に思っている。圧力に反応する際に、これは大切な情報である。

あなた自身の気持ちをじっくりと観察すれば、ほとんどの要求は次の三つのカテゴリーのどれかに当てはまることが分かるだろう――

1．相手の要求は大したことではない。
2．相手の要求には重大な問題が含まれており、あなたの統合性が危険にさらされている。
3．相手の要求には人生の重大事が含まれており、それに屈することはあなた、あるいはほかの人々にとって深刻な結果を生むことになるだろう。

それぞれのカテゴリーには異なった決断や反応があって当然だ。そこで、次に、先の質問群に対するあなたの答えを評価し、それぞれにふさわしい対処法を考える手助けをしたい。

1　大した要求ではない場合

ほとんどの人間関係では、毎日のように小さな決断を下さねばならない場面が生じるものだ。

例えば、何かを買うときにはその時期と値段を考えるし、休暇をどこで過ごすか、ある人とどれくらいの時間を過ごすか、仕事と家庭と友人のバランスをどう取るかといったことでも、私たちは絶えず決断を迫られている。しかし、そうしたことがらはいずれも、それによって自分や相手の生死を左右するような大問題ではないし、たとえ意見の不一致があっても、それによって強烈な感情が引き起こされることはないのが普通だろう。

いくら意見が一致しなくても、そのために深刻な被害に苦しむ人が出るとは思えないし、要求の内容よりもブラックメール発信者の圧力作戦がいさかいのおもな原因になっている、というのが一般的だからだ。なかには、このカテゴリーに属する要求には自動的に譲歩する人もいる。そうしたからといって、別に害はない、些細なこと、大したことではない、と考えるからだ。

ただし、用心してほしいのはここからだ。ブラックメール発信者を相手にするときには、どんなときにも「自動的」に反応することをやめる努力をしてほしい。いくら問題が些細でも、相手の要求をじっくりと吟味すること。とくに、その要求の出され方（スタイル）を吟味しよう。もし、その要求に少しでも引っかかるものがあれば、何に引っかかるのかをきちんと把握し、相手とのやりとりをその相手との人間関係全体のなかで観察しよう。

相手の要求をよく考え、あなた自身に問いかける

母親のエレンが絶えず振りかざす、否定的比較戦法に悩まされていた株式仲買人のリーが、仕事が

大変な時期なのに、母にせっつかれて一緒に食事に出かけなければならない、それが苦痛でたまらない、と訴えたとき、私は彼女に先に挙げたプロセスに従って、母親の要求がどのカテゴリーに属するのか、それに対して彼女自身はどう感じるのかをつきとめるよう要求した。

「そんな、スーザン」とリーは答えた。「こんなの、くだらないことです。だから、うんざりしてるんじゃありませんか。食事を一回すればいいことなんです。したからって、死ぬわけじゃありません」

「とにかく、言うとおりにしてちょうだい」と私は食い下がった。「思いがけないことが分かるはずよ」

「分かりました」とリーは気の進まない様子で言った。「こんなの、簡単ですよ。母に一緒に出かけようと言われていらいらした理由はたったひとつ、私が疲れてると言ったら、いとこのキャロラインならこんなときに必ず時間を空けてくれるわ、みたいなことを言われたからです。母を連れだすのはかまわないんです。連れだすと誰かを傷つけることになるか？　そんなの考えること自体ばかばかしいですよ。もちろん、誰も傷つけたりしません。母は私の気持ちを思いやってくれているか？　まあ、完全に思いやってくれているとは言えませんね。でも、たかが一緒に食事をするだけなんですよ。どうしてそんなことでケンカしなきゃならないんですか。母が私を不安にさせているか？　いいえ。義務感を抱かせるか？　まあね。罪悪感？　少しは。だから？　たぶん、出かけるでしょうし、出かけてよかったと思うでしょう。信じていただけないかもしれませんが、母も私も一緒に時間を過ごすのが好きなんです。私にとってどんないいことがあるか？　……母を喜ばせて、そうしたことで私もいい気分になる、ということですね」

そこで私は、質問に答えることでどんな感じになったか、と尋ねた。

「首筋と顎がちょっとこわばってるみたいです」とリーは答えた。自分の思いをじっくりと吟味するという作業から、彼女はそこ（すなわち、首筋と顎）が、自分にとってのテンションスポット（怒りやいら立ちを感じたときに、その緊張が現れる場所）であることを知った。

第5章で見たように、ブラックメール発信者の多くは過剰反応する傾向を持っている。それとは対照的に、受信者の多くは、リーと同じように、過小反応する傾向が見られる。つまり、受信者は往々にして自分の不快感をできるだけ小さく評価し、何も気にすることはないと考え、相手の要求に抵抗を感じる自分の気持ちには根拠がない、と自分自身を納得させるための合理化をしようとするのだ。

私はリーに、母親に何を求められているかを分析する過程で、自分自身にさらにいくつかの追加的質問をすることによって、それまで彼女が要求にどう反応してきたかをよりはっきり意識することを提案した。だからといって、相手とのやりとりのすべてを顕微鏡的に観察しろ、と言っているのではない。すべてを過剰に分析して、相手とのやりとりから自然に生まれる要素まで排除する必要はまったくないからだ。しかし、相手との人間関係のなかで不快感や精神的いじめ（嫌がらせ、強要）を経験したことがあるなら、ほかの場合よりも批判的な目で相手の態度を観察し、分析することが重要になってくる。もしあなたが、自分は過小反応するたちかもしれないと考えるなら、自分自身に次のことを問いかけてほしい――

*相手とのやりとりのなかに、なんらかのパターンが生まれつつあるか。

*私は「こんなの大したことじゃない」「問題ない」「私はとくにどうしたいということがない」「気にしない」という言い方が癖になっているような気がするか。

*もしことが全面的に私にまかされたら、どうしたらよいのか分からない。

*私の心とからだはべつべつのことを訴えているだろうか(例えば、頭のなかでは、たかが映画じゃないの、気が進まないけど行こうと考えているのに、胃のあたりがもやもやしていることに気づく)。

以上の項目にひとつでも「はい」と答えたなら、そろそろ自分の気持ちをはっきり相手に伝えるべきだろう。相手の要求を受け入れることに決めてもかまわないが、あなたは要求のどの点にいら立っているのかを見極め、それを相手に伝えなければならない。変なうしろめたさを持たずに、相手に「それはしたくない」「その気になれない」と伝えよう。比較的重要ではないと思えることに「ノー」と言う権利が自分にはあるのだろうか、などと考えてはいけない。些細な問題で自分の思いをはっきりと伝えることは、より大きな問題に直面したときにもひるまずに対処できる技を身につけるためのチャンスなのだから。

ここで忘れてならないのは、ブラックメール発信者の要求をめぐる問題のなかで、私たちにとっていちばん不快なのはその要求の出され方（スタイル）である、という点だ。場合によっては、スタイルこそが実質であるということもあるから、スタイルを無視してはいけない。例えば、リーは次のように訴えている――

母を連れだすのは別にかまわないんです。ほんとですよ！　**頭にくるのは、私にオーケーさせようとして母が取る方法なんですよ。キャロラインと比較されるのがたまらないんです。**それをやめてくれればと思ってます。

ブラックメール発信者が使う圧力作戦は、侮蔑的だったり、神経にさわったり、こちらの品格をおとしめようとしていると思えたりすることがある。そんな場合は、相手の要求が些細なことと思えて、それを拒むつもりがないからといって、相手の要求スタイルを過小評価したり、見逃したりしないことが大切だ。リーの場合、否定的比較がどれほど腹立たしいかを母親に知らせることが何よりも大切だった。たしかに、母親のエレンを食事に連れていくことは可能だった。それ自体は問題ではなかったのだから。しかし、リーとしては、時間を割いてほしいならブラックメールを使わずにそれを要求すべきだということを、母親に分かってもらう必要があった。

意識的な屈服

「意識的な屈服」とは、相手の要求を分析し、自分の考え、気持ち、好みなどを観察し意識することによって、要求を受け入れることを指している。ただし、「意識的な屈服」と「自動的な屈服」とは、まったく違う。「意識的な屈服」とは、自分の内面を十分に考え、相手の要求を受け入れても、自分に不利な結果が生じないことを確認したうえでする「屈服」なのだから。そのためには、すでに説明したように、あくまでもその前に、「立ち止まり、観察し、分析する」というステップを踏まなければならない。「意識的な屈服」というこの手段は、適切に利用しさえすれば、あなたにとって、最善の結果をもたらしてくれるだろう。

意識的な屈服が好ましい選択であるのは、次のような場合だ――

＊相手の要求を分析し、それが否定的な影響を持つものではないことが分かる。おそらく、その場合、要求は泣き落としや軽度の不機嫌を伴っているだろうが、それに付随する行動は習慣的なものではなく、相手とあなたとの関係はブラックメールのパターンにはまりこんでいない。相手の要求はあなたにとっては退屈だ、あるいはやっかいだと思われるものかもしれない。しかし、それに応じたからといって、誰かに害がおよぶことはない。あなたは（相手の要求に対する）自分自身の「イエス」という返答を、良好な人間関係における自然のギブアンドテイクの一環として（つまり、いずれ「お返し」が期待でき

る寛容さの表現として)、受け止めることができる。

＊相手の要求を分析し、それが相手との対等なやりとりであるかぎりにおいて、否定的影響がないことが分かる。今回はあなたが譲歩するが、次のときには相手が譲歩することに同意する。例えば、今年は休暇で出かける場所を相手が決めるが、来年はあなたが決める、というように。だからといって、友人、同僚、愛する人などとのやりとりを、「私は二度あなたに譲ったけど、あなたはまだ一度しか譲ってくれていない、だからあなたは私に借りがある」という得点争いのレベルに落とさないこと。ただし、もし最近の相手とのやりとりを振り返って、ほとんどの場合あなたが譲っていることに気づいたら、力のアンバランスが始まっている。それが定着してしまわないうちに手を打たねばならない。

＊相手の要求を分析し、あなた自身やそれ以外の人に害をおよぼすことなく、要求の一部だけを受け入れられることに気づく。その場合、意識的な屈服にはひとつの取り引きが必要になる。その取り引きとは、あなたができることだけを受け入れることだ。そのかわり、相手に、あなたにとって不都合な要素は引っ込めるよう要求すること。

＊相手の要求を分析し、当面はそれを受け入れることに決める。その際は屈服を「戦略」と考えること。あなたはなぜ自分が要求を受け入れたかを知っている。そしてあなたにとって受け入れがたい部分を変えるための作戦を練る。

最初の二つについては、おそらく、説明するまでもないだろう。あなた自身が相手から要求を突きつけられたときの状況を分析し、その要求を受け入れてもかまわない、受け入れてもやっていける、と考えたということだから。そこには悪感情や、抑えつけられた感情、隠された思惑、力のアンバランス、考え方や感じ方の衝突は存在していない。もし妥協点を見つけられたのなら（例えば、今回は相手のやり方を受け入れる、次回はあなたのやり方を受け入れてもらう、というように）、相手がそれを尊重することを信じられる。

あとの二つはより複雑な要素をはらんでいる。そこで、それをより深く掘り下げてみよう。

〈条件つきの要求受け入れ〉

母親のエレンとの食事をあまり重荷と感じずにすむようにするにはどうすればよいかと考えたリーは、それまで母親と食事をして、そのあとも彼女とともに過ごす、という選択肢しか自分に与えていなかったことに気づいた。

そこで私は、もし母親のエレンに食事は一緒にできるけれども、それがすんだら帰るつもりだと言うと大変なことになるか、と尋ねた。

「そんなこと、ほんとに言っていいんでしょうか」とリーは言った。

「もちろんです」と私は応じた。「お母さまには、今週は仕事が大変だから、食事には付き合えるけれども、そのあとはだめ、と言えばいいんです。そして、そのあとで、実はここが本当に大事なんですが、こう言う必要があります――『ねえ、お母さん、お願いだから、私がお母さんの頼みを断るたびにキャロラインと比較するのはやめてちょうだい。それをされると、すごく傷つくのよ。それに、腹が立って、ますますお母さんと一緒に何かする気がなくなるわ。いまここではっきり警告しておくわ、今後は私とキャロラインを比較することはやめてもらいますからね。分かった？』」

それでことが解決するのはかなり明白なのだが、リーはそれを理解することができずにいた。ブラックメール発信者の吹き込む「ＦＯＧに巻かれる」と、明白なことが見えなくなってしまうからだ。だからこそ、あわてて相手の要求に屈するのではなく、しっかりと分析することが必要になる。そうすることで、ブラックメール発信者を相手にしたときにたちまち屈服することに慣れきっていたあなたの態度の外側にある、広大な領域を探索するチャンスが生まれる。ブラックメール発信者の要求に反応する前に、自分の決断をはっきりとつかんでいれば、あなたも発信者もともに満足できる妥協点を見いだすことが可能になる。

２　要求に重大な問題が含まれている場合――統合性の危機

広告代理店重役のゾーイは、自分の不満や不安を合理化することが上手だった。しかし、時間をとってテスの要求を分析したところ、自分の議論の仕方ではテスに対抗できそうにないと悟ることになった。

彼女はできると言うんですが、彼女が自分で背負える以上の責任を持たせろと言っていることが、私には分かっています。でも、友だちとして、上司として、彼女にチャンスをあげたいとも思います。だからこそ、こうして悩んでいるんです。彼女を落胆させたくありませんし、思いやりのない人間になりたくもありません。でも、彼女を大きな仕事につけるのも心配です。これは会社にとって、とても大事なプロジェクトですから。実はこれまで、そんなことを考えるのは、私が単に完全主義者だからだと考えてたんですが、基本的なことは、これは経験の少ない社員に向いた仕事じゃないということなんです。そこが問題なんだと思います。もしそれでみんなに迷惑をかけることにでもなったら、ということが。新しいクライアントに満足してもらえるような仕事ができなければ、**私は大打撃をこうむりかねませんし、ほかの人たちにも大変な影響を与えることも考えられます。**

ブラックメール発信者の要求を分析する場合、自分に向けて「この要求を受け入れることは、私やほかの人を傷つけることになるか」という単純な問いかけをしてみるだけで、発信者の短絡的な現状解釈を超えるものが見えてくることがある。自分にそう問いかけたゾーイは、テスの要求を受け入れることは、彼女自身の職業的・個人的統合性を危うくしかねないことを悟った。したがって、ゾーイはきっぱりとした態度を取らねばならなかった。

お金では買えない統合性

宝石業者として成功したジャンは、妹のキャロルから出されたすばらしい取り引き条件と思えるものに、大きく心を動かされた。キャロルに千ドルを提供し、そのかわりに心から求めている肉親の情愛を得られるなら、それもいいのではないかと思ったのだ。

> 正直言って、お金を貸すことで妹との仲がいままでより親密になるチャンスが少しでもあるなら、それだけのことはあるのではないか、と思うんです。キャロルとの過去を考えれば、それがいちかばちかの大ばくちであることは分かっています。でも、たぶん彼女ももう昔の彼女じゃないだろう、今度は大丈夫だろう、と思うんです。それに、お金を貸せば、彼女の子どもたちを助けることになる、それで失うものがあるとしても、せいぜい千ドルじゃないの、大した額じゃないじゃない、と。

千ドルは、ジャンにとっても大金だったが、それを貸したからといって、たとえ返してもらえないとしても、彼女が破産するほどの額でもなかった。彼女が失うことができなかったのは、彼女自身の統合性だった。「いますぐに決めなければならないんです。だから、統合性がどうのこうのなんて言わないでください」とジャンは泣きついた。「キャロルは、一家して路頭に迷いそうだ、と訴えてるんです。気を悪くされると困るんですが、私が肉親の情愛を求めてるとか、そんなのとはまったく関係ないんです」

「でも、あなたがその種の圧力を感じていることを考えれば、問題は肉親の情愛を求めていることそのもののように思えますよ」と私は言った。「とにかく、だまされたと思って聞いてください。このリストに従って、自分に問いかけてみてください。問いかけてもなお、肉親の情愛とかそういうものとは関係がないと思えるかどうか、考えてみてください」

統合性などという漠然とした概念が、キャロルを助けるかどうかについての決断にどんな関係があるのかを分かってもらうために、私はジャンに次の質問に答えてほしいと申し入れた。何かの要求を突きつけられて心穏やかならぬものを感じていながら、その原因を正確につきとめることができないとか、ある決断をするとどんな結果が返ってくるかを知りたい場合に、役に立つ質問だ。

相手の要求を受け入れてしまうと――

＊私は自分の信じるもののために、毅然とした態度を取ることになるのか。

＊私は恐怖に人生を左右されようとしているのか。

＊私に要求を突きつけているのは、過去に私を傷つけたことのある人物なのか。
＊私は自分の人となりを相手に定義されるのではなく、自分で定義しているのか。
＊私は自分にした約束を守っているのか。
＊私は自分の精神的・肉体的健康を守っているのか。
＊私は誰かを裏切っているのか。
＊私は真実を言っているのか。

この質問が統合性の要素をもとに組み立てられていることに気づかれたかもしれない。いずれも、私たちがどこでどんなふうに自分に誠実ではないかを明らかにするための、効果的な質問だ。ジャンは、質問のいくつかに目を覚まされたような思いを味わった。

私に要求を突きつけているのは、過去に自分を傷つけた人物か？　……顔に冷水を浴びせられたような気がしました。それというのも、私はキャロルのことを、過去に私をものすごく傷つけた人物、と考えているからです。彼女はたくさんの人を傷つけてきました。でも、それを彼女に言う人は誰もいません。次に、自分にした約束を守っているか、という質問です。実は、最後に遺産をめぐって大げんかをしたあと、私はこれ以上彼女にいいようにやられるようなことはすまいと誓いました。ことお金となると、彼女は信用ならないんです。いちばんこたえたのは、私は自分に真実を言っているか、という質問でした。キャロルは昔と変わっていません。家族だって、そうです。私が魔法の杖をひと振りして、キャロルのために高額の小切手を書けば、私たちの仲が温かくてほんわかして、幸せなものになると考えるなんて、現実的じゃありません。そんなことをすれば、誰かを裏切ることになるか？

そのとおりです。私を裏切ることになります。

それから数カ月、ジャンからは音信がなかった。数カ月後、ジャンがこう言った――

この前、相談にうかがったときには、キャロルとの過去は水に流したほうがいいと思ってました。いまは、そんなことを考えた自分にあきれています。そんなことするくらいなら、千ドルをトイレに流したほうがまだましですよね。

誰かがお金を貸してほしいと言ってきた場合、それは普通あなたにその余裕があるか、相手は信用できるか、という問題に行き着くように思われる。しかし、近しい関係の人々のあいだでは、お金は単なるお金ではない。それは愛情、信頼、能力、勝者と敗者の強力なシンボルでもある。人生の達成度や金銭的成功度の異なる友人や身内のあいだには、激しい嫉妬や怒りが生まれ、それがお互いの関係を容赦なく汚染する例が多い。また、とくに家族のあいだでは、お金をめぐる役割が（家族のヒーローである救済者と、無責任で無頓着な人物、というように）固定化されることも多い。

ジャンは、自分とキャロルとのあいだにもそうした関係ができあがっていることに気づいた。いまや彼女は新しい知識と理解をもとに決断を下せるようになったのだ。キャロルには「ノー」と答えることに決めた。キャロルのブラックメールに屈するということは、ありもしないものを買おうとしてお金を使うことになるからだ。さらに、お金を貸すことによって、妹がお金にだらしないままでいることを許すことにもなるだろう。キャロルの家庭は長年そんなふうだったのだから（ここで私はジャンに、この種のブラックメールはけっして単独の出来事として終わるのではなく、一度金銭的な要求を聞き入れれば、また同じことが起きるのが普通であることを思い出させた）。しかも、いちばん大切なことは、キャロルの要求を受け入れれば、ジャンは努力して学んだ真理を否定し、自分に対する大切な約束を破り、自尊心を危うくするはめになる、ということだ。そんなことにでもなれば、彼女の統合性に対するダメージは、千ドルというお金ではとてもあがなえないほどのものになるだろう。

統合性を維持した性的親密さ

性の領域――それは人々が互いに異なる期待や圧力に直面して失敗することの多い領域だ。性の領域ほど、私たち人間が傷つきやすく、情緒的に無防備で、しかも相手に受け入れられたい、自分も相手を受け入れたい、と思う領域はほかにない。お互いに何が自分を歓《よろこ》ばせ、何が歓ばせないか、何が私たちを昂《たかぶ》らせ、何が不快にさせるかを教え合わないところには、本当の意味での性的な親密さは生まれない。さらには、性の遊びや実験に抵抗を感じたり、かたくなな考えにしがみついたり、心を閉ざそうとも思わない。人にはそれぞれの楽しみと欲望があることを知っており、それを尊重したいと思っているからだ。また、セックスには私たちの求める人を引きつける力があること、そして、それを差し控えることで、実に簡単に相手を操作できることも知っている。

注意しなければ、私たちは誤った理由に基づいて、セックスについての決断をすることにもなりかねない。その誤った理由とは、例えば、自分が性的にすばらしい人間であることを証明するため、自分がどれほど自由で、解放されていて、自発的な人間であるかを示すため、相手に対する権利を強引に行使するため、罰するため、「FOG」から逃れるため、などだ。

そのような微妙で、いわく言いがたい領域で、あなたはどんなふうに決断を下すのだろう。結局のところ、この領域には明確なルールは存在しない。あるのは、あなたとあなたのパートナーの考え方が一致するルールだけだ。自分が何を求め、必要としているかを明確にし、何を要求されているかを慎重に見極めねばならない。そのうえで、人生のほかのすべての面で考えるのと同じように、相手の迷惑でいら立たしい要求があなたの統合性に与える影響を分析し、自分がどうしたいかを決めなければならない。性的な問題はデリケートかつ複雑すぎて、ここまでに利用した行動手法では分析できないと思えるかもしれない。しかし、やがて明らかになるように、この分野でも、やはりいままでの手法を使うことはできる。

これは愛情にかかわることか？

セックスとはギブアンドテイクの関係であり、相手を歓ばせるためにそれなりに譲るのは、すばらしいことでもある。例えば、ある男性がセックスのできる状態で目が覚めるが、妻のほうは眠くて、とくにそんな気分にはなれない。それでも、夫を歓ばせることに幸せを感じて要求に応じる。この場合、何ひとつ失われてはいないし、妻の統合性も危機に瀕してはいない。ただし、それが夫が執拗に使うパターンの一部で、妻のほうは心の昂りもなく、歓びも感じずに妥協しているのなら、話は別だ。二人の人間の良好な関係のなかでは、ときには相手に合わせたからといって、それが義務やいやな仕事にならないかぎり、統合性を損なわれることにはならない。同じように、ある女性が恋人にファンタジーにふけることを求めて「カウボーイブーツをはいてちょうだい」と言ったとしよう。男性のほうはそんなファンタジーには関心がないかもしれない。しかし、健康な関係にあっては、私たちは互いに歓びを求め合い、それを提供し合うものだ。

とはいえ、相手の要求が限度を超えたもので、自分にとって害があると思えるときには、こだわりなくわが身を守れるようでなければならない。コミュニティカレッジの教師ヘレンは、肉体的・精神的に疲れはてていたにもかかわらず、ソングライターのジムの愛情を取り戻すためにセックスをした。そして、そのときに覚えた不快感を話してくれた。「あのときは本当に最低の状態だったんです」とヘレン。「とてもそんな気分にはなれなかったんですが、彼を見ているとひどい罪悪感に襲われて。だから、彼に合わせせました。私、セックスは好きです。でも、あのときはちっとも楽しくありませんでした。利用されたというか、相手は私でなくてもよかったんじゃないかという気がしました」

私はヘレンに、いい人でいること、本当は本でも読んでいたいと思っているにもかかわらず相手を歓ばせてやりたいと思うことと、体調がよくなかったり、大変なストレスがたまったりしているときでも、セックスを強要されると言いなりになることとは、まったく違うことを指摘した。ヘレンはその違いをすぐに理解してくれた。「私はジムを愛しています。でも、決めました。もう二度とあんなことはしません」と言って。

相手がその気になれないのに、あるいは体調がよくないのに、脅しを利用してセックスを強要するというのは、あまりにも心ないことだ。そんなときに相手の言いなりになってしまいそうになったときには、次のように自問してほしい――これは愛情にかかわることだろうか、それとも力、支配、勝利、威圧にかかわることなのだろうか。もし、愛情にかかわることなら、相手はあなたの気持ちを少しは考えてくれるはずだ。愛情にかかわることでないなら、あなたの自尊心と統合性を守ることが何よりも大切になる。

3　要求が人生の重大事にかかわる場合

ブラックメール発信者の要求が人生の重大事にかかわるものを含んでいるときには、ぜひとも決断までのプロセスを引き延ばしてほしい。そして、それぞれの選択肢があなたの人生と統合性にどのような影響をおよぼすかを、慎重に考えてほしい。ここで言う人生の重大事とは、例えば――

*結婚生活、あるいは愛情関係の将来についての決断。
*親、親戚、友人との親密な関係の断絶。
*いやな職場にとどまるか否かの決断。
*大金の消費、または投資。

ブラックメール発信者が進んで参加してくれるなら発信者との関係は維持する、ただし、受け入れられない要素は排除する、というかたちで妥協するのはけっして悪いことではないだろう。なんといっても、ここでの目標は、「私のやり方でいく、それ以外はだめ」という相手の「ごり押し」をあなたのやり方に変えさせることではなく、できるなら相手のブラックメールのために消えてしまった、ギブアンドテイクの流れを取り戻したいということだから。

じっくり時間をかけて、ブラックメール発信者の要求とあなたに可能な反応の範囲を吟味してほしい。ただし――

*相手が肉体的虐待を加える、あるいは加えると脅す場合
*相手がアルコール、薬物、ギャンブル、借金への病的な依存癖の持ち主で、問題の認識や治療を拒む場合
*相手が違法な活動にかかわっている場合

には、時間稼ぎなどという悠長なことはしていられない。すぐにでも決断して、行動に出なければならない。

持ちこたえるためのパターン――決断しないという決断

プロローグに登場した法廷専門レポーターのセアラは、ボーイフレンドのフランクとの結婚を願っていたが、彼に絶えず試されているうちに、その気持ちがぐらつき始めた。そこで、私の指示に従って決断のためのプロセスにのっとった自問自答をするうちに、彼との結婚を決断するにはいくつかの変化が必要であることに気づくようになった。

そこで私は、セアラに、彼女がフランクに何を求めているのか、彼の行動のどんな点は受け入れる気があり、どんな点は受け入れる気がないのかをリストアップするよう求めた。「二種類のリストをつくってもいいですか？　『あなたはばかよ、いったい自分を何様だと思ってるのよ？』というリストと、本当のリストを」とセアラは言った。「少しガス抜きが必要な気がするんです」

もしあなたが自分の感情を押し殺し、努力して怒りを抑えてきたなら、リストづくりにかかる前に、おそらくセアラと同じことをしたい、あるいはフラストレーションを発散するほかの安全な方法を見つけたい、と思うだろう。自分が何を欲し、何を必要としているかを考えることは、たしかに穏やかで合理的なプロセスのように思えるが、実際には、ブラックメールの受信者はあまりにも長いあいだ怒りを抑えつけてきたため、いまにも爆発しそうになっているからだ。

爆発寸前の感情を発散するうえでとくに効果的なのは、自分の前に（誰も座っていない）椅子を置き、そこにブラックメール発信者が座っているところを想像する方法だ（そのとき、その椅子に相手の写真を置くといいだろう）。あなたが長いあいだ考え、感じてきたことを声に出して言ってみよう。ブラックメール発信者のいないところで怒りを言葉にすることで、抑えつけられていたエネルギーが解放され、事態が明確に見えるようになるだろう。発信者を前にして怒鳴ったりわめいたり、鬱積した思いを吐き出したりしてみても、もやもやは晴れず、かえってあなたと発信者のあいだのこわばった感情がつのるだけかもしれない。

セアラは目の前にいないフランクに向けて、次のように語りかけ始めた――

私たちのあいだに何が起きたのか、私には分からないわ、フランク。最初のうち、あなたは私のことをすごくまともに扱ってくれた。私はあなたにとってとても大事な人間だ、と思ってた。だけど、愛はテストじゃないのよ。私はあなたの友だちで、恋人で、たぶん、妻にもなるんだと思うけど、あなたの愛情にものすごくたくさんの紐がついてるのがしゃくにさわってたまらないの。

どういうこと？　私たちが結婚できないのは、私があなたのお姉さんの子どものお守りをしないから？　よくもそんなくだらないこと言えるわね。よくもそんなことで私の値打ちをはかるなんてことができるわね。愛情はお金では買えないのよ、フランク。私にお金で愛情を買わせようたって、そうはいかない。あなた、私をなんだと思ってるの？　どうしてそんなくだらないことができるの？　やめてよ、そういうのは！　とにかく、やめて！

話し終えたときのセアラは激しく息をあえがせていた。やがて、にっこりと微笑むと、私のほうを向いて口を開いた。「さあ、これでリストづくりにかかれます」

私はセアラに、ある人間関係のなかで自分が求めることを並べることによって、私たちは状況をコントロールしようとしているのではなく、「こうすれば、あなたとの関係が私にとってもっと満ち足りたものになるだろう」と言っているのだ、と伝えた。

セアラは彼女自身とフランクのために、次のようなリストをつくりあげた――

1．これ以上私の気持ちをテストするようなことはしないでください。あなたは私と結婚したいと思っているか、したくないと思っているかのどちらかです。私はあなたを愛していますし、結婚したいとも思っています。でも、その気持ちを証明するために、これ以上火の燃える輪をくぐり抜けるような真似をするつもりはありません。もしあなたがそれほどまでに私の気持ちを信じられないなら、直接そう言ってください。二人で話し合って解決しましょう。

2．私はあなたを愛しています。そして、私の仕事の幅を広げたいとも思っています。愛情が仕事の邪魔になったり、仕事が愛情の邪魔になったりすることはなく、その二つの共存は可能です。あなたがそれは無理だと考えているなら、私たちのあいだには何か基本的な食い違いがありますから、あとになってからではなく、むしろいまこの時点で、その何かを見つけたほうがいいと思います。

3．私がすべてについてあなたのやり方に譲らないからといって、それを私があなたのことを心から大切に思っていない証拠として使うのはやめてください。それとこれとは問題が別です。

4．もし私に要求したいことがあるなら、そう言ってください。あなたの要求が私にとって不都合なものでなければ、あなたに喜んでもらうためにどんなことでもするつもりです。ただし、私にもあなたの要求の一部に「ノー」と言っても、それで自分が連続殺人鬼にでもなったような気持ちにならずにすむ権利があります。

「これをして、ほんとによかったと思います」とセアラは言った。「でも、心配です。もし彼がせせら笑うだけだったら、どうしましょう。もし彼が、いやだね、そんなことできない、と言うだけだったら？」

「やってみなくちゃ分からないじゃありませんか」と私は言った。

「違和感がなくなるまで、ひとりでそれを言う練習をするといいんですよ。そうすれば、ちゃんと言えるようになりますし、彼の反応を観察することもできるはずです。いまはまだ情報を集めている段階だということを忘れないで。なにごとも最初からこうだと決めてかからずに、よく考えることです。あなたはいま二つの決断をしようとしています。最初の決断は、あなたの求めることをフランクに伝えること。二つ目は、フランクの反応を見るまで彼との関係についての決断を延ばすことです」

結婚生活の危機を回避するために

長年にわたって怒りをためこんできた双子の母リズは、仕事に復帰したいと言ったときにマイケルが腹を立てたのを見て、劇的な過剰反応をしてみせた。マイケルばかりか、リズ自身も脅しという手段に頼ってしまった。リズは結婚生活を解消すると脅し、マイケルは双子の子どもを取り上げ、彼女を無一文で放り出すと脅したのだ。マイケルが彼女に求めていること（「家にいて、子どもたちの世話をしろ」）を考えたとき、リズは自分が自分でいるために不可欠なことをあきらめなければ、それができないことを知った。

私は彼女に、マイケルに手紙を書き、自分の気持ちを伝えるとともに、もう一度自分が何を求めているかを説明するよう勧めた。もし彼女が謝ることが必要だと考えているなら、手紙のなかでならそれができる、という思いもあった。そこで、セアラがフランクに自分の気持ちを伝えたときと同じ、攻撃的ではない手法を使うことを、強く勧めた。

ブラックメール発信者に手紙を書くことは、とりわけ発信者との関係がひどく悪化しているときには、安全に自分の気持ちを伝える方法であると考えられる。不安のあまり言いたいことを忘れてしまう心配がないし、自分にとっていちばん重要なことに焦点を絞ることもできるからだ。手紙を書くことを、圧力の下で優雅さを見つける方法と考えてほしい。

次に挙げるのは、リズがマイケルに宛てて書いた手紙である――

マイケル

私の気持ちや考えを直接あなたにぶつけるのではなく、こうして手紙を書くことにしたのは、いくつかの理由があってのことです。最大の理由は、私たちの置かれた状況をあなたと話し合おうとするたびに、私があなたの怒りに大きな不安を感じるようになったことです。

このところあなたは、私があなたと離婚するようなことがあれば、恐ろしい結果になる、と言って私を脅し始めています。そのために、不安はいっそうつのっています。あなたにそんなふうに脅されると、頭が混乱して、ものごとをはっきり考えられなくなります。

それに、私が自分の思いをきちんと伝えることができているとも思えません。私が何か話しても、それがあなたの聞きたくないことだと、あなたは絶えず口をはさんで、私の話をさえぎってしまうからです。言いたいことを紙に書き記すことで、自分の考えをまとめ、それをはっきり伝えるチャンスになると思いました。

あなたがこの手紙を最後まで読んだあと、二人で穏やかに向かい合い、さまざまな問題を筋道立てて、勝ち負けにこだわらない雰囲気のなかで話し合えれば、と思っています。

マイケル、もし私たちの関係を築き直し、もっと健全で愛情豊かで対等なものにするチャンスが少しでもあるなら、私はあなたと別れたくないと思っています。ここ二〜三年、あなたにはずいぶん傷つけられてきましたが、いまでも私はあなたに大きな愛情を感じていますし、あなたも同じくらい私を愛してくれていることを知っています。あなたは世界一すばらしい（そして、世界一セクシーな）男性になれる人です。でも、このままあなたとの結婚生活を続けるなら、あなたにも二人の仲がうまくいかなくなった責任の半分を引き受け、それを修復するための作業の半分を受け持ってもらう必要があります。私も同じようにすることを約束します。実は、それをいますぐにも始めるつもりでいます。

私が夜間講座に通う問題をめぐって、あなたがいきなり怒り出したとき、私も過剰反応してしまったと思っています。私が離婚話を持ち出して、弁護士がどうのこうのと言ったのは、あなたが怒り狂って、脅しにかかったからです。そのため、私たちはお互いに火に油を注ぎ合い、どちらも自分の本当の気持ちを話し合うことができませんでした。

私は、どんなことがあってもあなたに私の人生をコントロールさせない、というところを見せようと意固地になっていました。それであんなまずい態度に出てしまったことについては、全面的に私に責任があります。本当に申し訳ありませんでした。

スーザンのカウンセリングを受けるまで、私はあなたとのあいだに起きている現象を説明する言葉を持っていませんでしたが、いまは持っています。あなたとのあいだに起きているのは「大切な人に突きつける心理的恐喝《エモーショナル・ブラックメール》」と呼ばれる現象で、しかもそれはずいぶん前に始まったものです。例えば、ガレージのドアの自動開閉装置を取りはずすなどという、あなたの「ちょっとしたお仕置き」は侮蔑的で子どもじみたブラックメールでした。でも、二人で経験したたくさんのすばらしいことに比べれば些細なことのように思えて見過ごしてしまいました。

いまにして分かったことですが、私が負うべき五〇パーセントの責任のなかには、ああいった「お仕置き」がどれほど私をおとしめるものか、あるいは、私にはどれほど受け入れられないことであるか、をあなたに知らせなかったことも含まれています。いまやあなたのブラックメールは、私を押さえつけてでも言うことをきかせようとする、不幸な脅しにまでエスカレートしていますから、この状況を大きく変えることができなければ、このまま結婚生活を続けられません。

私はいま自尊心を取り戻すために懸命にセラピーを受けていて、なぜ自分がこれほど長いあいだブラックメールを受け入れてきたのか、その原因についていろいろなことを学んでいます。でも私ひとりでは解決できません。あなただって、この状況を理解して、問題を解決したいと思っているはずです。だから、かつてはすばらしかった私たちの関係を救うチャンスがあるとすれば何をすべきか、を私の視点から説明させてください。

1. いじめと脅しはすぐにやめてください。そんなことをしては話し合いによる合意はおぼつかないからです。あなたが財産も子どももすべて手に入れるなどというのは不可能です。だから、そんな脅しはやめてください！　もし私に腹を立てているなら、あるいは私があなたと別れるかもしれないと恐れているなら、そう言えばいいのです。でも、私を手に負えない子どものように扱うことは許しません。今後もあなたがそれをやめないなら、部屋を、そして必要とあらば家を出ます（マイケル、あなたにひとりでそれができるかどうかは分かりません。あなたにいまのような行動をさせているものに対処し、怒りをどうコントロールするかを学ぶために、専門家の力を借りる気になってくれるとうれしいのですが）。

2. 毎晩、子どもたちが寝たあとで、二人だけの時間をつくり、お互いを尊重し、優しい気持ちで話し合う時間を持ちたいと思います。私たちはともに悲しみを抱えていますから、ものごとが一夜で変わるとは思えませんが、話し合ってなんらかの妥協点と解決策を見いだす必要があります。

3. あなたが私よりもはるかに整理整頓好きだというのは分かります。私がものを置きっぱなしにするのもたしかです。これからは出したものはしまうよう努力するつもりですが、あなたも少しは無理な要求を出すことをやめて、私や子どもたちにそれなりの息抜きをさせてくれる必要があります。私に「お仕置き」をするのではなく、手伝ってくれてもいいのではないでしょうか。

4．もう怒鳴らないでください。怒鳴るというのは魂と肉体に対する侮辱です。怒鳴られると父を思い出して、怯えます。

以上の条件があなたにとって受け入れられるものであることを、心から願っています。

私にはあなたとともに努力する気持ちが十分すぎるほどあります。スーザンには六十日間の試行期間を提案されましたが、私もそれがいいように思います。その期間が過ぎたら、もう一度事態を評価して、お互いの気持ちを確かめましょう。

私はいま大きな恐怖と大きな希望を同時に感じています。私たちは、この危機をより良い結婚生活にするためのチャンスにもできるのです。

リズ

マイケルは懲罰的で、精神的虐待をするタイプだった。そのため、要求と希望をはっきりと記したリズの手紙に彼がどう反応するかは予測できなかった。しかし、その手紙は、その結果にかかわりなく、リズにとっては肯定的な一歩だった。

職場での危機に対処するために

職場で、とくに上司からブラックメールを突きつけられたときには、まるで目の前に乗り越えがたい障害物を置かれたような気分になることがある。「いけ好かない上司」にまつわる話は掃いて捨てるほどあるが、それがほかの場合よりやっかいなのは、大きな力のアンバランスがかかわっているからだ。私たちの頭の奥には、自分の生活はブラックメール発信者の手の内にある、という思いがある。だから、給料を支払ってくれる相手に自分の力を譲り渡してしまうことになる。恋愛関係と同じように、職場でのブラックメールもとりたてて問題にされないままに見逃されてしまい、やがてそれがエスカレートして、退職するしかないという思いに追い込まれることにもなりかねない。

〈選択の幅を広げる〉

雑誌編集者のキムは、包囲攻撃を受けているような気分になっていた。

もうだめです。私のいまの生活は両手をコンピュータと電話に縛りつけられて、机の前から離れられないようなものです。疲れはてて、ものごとをまともに考えることさえできなくなっています。なのに、上司のケンは否定的比較をやめようとしません。なんだか、彼にとても到達できない目標を突きつけられているような気がします。

私は一部の同僚たちのようなワーカホリックじゃありませんが、トップスピードで活動を続けなければ、ケンの言う「いい編集者」のリストからはずれて、窓際に追いやられてしまうでしょう。次にまたこのむちゃな会社が規模縮小を決めたときには、クビになる可能性があります。ほかの職場を探す以外に、私にできることはありません。でも、肉体的にも精神的にも疲れきってしまって、いまの私は家に帰るとわっと泣き出したり、わけもなく誰かを怒鳴ったりしないようにするので精いっぱいです。辞めるわけにはいかないんです。お金が必要ですから。いままでは地獄の存在なんて信じたことがなかったんですが、いまは信じています。

明らかに、キムには状況を変える必要があった。仕事のきつさが彼女の肉体的・精神的健康を危機に陥れようとしていた。にもかかわらず、彼女は「自分にできることは何もない」と決めつけ、選択肢をゼロにしていた。そんな考え方から抜け出すために、自分が何を求め必要としているかを自分自身で決め、たとえ少しずつでも状況を変える努力をしなければならなかった。

そこで、私は彼女のカウンセリングを、ケンの要求を分析することから始めた。「どうすればいいのか分かりません」とキムは言った。「ケンの要求はひとつきりじゃないんです。次から次へとはてしなく要求が出てきます。ケンは私が一日中働いていられると考えているようですが、私にはそんなことできません」

「で、その要求はほんとはどういうことだと思います？」と私は尋ねた。

「なんて言うか――おれの言うことはなんでもしろ、さもないと、って感じです」

「さもないと、何？」

「〝さもないと、おまえはクビだ。最低でも、おまえはいままで最高の編集者だったミランダほどすぐれていないと言わせてもらおう〟……すぐれていないとなれば、私は消耗品です。解雇通知を突きつけてもかまわない人間ということです」

「ミランダとの否定的比較についてはもう話し合いましたが、もしケンが強要する仕事を何もかもしなければクビになる、と思うのはどうして？」と私は尋ねた。「彼が具体的にそんなようなことを言ったの？」

「はっきりとそう言ったわけじゃありません。でも、雰囲気で分かります。彼の信頼を失いたくないと思うのは当然じゃありませんか」

「仕事のしすぎで腕と肩を痛めてるということは彼と話し合った？」

「冗談じゃありません。私たちなんて、みんな歯車の歯のひとつにすぎないんですよ」

私は「あなたはかなり根拠のない憶測に基づいて上司に対する反応を決めているように思える」と

指摘し、どういうことならケンに要求されても不当ではないと思うのか説明してほしい、と言った。

どんなことなら不当ではないかをはっきりつかんだキムは、次に不当と思えることに目を向け、不当なことが彼女やほかの人々にどのような影響をおよぼしているかを分析できるようになった。

「私のような仕事をする者にとっては、時間外勤務も仕事のうちです。週に五十時間の労働、プラス週末の原稿読み。それくらいは私も分かっていますし、受け入れもします。でも、ずっとそれ以上だったんです。週に六十時間から六十五時間の労働、プラス週末出勤。そもそも圧力をかけられるのが我慢なりません。誰かと比較されるのがいやなんです。そんなことされたって、動機づけにはなりません。不安といら立ちを感じるだけです」

最後に私は、彼女の求めることと必要とすることを話すよう求めた。「私の仕事の一部をほかの人に肩代わりしてもらう必要がありますし、ケンには私だけでなく、ほかの社員にも仕事を頼むようにしてもらいたいと思います。私に頼りすぎなんです。彼の否定的比較にものすごく圧力を感じてますから、それをやめてもらう必要もありますし、ケンにはそんなからめ手から圧力をかけるんじゃなくて、してほしいことをちゃんと言葉にしてもらいたいと思います」

その時点で、私はキムに言った。「ケンのことをいろいろ話してくれたけど、この問題でのあなたの役割は何？」

キムは自分がすべきことを考え始めた。「こんなことになるのを見逃していた自分に腹が立ちます。

疲れたときや傷ついたとき、普通の生活をする必要があるときには、『ノー』と言うことを覚えなきゃならないのは分かってます。いつも最悪のことを考えるのをやめるのもいいのかもしれませんね」

キムは、自分の置かれた状況を現実的に考えて、自分が感じている圧力の多くは、外部よりもむしろ彼女の内面からきていることが理解できるようになった。健康を守るためにペースを落とす必要があると言えば、ケンは彼女をクビにするだろうか。どう考えても、ケンはそんなことを考えたりはしないだろう。キムは仕事で健康を損なっていることを、おくびにも出したことがなかった。

彼女がケンに言えたのは、「イエス」という言葉だけだった。しかし、いまや彼女はそれすら言える状態ではなくなっていた。限界を超える仕事をしたことのつけはあまりにも大きかった。そしてようやく、これまでの自分の唯一の選択肢（現状を維持すること）が、本当は選ぶべき方法でなかったと思えるようになった。

キムはケンに申し出ることに恐れを感じてすくんでいた。そこで、次に彼に言うべきことを、違和感がなくなるまで練習した。次章では、彼女がケンに自分の決断をどのように伝えたかを紹介し、二人のあいだがそれまでよりもはるかにスムーズにいくようになった顛末《てんまつ》を報告したい。

〈「妥協、屈服」ではなく「戦略」と呼ぼう〉

過去の経験から、上司と話し合おう、あるいは上司に抵抗しようとすると、受け入れがたい結果に直面することになりそうだと予想できる場合には、あなたの肉体と精神の健康さえ危機に瀕していなければ、当面は相手の要求を受け入れるのもひとつの方法だろう。

雇用主がブラックメール発信者で、場合によっては理不尽なことを言ったり、極端に短気だったり、あなたを侮蔑的に扱ったりするような場合、その下で働き続けるにはどうすればいいのだろう。

ほとんどの人は、ただその場をうまくやりすごすだけのために自分の人格を変えることはできないし、また変えるつもりもない。ところが、ブラックメールを突きつける癖のある上司の下で働くには、そうすることを求められているように思えることがあるかもしれない。不愉快な状況から抜け出さねばならないことは分かっている。だが現実には、銀行口座にお金がなかったり、ほかの職場に移るあてがなかったりで、ただちに堂々といやな職場を出てゆくなどというぜいたくなことをできる人はあまりいない。

そこで求められるのが、あなたの行動に「妥協」「屈服」ではなく「戦略」という新たな呼び名を与えることだ。それによって、犠牲とか絶望といったネガティブな感情を劇的に縮小することができるだろう。「戦略」とは自分に有利にことを進めるためにあなた自身が選択した妥協作戦の一部だ。妥協していると見せかけながら、その一方で逃げ道を探しているのはずるいことだろうか。そんなことはない。それは自衛行動だ。

戦略としての抵抗パターンのガイドラインは次のとおり――

1．あなたの健康に害があることはいっさい我慢しない。

これは自分を守るための絶対必要条件だ。あなたの肉体的・精神的健康をそこねる、あるいは危機に陥れることを黙認してはいけない。

2．仕事についての考え方を変える。

職場を「過酷な仕事を強いられる場所」と考えるのではなく、あなた自身が選ぶある目的に至る手段と考えること。例えば、自分自身に向かって、「私は変化に必要な経済的基盤を手にするまで、現状にとどまることを選ぶ」と言いきかせよう。もしあなたがさほど責任のない新入社員レベルの仕事をさせられているなら、学ぶことに自分のエネルギーすべてを注ぎ、仕事を正規の訓練、あるいは経験豊かな同僚から学ぶチャンスとして利用しよう。現状に対する不満のエネルギーをそこから脱するための計画に向けよう。

3．タイムテーブルをつくり、計画を立てる。

私は何もつらい職場状況に無期限に我慢しろと言っているわけではない。あなたは現状を変えるためにどのような行動を取るつもりでいるのだろうか。新しい仕事を探すつもりなのか。学校（または講座）に通うのか。出世コースを目指すのか。態度を変えるのか。お金を節約するのか。どれくらいの額をどれくらいの頻度で？　できるだけ具体的に自分に必要な目標を定め、計画を守ろう。

4．現状を改善するために小さな行動をする決断をする。

道理の分からない、あるいは暴君的な上司と無理に劇的な対決をする必要はない。とくにあなたの立場が危機にあるときには、そうだ。しかし、なりゆきを確かめ、自分の置かれた状況を明確にするために、小さな行動を取ることはできる。例えば、キムは、上司のケンに、自分はいくつかの重要な計画を立てたから、ときには彼の要求を受け入れられないこともあると知らせることで、どんなときにも「イエス」と答える従来のパターンを断ち切った。ケンが彼女に敵対するのではなく、喜んで一緒に働こうとする気があることを知って、彼女は驚いたかもしれない。あなたが一歩も引かないところを見せ、自分のために立ち上がれば、上司の理不尽な態度が改まることもあるだろう。それどころか、それまでよりもあなたに敬意をもって接するようになるかもしれない。

つらい状況から自分の利益になる何かを引き出そうと決心すると、その瞬間からあなたにかかるストレスのレベルが下がり始めるのが分かるだろう。あなたはいま、恐怖につき動かされて反応するのではなく、自分自身を大切にし、明確な戦略の一部として選んだ行動に乗り出すことで、あなたの統合性を守ろうとしている。それを忘れないでほしい。

できることをしつくしても、状況が変わらないとき

ときには、もうこれ以上我慢ならない、ということもあるだろう。これ以上の強要や嫌がらせは許さないという限度を設定しようとした、相手に自分の希望も伝えた、にもかかわらず状況は少しも変わらなかった、ということも。

病院理事のマリアは数カ月にわたって、夫婦の関係を修復しようと夫のジェイに働きかけてきた。しかし、むなしかった。

彼にはありとあらゆるチャンスを与えてきました。さんざん話し合いもしました。私と一緒にカウンセリングを受けてほしい、とも頼みました。たしかに一度は彼もそれに応じてくれました。私と一緒に教区の牧師さんのところに行くことにも同意してくれました。でも、行くたびに、彼は嘘をついて、牧師さんをまんまと取り込んでしまいました。

人間関係はピッチャーに入れたミルクに似ている。手遅れにならないうちにミルクを冷蔵庫に戻さず、いつまでも出しっぱなしにすれば、ミルクは腐ってしまって、何をしてももとの新鮮な状態に戻すことはできない。私はマリアに、彼女とジェイとの仲もそうなってしまったと思うか、と尋ねた。

そんな気がします。こんなかたちで彼に利用されるのを許すわけにはいきません。それに、子どもたちもこういう緊張状態に日常的に取り込まれることになるでしょう。私はいまにもぷつんと切れそうです。子どもたちもそうだということが分かります。こんな不幸な母親がいるだけでも大変なのに、嘘つきで女あさりをやめない父親が子どもたちにとってどんなお手本になれるというのでしょう。あなたには正直にお話しします、スーザン。この状況を可能なかぎりの角度から見て、なんとか家族をバラバラにしない方法を見つけようとしてきました。こんな手段を取らなければならないのは、私にとってはとてもつらいことです。身を引き裂かれるような思いです。でも、長い目で見れば、これは私が子どもたちにしてやれる最善の道だということも分かりました。私の人生はいまよりもましになるでしょうし、長い目で見れば、子どもたちの人生もそうなるでしょう。気持ちを落ち着けると、子どもたちにとっていちばん有害なのは、ジェイのような父親と、彼らのために殉教者を演じている不幸な母親のもとで暮らすことだ、というのが見えてくるんです。みんながこの毒を生活のなかから追い出す必要があるんです。それが、私たちが癒される唯一の道です。

さまざまな家族にかかわってきた経験から、私はマリアに彼女が子どもたちにとっていちばんいい道を選んだことにはなんの問題もない、と励ました。親はとかく「子どもたちのために」一緒にいなければならないと考えるものだが、すっきりと離婚するより、不幸な両親の悪意や絶望にさらされて生きるほうが、子どもははるかに心的外傷《トラウマ》を受けやすく、破壊的な影響をこうむるものであることを、私は知っている。

マリアは平和を見つけるのに役立つ知恵を見つけたのだ。いま彼女に残されているのは、自分の決断を守ることだった。

自分自身の真実のために立ち上がる

幼児期に父親の虐待を受けたロバータもまた、家族との決裂が必要だとの結論に達した。これ以上家族と接触を保つことはできなかった。

家族に私の話していること、つまり、子ども時代に父が私を虐待したことを受け入れ、信じてもらう必要があるんです。家族との関係を維持するためにこちらから条件を突きつけてみても意味がありません。私には彼らとともに過ごした過去があって、彼らがどう出るかは分かっていますから。みんな、私が子ども時代に受けた仕打ちの真相を受け入れようとはしないでしょうし、私が彼らの言う「真相」に合わせないかぎり、私を精神異常者のように扱うでしょう。スーザン、あなたもその目で見たでしょ、私の家族の様子を。今度のことで、みんなが結束してるのを目の当たりにしたじゃありませんか。彼らの言いなりになることはできません。彼らの言う「現実」を受け入れるなんて。正気でいるつもりなら、少なくとも彼らに折れるわけにはいかないんです。だからこれは、あなたがいつもおっしゃる、彼らを取るか私の精神の健康を取るかという問題なんでしょうね。私は自分の精神の健康を取るつもりです。

ロバータは入院中の病院で、私の同席のもとで、家族に自分の決断を伝える決心をした。病院は彼女にとって極めて安全な環境だった。そこにはスタッフやセラピスト、そしてつらい決断を実行に移さねばならない彼女を全力で支えられる環境がそろっていたからだ。家族に決断の内容を伝えたとき、彼らに手ひどく非難されたにもかかわらず、彼女はそれまでよりも心が軽く自由になり、元気になったように感じることができた。

もし、ロバータのように、あなたも虐待の問題に対処しようとしているとか、過去に抑鬱症や情緒不安に陥った経験があり、少なくとも当面、人生でかかわりを持つ特定の人物と関係を絶つ決断をしたりしたときには、あなたに支援者がいるかどうかが重要になる。もしかかりつけのセラピストがいないなら、本当の意味であなたの味方になってくれる人々、例えば配偶者、親友、きょうだいなどの助力が欲しいと思うだろう。そうした人々にあなたの決断を伝え、人生の危機であるこのときに彼らの助力と支えが必要なことを知らせよう。

人生の重大事についての決断をすることほど大きなストレスがかかることはない。そんなときには、ごく当然の反応として、相矛盾する思い、不安定さ、自分への疑念、極度の不安などという精神的・情緒的問題が起きるだろう。しかし、大切なのは、自分はいま受け身の反応をしているのではなく、予防的な反応をしているのだ、ということを思い出すことだ。

どんなときにも、「私には耐えられる」というあの「パワーステートメント」を利用しよう。そして、情動の荒れ狂った領域から抜け出し、観察者となるあなた自身の姿を絶えず頭で思い描こう。どちらもつらい時期に平安と安定感を与えてくれるテクニックなのだから。

ほかにも、ストレスを減らすために誰にでも利用できる、すばらしい方法がいくつかある。瞑想《メディテーション》、ヨガ、ダンス、スポーツや趣味、楽しい友人たちとの交流などは、いずれも脳内物質であるエンドルフィンを活性化させ、楽しい気持ちを高め、不快感を減少させてくれる。そして、もちろん、それ以上の助けが必要なときには、安い費用で利用できるすぐれた専門家がいる。

どのような決断をしなければならないときでも、圧力のなかで立ち止まり（Stop）、あなた自身に焦点を合わせ、何が起きているのか、何を要求されているのかを観察する（Obsere）ために、第8章とこの章で紹介されたテクニックを利用してほしい。ブラックメール発信者の尺度ではなく、あなた自身の尺度に基づいた決断をするとき、あなたはブラックメールのサイクルに効果的な一撃を加えたことになる。

さあ、決断を実行に移そう。

第10章　決断を実行に移すための戦術

すべての準備段階を踏んで、あなたはようやくブラックメール発信者に決断を伝えるところまでやってきた。いまあなたの頭のなかにはさまざまな思いが渦巻いているだろう。行動を変えようとするときにしばしばついてまわる、恐れ、懸念、不安などだ。

そこで、ここでは、相手がどのような反応をしようと自分の言い分をはっきりと主張し、けっしてあとに引かないための強力な戦術を紹介したい。この章で提示される四つの核となる戦術を練習し、利用すれば、あなたとブラックメール発信者との関係における力のバランスを必ず変えることができるだろう。核となる四つの戦術とは、**①自己防衛的ではないコミュニケーション**、**②ブラックメール発信者を味方に変える**、**③取り引き（等価交換）**、**④ユーモアの利用**だ。いずれも、私の知るかぎり、ブラックメールをやめさせるためのもっとも効果的な方法である。

あなたがブラックメール発信者に決断を伝えるときに、私がそばについていられればいいのだが、そうもいかない。私にできるのは、あなたが学び、持ちこたえ、ブラックメール発信者と対峙するときに頼るべき、筋書きを提示することだ。

ただし、ひとつだけ注意しておきたいのは、あなたが対決しようとするブラックメール発信者が激しやすいたちだったり、危険な行動に出る可能性のある人だったりするときには、たとえあなた自身はその人物と別れるつもりでいるとしても、それを前もって知らせてはいけないということだ。自分の身を守り、その人物の前からとりあえず姿を消そう。過去にその人物に肉体的な危害を加えられた経験があるとすれば、いまはあなたにとって危険なときだ。どこか安全なところに行き、助けを求めよう。家族の助けを得られないときには、専門家や専門機関に助けを求めよう。その種の人物にはひとりで対決してはいけない。女性サービスセンターなどの助けを借り、あなた自身をしっかりと守ってほしい。

これから説明する戦術が肉体的な危害を加えるようなブラックメール発信者にも効果的だ、などと非現実的で無責任なことは、私には言えない。

戦術1　自己防衛的ではないコミュニケーション

すでに見てきたように、これまでブラックメール発信者は怒鳴り、むくれ、犠牲者面をしてみせ、脅し、非難することで、自分のやり方を通してきた。そして、受信者であるあなたは自分自身と発信者の言動によってかきたてられた恐怖心、義務感、罪悪感（ＦＯＧ）とのあいだにバリアを築くなど、さまざまな手段でそれに対応してきた。例えばあなたは――

＊発信者から浴びせられる非難に反論し、「私は身勝手じゃない。身勝手なのはあなたよ。よくも私のことをそんなふうに言えるわね。私はあなたのためにできることは全部してるのよ。あのときはどうだった？ほら、あのとき……」と逆襲してきた。

＊悩み苦しむタイプの発信者を相手にしたときには、彼らの心を読み取ろうとし、「頼むから、何がいけないのか言ってよ。私が何をしたというの？　さあ、どうすればあなたの気持ちが晴れるか教えてよ」と言ってきた。

＊発信者が自分に対する怒りをおさめてくれることを期待し、彼らに認めてもらいたい一心で、「まあ、そのせいできみがそこまで気分を害するなら、予定を変更してもいい（学校を休んでもいい、あの仕事はやめる、あの友だちには会わない……）」と言ってきた。

＊説明し、反論し、謝罪し、自分の見方でものごとを考えてくれるように仕向けようとして、「どうしてきみは合理的にものごとを考えられないんだ。自分がどれほど間違っているかが分からないのか。きみが求めていることはばかばかしい（おかしい、筋が通っていない、侮辱的だ……）」と言ってきた。

問題は、そうした反応の仕方が自己防衛的で、実は事態を感情的にするだけだ、という点だ。自分を守ろうとするあなたの態度が、火に油を注ぐ結果につながっている。

　ブラックメール発信者の非難、脅し、否定的なレッテル貼りといった行動から発せられる火花が湿った地面に落ちたとしたら、どうだろう。あなたが発信者を変えようとするのではなく、自分自身の反応の仕方を変えたとしたら？　発信者の圧力に次のような言葉で応えたとしたら？

＊あなたが怒っているのは残念だわ。
＊きみがどうしてそういう見方をするかは理解できるよ。
＊それはおもしろいわね。
＊ほんと？
＊怒鳴っても（脅しても、引きこもりをしても、泣いてみせても）、もう効かないし、それじゃ何も解決しない。
＊あなたの気持ちがもっと穏やかなときに話し合いましょう。

　そして、いちばん自己防衛的ではない反応は——

＊まったくきみの言うとおりだ（たとえあなた自身は本気でそう思っていなくても）。

以上が自己防衛的ではないコミュニケーションの核心だ。暗記して、あなた自身が考えた応答もいくつか加えよう。違和感がなくなるまで、声に出して繰り返してほしい。できれば、友人を相手に練習しよう。このフレーズをあなたの語彙《ごい》の一部にして、常に使える状態にしておくことが大切だ。相手の圧力に反応して、**自分の決断や自分自身を弁明したり、説明したりしてはいけない**。

最初は、そうした言い方には違和感を覚えるだろう。相手から浴びせられる非難の言葉に短い、感情的ではない言葉で応えることに慣れている人は多くないからだ。そのため、自分の決断や考え方を詳しく説明したいという気持ちに駆られるかもしれない。しかし、それにこだわりすぎてはいけない。

自己防衛的ではないコミュニケーションは、ブラックメールのどの場面でも必ず効果を発揮するはずだ。私はすでに何千人もの人々にこの方法を紹介し、私自身も長年利用してきた。だからといって、最初から違和感がなかったわけではないし、いつも正しい使い方ができるわけでもない。ほとんどの人と同じように、私にもいざこの方法を使おうとして胃袋がざわめいたり、心臓が早鐘を打ったりした経験があるし、いまでもたまにそんなことがある。しかし、この戦術やこれから紹介するほかの戦術は慣れるにつれて楽に使えるようになるものだ。

この戦術を目の当たりにしたブラックメール発信者の多くが驚きとともに悟ったように、受信者が火に油を注ぎさえしなければ、それまで楽に目的を達していたブラックメールが、とたんに勢いをなくしてしまうものなのだ。

自己防衛的でないかたちでの決断の表明

家具デザイナーのジョッシュは自尊心を取り戻し、恋人であるベスとの関係を救い、父親と本物の関係を築く可能性をつくりだすためには、ここそするのをやめ、ベスと結婚するつもりであることを父に話さねばならないことを知っていた。そこで私は、思い切ってその決断を両親に打ち明けることを勧めた。母親に同席してもらうことを勧めたのは、彼女が父親のフィルターを通すことなく、直接ジョッシュの口から決断を聞けるようにしたいと思ったからだ。「自己防衛的でないコミュニケーションという考え方は気に入ってます」とジョッシュは言った。「でも、あなたの助けがなければ、どう話せばいいか、どう切り出せばいいか分かりません」

そこで、ジョッシュと私は彼の決断を表明するための基本ルールづくりに取りかかった。「まず」と私は始めた。「あなたができるだけ楽な気持ちで話せるような、そして相手が気持ちよく耳を傾けられるような舞台づくりをしなければなりません」。相手に重大な決断を伝えようとするときには、状況を味方につけねばならない。すなわち、相手が疲れているとかストレスに押しつぶされているとき、あるいは幼い子どもが家中を駆け回っているようなときに話を切り出してはいけない。

相手が夫やパートナーの場合は、あなたが話し合いたいと思っていることを知らせ、静かで邪魔の入らない時間を選ぼう。電話線のプラグも抜いてほしい。もし相手があなたと同居していないなら、話し合いたいという気持ちを伝え、時間と場所を設定しよう。話し合いの場所は、あなたがゆったりできる場所にすること。「地の利」という言葉を忘れないでほしい。あなたの過去の亡霊のつまっているような場所、あるいはドアを入ったとたんに、これから話し合おうとしている人と対等ではないと感じるような思い出のつまっている場所、を選ばないことが大切だ。

「夜、両親をぼくのところに呼んでコーヒーとデザートでも楽しみながら、というのもいいとは思うんですが」とジョッシュは言った。「でも、それじゃ両親には面倒でしょう。向こうは二人、こちらはひとりですからね。ぼくのほうが両親のところに出かけるというのでいいと思うんですよ」

両親のところには昔の思い出が――子ども時代を呼び覚ますような絵や、いろいろなものがあるのではないか、と私は尋ねた。「ああ、それはないですよ」とジョッシュは答えた。「ぼくが生まれ育った家じゃありませんから。両親は分譲マンションに引っ越したんです。昔の家と違って、ホテルみたいなものです。それに、両親は嫌がらせをするような人間じゃありませんし。ただ考え方がかたくななだけです」

時間と場所を決めたら、話の内容を細部までつめよう。ジョッシュには、両親に口をはさんだり反論したりせずに話を聞いてほしいと頼み、彼の話がすんだら、言いたいことはなんでも言っていいと伝えることから始めるよう提案した。そのあと、彼自身の決断を伝える段取りにしたのだ。そこでジョッシュと私は力を合わせて次のような対話の切り出し方を考え出した。

お父さん、お母さん、ぼくの話をじっくり聞いてほしい。これはぼくにとって言いにくいことだ。いままでこの件についてはさんざん考えてきた。そして、お父さんとお母さんを愛しているし、大切にも思っているから、ぼくとしては正直でいたいし、このところずっと続いていた不愉快な状態にピリオドを打ちたいと思ったんだ。ぼくはベスと結婚することに決めた。まず、そのことを伝えたい。この数カ月、この問題についてお父さんとお母さんに正直でなかったことは、本当に申し訳ないと思っている。正直になれなかったのは、二人が怖かったからだ。お父さんとお母さんの怒りが怖かったし、認めてもらえないことが怖かった。いまだって、怖くてたまらない。

ジョッシュは出だしでかなりのことを成し遂げることになる。まず、話し合いのための条件を提示する。次に、彼と両親のあいだの状況と、この時点で浮かび上がってくるであろう状況の双方についての彼自身の気持ちを口にする。自分のそれまでの不正直さと、それをやめたいという気持ちを認める。そして、自分の決断をはっきりと伝える。

お父さんとお母さんには、何を言おうが何をしようがぼくの気持ちを変えることはできない、ということを知っておいてもらいたい。これはぼくの決断であり、これはぼくの人生なんだ。ぼくが息子らしくお父さんとお母さんの言うとおりにすることのほうが、ぼくとの関係を続けるよりも二人にとっていいことなのかどうか、ぼくとしては知りたいんだ。そうでないことを切実に祈ってる。カトリックの女性を恋人にしなかったのは申し訳ないと思う。いや、そうじゃない、申し訳ないなんて思っちゃいない！　お父さんとお母さんとしては、こちらの思いを受け入れて、ぼくの新しい家族の一員になるか、そうはしないと決めるか、二つにひとつだ。お父さん、お母さん、ぼくはあなたたちを愛している。だから、**しばらく考えて、どうしたいのか決めてほしい。**

ジョッシュはあくまでも自分の決断を曲げず、両親にそれを受け入れるか受け入れないかを選ぶチャンスを提供する。そして最後に、ひとつの提案をする。それは、両親がその場ですぐに反応するのではなく、彼の言ったことをじっくり考えるという提案だ。

相手の答えを予測して、それに備える

私はジョッシュに、俳優が台詞をおぼえるように、以上の言葉を口に出して言う練習をしておくようにうながした。誰かに相手役をしてもらって練習してもいいし、誰も座っていない椅子に、あるいは相手の写真に話しかけるかたちで練習してもかまわない。おそらく変な感じがするだろうが、練習すればするほど、実際に過去に圧力をかけることであなたを思いのままにあやつってきた人物の前に出たときに、自信を持って言うべきことを言えるようになるだろう。

提示したい条件がたくさんあるなら、それを紙に書きとめ、相手に伝えるときにそれを参考にしてもかまわない。ただし、先に挙げた台詞は、頭のなかで暗唱するだけでなく、くれぐれも声に出して練習してほしい。そうして準備することが、あなたを大きく後押ししてくれる。

「練習するのはかまいません」とジョッシュは言った。「だけど、言うべきことを言う、ってことについては、それほど心配してないんです。むしろ心配なのは、両親が何を言うかです。親父が向かいに穏やかに座っているのを見るだけでも、ぼくとしては十分におっかないんですから」

そこで私は、ロールプレイングと、彼がいちばん恐れる質問とコメントに答える練習をさせることで、両親の反応を恐れるジョッシュの気持ちをやわらげることにした。これもまた、友人を相手にしてもできるし、あなたひとりでもできることである。

「ねえ、ジョッシュ、あなたにとっていちばんつらい反応はなんだと思う？」と私は尋ねた。

「親父からの『ということは、おまえも分かってるだろうが、私はもうおまえの仕事を援助してやれないということだな』という言葉だと思います」

「で、あなたはどう答えるの？」

「結構だ！　お父さんの資金援助なんか必要ないさ！」

「そうねえ……、もう少し刺激的じゃない言い方を考えてみましょうよ」

「分かりました。『お父さんがそんなふうに思うのは残念だよ。でも、ぼくはもう決めたんだ』ではどうでしょう」

私たちは考えられるかぎりの反応について練習をした。

私（ジョッシュの父親役）「われわれとしてはこの結婚を支持することはできない。おまえが私に嘘をついていたことで、私は傷つき、ショックを受けている」

ジョッシュ「お父さん、ぼくはあなたに嘘をついていたことをいいことだったなんて思ってやしない。怖かったんだ。お父さんがそういうふうに思うのは残念だけど、ぼくはベスと結婚するつもりだ」

「あなたのお母さんはなんておっしゃるかしら」と私は言った。

「真っ先に母の口を突いて出るのは『子どもができたらどうなるの？　カトリックの学校に行くの？　カトリック教会員として育てるの？』でしょうね。ぼくたちはまだ結婚もしてないんですよ。だけど、おふくろはいつも先へ先へと考える人なんですよ」

「で、あなたはお母さんにどう……」

ジョッシュ「お母さん、ぼくらは子どもたちをたくさんの愛情をかけて育てて、善良な人間になるよう教えますすよ」

私（ジョッシュの母親役）「私が知りたいのは、子どもたちがカトリック教徒になるかユダヤ教徒になるかということよ」

ジョッシュ「子どもができたら、ぼくたちはそういう溝に橋を架けるつもりですよ、現実に子どもができたらね。いまのところは、そういうことはまったく心配していない」

いざ決断を両親に伝えようとしたとき、ジョッシュは自信がぐらつき、ひどく神経質になった。しかし、あくまでもシナリオから離れず、一度も自己防衛的にならずにすんだ。

極めてスムーズな話し合いというわけにはいきませんでした。心臓がやたらにドキドキして、きっと両親にもその音が聞こえたと思いますし、少し吐き気もしました。だから、深呼吸をしろ、と自分に言いきかせて、「ぼくには耐えられる」というパワーステートメントを二～三回繰り返しました。それは役に立ちましたけど、でもやっぱり難しいことだらけでしたよ。親父がやたらにつっぱるものですから。

真っ先に親父が言ったのは「なぜおまえは私らにこういう仕打ちをするんだ。どうしてこんな傷つけ方をするんだ」という言葉でした。心臓をぐさりと突き刺されたような気がしましたが、ぼくからは「お父さんがそういう見方をするのは残念だ」としか言いませんでした。親父はびっくりした顔をしましたが、相変わらずしゃべってました。次に出たのは「あの女性と結婚するなら、おまえはもうこの家族の一員じゃない。そうなったら、母さんは死ぬほどつらい思いをすることになる」という言葉でした。だから、ぼくは言いました――「お父さん、お父さんの脅しがぼくとの関係の息の根を止めることになるんだよ。お父さんが怒っているのは分かってる。動揺してるのも分かってる」。

そしたら、親父は実際にぼくが予測して練習していたとおりのことを言いました。「おまえが私に嘘をついてたなんて、信じられない」と。だから、ぼくは答えました。「ぼくが嘘をついたのは、お父さんが怖いからだ。そういうのを変えたいとぼくは思ってる」

親父には何を言ってもきかなかったようで、そのうちに親父が戦術を切り替えて「母さんと二人、おまえにはできるかぎりのことをしてきたのに……」と言いだしたものですから、ぼくも「お父さん、いろいろとしてくれたことは本当にありがたいと思ってる。感謝はしてるけど、だからといってお父さんにぼくの結婚相手まで選んでもらおうとは思わない」と言いました。土壇場に追い込まれた親父は、ぼくと、カトリックの女性と結婚して、すばらしいカトリックの子どもをたくさんもうけている兄とを比較するというやり方に出ました。だから、言ったんです。「お父さん、ぼくはエリックのようにはなれない。ぼくはエリックじゃないから、ぼくはぼくだからだ」

その時点で、親父はまだぶつぶつ言ってましたが、言うべき言葉がなくなりかけているのは分かりました。だから、あなたの提案どおり、「お父さんには考える時間が必要なようだ」と言いました。

親父が最後に言ったのは「おまえはいろんなことを私に要求している。私にだっていろいろなルールと価値観と信念があって、それは私にとってとても大切なものだ。おまえの決断を受け入れられるかどうかは分からない」ということでした。そのあと、ぼくは帰るつもりで席を立ったんですが、親父とおふくろが車のところまで見送ってくれました。ぼくが車の窓を開けると、親父が言うんです。「たしかに私は昔からおまえに、自分がこうだと思ったことは守り抜けと教えてきた。だがそれは、私に対してこういうことをしろ、ということじゃなかった」。そして、ちょっと笑顔を見せました。ぼくはそのまま車を発進させました。

ジョッシュは両親の機嫌をそこねるという、彼にとっての最悪の不安と対決した。その結果、どうなったか。誰も死ななかった。建物が崩れたわけではなかった。この世が終わりになったわけでもなかった。ジョッシュにとっては楽しい経験ではなかったが、対決することによって、安堵感を手にし、自尊心を回復することができた。

「背が三十センチも伸びたような気がしますよ！」とジョッシュは言った。

彼は統合性を取り戻したのだ。

実生活で現実の人間を相手にする場合、とくにその相手が家族である場合には、両者のあいだに生じる情動と相互作用は複雑で、ハリウッド映画のような急転直下のハッピーエンドはまず期待できない。ジョッシュの両親は彼の妻を温かく迎え入れようと決心した、と報告できればどんなにいいだろう。だが、あいにく、そうはならなかった。ジョッシュの父親は息子を失いたくない、と考えた。だが、これまでのところ、まだ本当の意味でベスを受け入れてはいないし、愛情も見せていない。ジョッシュは、両親と完全に決裂したくはないが、緊張状態が解けていないため、両親とともに過ごす時間を減らす必要がある、という悲しい現実を悟らざるをえなかった。

いま彼は、いつの日か、おそらく、彼らにとっての孫が生まれたときに、両親の態度がやわらぐことを心から願っている。そして、私もそれを願っている。しかし、たとえ彼らの態度がやわらがなくても、ジョッシュがしたのは健全なことだった。彼の自尊心と統合性は傷つかずにすんだ。そして、両親に嘘をつき、ベスへの誠意を裏切っていたときに比べれば、はるかに彼らしい生き方ができるようになった。

なかには、両親や近しい人がそれまでの考え方を変える例もある。大事なのは、あなたが自分をどうするか、きっぱりとした態度を取るべきときに何者であるか、ということだ。

もっともありふれた反応に対処するために

十分に知っている相手に自分の決断を表明したときに、相手の反応を予測することは難しくないだろう。しかし、ほとんどの人は自己防衛的ではないコミュニケーションをすることに慣れていない。

そのため、相手の反応に素早く対処することができないこともあるかもしれない。とくに、相手とのやりとりが激しいものにならない言葉を選ぼうとするときには、そうだろう。

素早く対処しなければと思う必要はない。あなたには必要なだけ考える時間があるし、口を開く前に相手の言葉を吟味するために、少しばかり沈黙のときを持つというのは望ましいことでもある。大切なのは、不安だから、そしてどう言えばいいか分からないからという理由で、もとの行動パターンに戻ろうとする気持ちにならないことだ。

そこで、もっともありふれたタイプの反応に対する具体的な応え方をいくつか紹介しよう。以下の言い方を、それが自然に口をついて出るようになるまで、繰り返し練習してほしい。その大切さは、いくら強調してもしすぎることはない。

1　相手が悲劇的な結末を予言したり、脅したりする場合

「罰する人」と「自分を罰する人」は、あなたが決めたとおりのことをすると極端にネガティブな結果が生じる、という幻想を次々と浴びせて、あなたに決断を変えさせるための圧力をかけるかもしれない。彼らのあおり立てる悲劇的な幻想が現実のものになるのではという恐れ、とりわけ彼らが「悪いことが起きるだろう。それはおまえの責任だ」という脅しをかけるような場合は、その恐れに抵抗するのは容易ではない。しかし、ぐらついてはいけない。

相手が――

＊きみが面倒を見てくれなきゃ、ぼくは病院にかつぎこまれることになるだろう（路頭に迷うだろう、働けなくなるだろう）
＊きみは二度ときみの子どもたちには会えないだろう
＊あなたはこの家庭を壊すことになるでしょうね
＊おまえはもう私の子どもではない
＊私はおまえの名前を遺言書から削る
＊私は病気になるだろう
＊私はあなたがいなきゃやっていけない
＊おまえを苦しめてやる
＊きみは後悔することになるだろう

などと言ったら、あなたは――

＊それはあなたが選んだことでしょ

＊あなたがそんなことをしないことを願ってるけど、私はもう決めたの
＊いまきみが猛烈に腹を立てているのは分かる。この件について考えるチャンスができたら、たぶん、きみの考え方も変わるだろう
＊脅し（悩み苦しんでみせること、涙）はもうきかない
＊あなたが動揺してるのは残念ね

などと答えよう。

2　相手が悪口、レッテル貼り、否定的判断に頼る場合

相手があなたの悪口を言い始めたら、自己弁護をしたくなるのは当然だろう。そんなときにはとかく「私はそんなんじゃない！」「きみだってそうじゃないか！」という無意味な反論をしがちになる。そうではなくて、大きく一度息を吸おう。そして、恐怖心、義務感、罪悪感（ＦＯＧ）を抑え、冷静さを取り戻そう。あなたの決断を表明し、それをくつがえさないためにもっとも大切なのは、あなたがどう感じるかではなく、どういう言葉を口にするかだ、ということを忘れないでほしい。まず、行動を変えよう。そして、そのあとで、あなたの心で進行中のことに目を向けよう。

相手が――

＊きみがそこまで身勝手だなんて、信じられない。きみらしくないぞ
＊あなたは自分のことしか考えていない。私の気持ちなどまったく考えてないわ
＊きみはほかの女性（あなたは私が付き合ったこれまでの男性）とはまったく違うと本気で思ってたのに。どうやら、そうじゃなかったようだ
＊そんなばかな話、初めて聞いたよ
＊子どもは両親を敬うものだということくらい、誰でも知っている
＊どうしてそこまで不誠実でいられるんだい？
＊おまえは単なるばかなんだよ

などと言ったら、あなたは――

＊あなたにはあなたの意見を口にする権利があるわ
＊たしかに、きみにはそう見えるだろうな
＊そういうこともあるでしょうね
＊あなたの言うとおりかもしれない
＊この件についてもう少し考える必要がある

＊あなたが私を侮辱し続けるようなら、ものごとはどこにも行き着かないわ
＊残念だけど、あなたは動揺してるわ

などと答えよう。

3　相手が「なぜ」「どうして」と激しい迫り方をする場合

相手はあなたに説明を迫り、決断の理由を問いつめるかもしれない。それに反応するのではなく、あなたの目的に焦点を絞ろう。あなたはいま、あなた自身の下した決断を表明しているところなのだ。それ以上のことをしてはいけない。ブラックメールをやめさせたいなら、あなたの同意できないことがらの内容に踏み込んではいけない。

あなたが同意できないのは、どこに旅行するかなどという要求の内容ではない。相手が自分の要求を押しつけ、あなたがいつもそれに譲歩するという、その行動パターンそのものに同意できないのだ。あなたはいま真剣にそのパターンを断ち切ろうとしている。だからこそ、言い争わないこと、説明しないこと、弁明はしないこと、そして、「なぜ」という質問に「なぜなら」というかたちで答えないこと。

相手が――

＊どうしておまえは私にこういうことができるのだ（おまえのためにあれほどいろいろしてやったのに）

＊なぜきみはおれの人生をめちゃめちゃにしようとするのだ
＊どうしてあなたはそんなに頑固（意固地、身勝手）なの
＊きみはいったいどうなっちゃったんだ
＊どうして私を傷つけたいの
＊これくらいのことで、どうしてそんなに大騒ぎするのだ

と言ったら、あなたは——

＊この件についてあなたが喜ばないだろうことは分かるわ。でも、そうでなければいけないのよ
＊この問題に悪者はいないわ。あなたと私では求めることが違うだけよ
＊ぼくは責任の五〇パーセント以上を引き受ける気はない
＊あなたがどれほど動揺してるか（腹を立ててるか、落胆してるか）は分かるわ。でも、話し合いの余地はないの
＊きみとぼくとではものの見方が違うんだ
＊きみはきっとそういう見方をするよな
＊残念だわ、あなたが動揺してて

などと答えよう。

相手の「だんまり」に対処するには

だが、すねる、悩み苦しむというかたちで、ひそかに表現される怒りをブラックメールの手段にする人物には、どう対処すればいいのだろう。相手が何も言わないとき、あなたは何を言えば、あるいはすればいいのだろう。多くのブラックメール受信者にとって、「だんまり」によって表現される怒りは、公然たる攻撃よりもはるかにいら立たしく、頭にくるものだ。

この種のブラックメール発信者には、ときには何をしても効果はないという気にさせられることがあるし、事実、何をしても効かないことがある。それでもやはり自己防衛的ではないコミュニケーションの原則に基づき、以下に挙げる「していいこと」と「してはいけないこと」を意識し続けることで、最大の成功をおさめることができる。

「だんまり型」のブラックメール発信者に対処するときに「してはいけないこと」は――

＊相手がいさかいを解決するための最初の一歩を踏み出すと期待すること。
＊相手に、何がいけなかったかを説明してほしい、と懇願すること。
＊相手の反応を求めてつきまとうこと（そんなことをすれば、相手はいっそう引きこもるだけ）。

＊相手の動機、性格、率直でないところを批判、分析、あるいは解釈すること。
＊相手に機嫌を直してもらうために、彼らの動揺（怒り）の責任を、それがなんであっても、自分から進んで受け入れること。
＊相手が話題を変えるのを許すこと。
＊緊張と怒りの雰囲気に怯えること。
＊フラストレーションが昂じるあまり、本気でないにもかかわらず、相手に脅しをかけること（例えば、「何がいけなかったのか話してくれなきゃ、もう二度とあなたとは口をきかない」）。
＊最終的に相手が謝ったとき、それで彼らの行動が大きく変化するだろうと安心すること。
＊相手が自分のしていることを認識し、進んでその解決に取り組もうとしていても、それで相手に大きな人格的変化が起きると期待すること。行動は変わり得るが、人格は普通変わらないことを忘れないで。

次のテクニックをぜひ利用してほしい――

＊あなたの相手は不適格感と無力感を抱き、彼らを傷つけ、捨て去るあなたの力を恐れていることを心に留める。
＊相手がいつもよりもあなたの言い分を聞ける状態になっているときに、彼らに面と向き合う。

＊手紙を書くことを考えてみよう。そのほうが彼らが恐れを感じることが少ないかもしれない。
＊相手に、腹立ちの理由を話してもいいこと、あなたには反論しないでそれを聞くつもりがあること、を知らせる。
＊機転と駆け引きを使う。あなたには彼らの弱点を探り出し、そこに反論というかたちで攻撃を加えるつもりがないことを、相手に知らせる。
＊「いまあなたが腹を立てているのは知ってるわ。私は、あなたが話せる状態になったらすぐにでも話し合うつもりがあるのよ」と、相手を安心させるような言葉をかける。そのあとは彼らをひとりにしておこう。そうでなければ、相手はいっそう引きこもるだけになる。
＊恐れずに、彼らの行動があなたをいら立たせていることを伝える。ただし、その前に相手を評価していることを伝えよう。例えば「お父さん、ぼくはお父さんのことが大好きですよ。お父さんはとても頭のいい人だと思います。だけど、意見が食い違うたびにお父さんが黙り込んで、ぷいといなくなってしまうのはとてもいやなんです。おかげで、お父さんとの関係がおかしくなっています。その点について話し合えませんか」
＊あなたのいら立ちの原因から目をそらさない。
＊あなたが悲しみを目にしたとき、攻撃されることを予期しておく。彼らはあなたの主張を、彼らに対する攻撃と考えているのだから。

＊相手が腹を立てているのを知っていることを伝え、それについてあなたが何をする気があるかを話す。例えば「あなたの両親がいらしても、私がわが家に泊めたがらないことを、あなたが怒っているのは申し訳ないと思うわ。でも、私としては二人のためにすてきなホテルを見つけるための時間を喜んで割くつもりだし、二人の旅行費用の一部を持ってもいい、とも思ってるのよ」

＊いつもではないにしても、ほとんどの場合、あなたのほうから最初の一歩を踏み出さねばならないだろうという事実を受け入れる。

＊一部のことはなりゆきにまかせる。

以上のテクニック以外に、むっつりと押し黙ったまま怒りを表現するブラックメール発信者の典型的なパターン、すなわち「おれがどれくらい怒っているかを見るがいい。すべてはおまえのせいだからな。さあ、おまえが何をしたか、どうすればその償いができるか、それを考えてみろ」というパターンを断ち切るチャンスのある手法は考えられない。

あなたとしては、はらわたの煮えくり返る思いをしていることだろう。そんなあなたが分別を持つ側でいなければならないというのは、さぞかしいら立たしいはずだ。あなたの気持ちはよく分かる。しかし、変化を起こすための雰囲気をつくるには、私の知るかぎり、それ以外に道はない。あなたにとっていちばん難しいのは、自己防衛的でない言動を続けることで、生まれてからずっと「だんまり」

で怒りを表現してきた相手に、外に向かって怒りを表現してもかまわないのだ、と信じさせることだ。

はらわたは煮えくり返っていても、表面は穏やかに

ブラックメール発信者の怒りと、それに対処することについてはこれまでにさんざん論じてきたが、はらわたが煮えくり返っているのに自己防衛的にならない態度を取るには、どうすればいいのだろう。家具会社を経営するアレンは元の妻ベヴァリーに子どもたちをだしに使っての懲罰的な扱いをされており、ある日、そのフラストレーションを私の前で次のようにぶちまけた。

先週、子どもたちをキャンプに連れていきました。ところが、キャンプが終わって子どもたちを連れ帰ったとき、ベヴァリーがいきなりわめき出したんです。子どもたちがよごれているし、疲れている、と言って。子どもたちは大いに楽しんでいましたよ。なのに、ベヴァリーはぼくが彼らを引き回しすぎた、と難癖をつけるんです。そのあと、もっとちゃんと彼らの面倒をみられないなら、あなたの訪問権を制限してもらうことにするだのなんだのと言いだしました。
そんなことしちゃいけないのは分かってたんですが、ぼくもついかっとなってしまって、そのあとはすさまじい怒鳴り合いになりました。それにしても、ベヴァリーには腹が立って。よくも子どもに会わせないなんて脅せるもんですよね。この先どうすればいいんでしょう。

魔法のような解決策がない場合もあるものだ。ベヴァリーはアレンとの離婚で深く傷ついていた。しかも、アレンの再婚後、彼に対する怒りはエスカレートしていたため、アレンがみじめにならなければ、彼女の気持ちがおさまらないところまでいっていた。しかし、アレンにも彼自身がしていたかもしれない緊張を高めるような言動を改める余地はあった。

「あなたがどれほど頭にきているかは分かります」と私は言った。「でも、とにかくいまは事態を鎮静化させる方法を身につけなきゃいけません。いまの奥さんのジョーとは自己防衛的ではないコミュニケーションの仕方をかなり上手に使えたじゃありませんか。それをベヴァリーにも使ってみたらどうですか。いちばん難しいのは、はらわたが煮えくり返っているときに冷静な行動をすることですよ」

「あなたはうまく私を調教しましたよねえ」と言って、アレンはにやりと笑った。「分かってます。私が変えられるのは私自身だけだ、とおっしゃりたいんでしょ?」

「そのとおりです」と私は答えた。「基本的に、あなたがすべきなのは、ベヴァリーがどれほど筋の通らないことを言っても、あなたは口にチャックをしておくこと。そして、状況によっては、『子どもたちをキャンプに連れだしたことできみが腹を立ててるのは残念だ。だけど、子どもたちは本当に楽しそうだったんだよ。この次に今度みたいなことを計画するときには、出かける前に何をするか、その結果どうなるかを説明したほうがいいのかな?』というようなことを言うことです。あなたの話によると、あなたが迎えにいっても、彼女が子どもたちにまだ出かける準備をさせていないとか、子どもたちを連れだしてしまっていることさえあるということでしたよね。そりゃ、頭にきますよね。でも、養育権を持つ親として、彼女には絶大な力があります。だからあなたはそれを受け入れる道を見つけなきゃなりません。そうでなければ、これからも絶えず激しい怒りと苦い思いを味わわされることになるでしょう。もう一度言います。例の穏やかな、相手を落ち着かせるフレーズを思い出してみてください。怒りを吐き出すのではなく、大きく息を吸って、『ねえ、ベヴァリー、ぼくが迎えにきたときに、子どもたちがすぐにでも出かけられる状態にしといてくれると、すごくありがたいんだけど。そのために何かぼくにできることはあるだろうか』と言ってみてください。彼女がどう出るか、私には予想できませんが、あなた自身はいまよりもずっと被害者意識を持たずにすむようになるはずです」

戦術2　ブラックメール発信者を味方に変える

ブラックメールを突きつけられてどうにもならない状態に追い込まれたときには、発信者当人をあなたの問題解決のプロセスに引き込むことで、会話の方向を変えてみる方法が効果を発揮することが多い。相手に助けや提案、情報を求めることで、思いがけない可能性が開けることがあるものだし、問題解決のプロセスに巻き込まれたほうが、そうでないときよりも誰かの決断を助けることへの喜びを感じるのが人間というものだ。もしあなたが、好奇心と学ぼうという気持ちを持って相手に近づけば、攻撃と防御という袋小路に入り込み始めていた話し合いのトーンを急速に変えることができる。

次のような質問を相手にぶつけてみよう。悪意、恨みつらみ、そして緊張がかなりやわらぐだろう――

＊これがどうしてそこまであなたにとって重要なことなのか、それを理解できるように説明してもらえないかしら？

＊この問題を解決するためにぼくたちに何ができるのか、いくつかの提案をしてくれないか？

＊ぼくたちの関係を好転させるために一緒にできることがあるかどうか、それを見つけるための手助けをしてくれないかな？

＊あなたがなぜそんなに怒っているのか（動揺しているのか）、それを理解するために力を貸してもらえないかしら？

さらに、ここでは私が「奇跡の道具」と呼ぶフレーズを紹介したい。そう言うと、テレビの「インフォマーシャル（訳注――消費者のための情報を豊富に盛り込んだ、比較的長時間の説明的・解説的コマーシャル）」で宣伝される品物か何かのように聞こえるが、実際にはそれは、変化が起きればどうなるか、どうすれば問題を解決できるかを、一緒に考えてほしいとブラックメール発信者当人にうながす戦術のひとつである。

次のような言い方で「奇跡の道具」を持ち出してみよう――

＊もし……なら、どうだろうね。

＊……の方法を見つけるために、力を貸してくれないかな。

＊どうすれば、私たちはこれをもっとうまくできる（これを有効に使える）かしら。

誰かと一緒に知恵を絞るというのは、停止していた想像力と、ときには遊びの要素さえ活性化させることであり、自己防衛的ではなく、しかも楽しめる話し合いの方法である。人間は攻撃されることは好まないが、誰かの問題解決を助けることはしばしば進んでしようとするものだ。

解決策に耳を傾ける

先に登場したアレンと現在の妻ジョーとの関係は、前妻のベヴァリーとの関係に比べれば、はるかに単純だった。二人は愛し合っており、一緒にいたいと思っていたからだ。にもかかわらずアレンは、ジョーの要求の多さに対処する道を見つけようとして、なかなかそれができなかった。数日にわたり、仕事のために出張しなければならないとジョーを説得しようとした揚げ句に、彼は私のところにやってきて、解決のための助力を求めた。

ぼくが出張に出かけても彼女が取り乱さないようにするにはどうすればいいのか、分からなくて。「きみの気持ちなんてかまっちゃいられないんだよ。この出張をやめるわけにはいかないんだから」と言ったんじゃ、そんなことにかまっちゃいられないんだよ。この出張をやめるわけにはいかないんだから」と言ったんじゃ、うまくいくわけがありません。そんなこと言ったら、出張すること自体が心配ですし、おまけにジョーに泣かれることになってしまいます。

ジョーにどうすればひとりで家に残される不安をやわらげられるかを尋ねれば、自分の決断を伝えるストレスがいくらかでも軽くなるかもしれない、と私はアレンに提案した。ただし、そのときに、彼女がそこまで依存心の強い女性になった幼いころの心的外傷《トラウマ》をなんとかしようと思うのはあなたのすべきことではない、とつけ加えた。それは、彼らの結婚を大人と子どもの関係ではなく、対等のパートナーとしての関係にするために、ジョー自身がしなければならないことだった。

ただし、アレンにはジョーを味方に変えるという方法が残されていた。そこでアレンは、ジョーが彼の決断を変えさせようと圧力をかけるのではなく、彼女を彼の決断を支えることに参加するよう仕向けるために、彼が「……してもらえないだろうか」「ぼくに何ができるか知る必要があるんだ」というフレーズを、私とともに練習することになった。

「分かりました」とアレンは言った。「『ジョー、実は、二～三日、仕事でサンフランシスコに出かけなきゃならなくなったんだ。きみが動揺しないうちに、ぼくが少しでもそばを離れるときみがどうしてそんなに神経症みたいになるのか、それを理解できるよう手助けをしてくれないだろうか』というのはどうでしょう」

「だめよ、アレン。私たちはいま誰かにレッテル貼りをしようとしてるわけじゃないのよ。情報を得ようとしているだけなの。ジョーには状態を改善するための提案があるかもしれないわ。だから、彼女に尋ねなきゃ。『ジョー、仕事で二～三日、出かけなきゃならないんだ。ぼくがそばにいないと、きみが不安になるのは分かってる。だけど、これは大事な出張なんだ。ぼくが出かけてもきみがあまり不安にならずにいられるようにするために、ぼくは何をすればいいのか教えてくれないか』というのはどうかしら」

自分のジレンマをそういうかたちでジョーに伝えることで、アレンはジョーの気持ちを理解していると伝えられる。彼女の悪口を言ったことにはならないし、出張をやめるという可能性の扉を開いたままにすることにもならずにすむ。

思ったよりもずっと簡単にいきました。あなたと練習したとおりのことを言ってみたんです。で、**どうすればきみはぼくの出張をあまり気に病まずにいられるようになるのかな**と尋ねたとたんに、彼女が「私も連れてって」と言ったんです。だからぼくは、それはまあ問題はないけど、これは仕事なんだ、休暇旅行じゃないんだ、ぼくはいろいろなミーティングに出なきゃならないから、きみはほとんどの時間をひとりきりで過ごすことになるだろう、と答えました。最初は彼女も、それでもいい、私、ホテルは好きだから、と言ってましたが、そのうちに、もう一度考えてみたけど、家にいたほうが楽そうね、と言いだしたんです。**つまり、家に残るのは彼女の選択になった、というわけです。**ただ、毎晩電話をくれ、とは言われましたけどね。ああ、ほんとにやれやれですよ。いままでは何ひとつああいうやり方で解決したことがなかったんです。いつもオール・オア・ナッシングでしたから。

変わったのは、必要なことはする、そしてジョーの気持ちを考慮に入れるために彼女と話し合う、というアレンの決断だった。二人で力を合わせて、彼らはお互いのためになる解決法を見つけることができた。それは、もしアレンがジョーと争わずに彼女を味方に変える気がなければ、見過ごされていたかもしれない、あるいは提案することを渋ったかもしれない解決策だった。

上司に助けを求める

雑誌編集者のキムは、さまざまな自己防衛的ではないテクニックを使って、上司のケンに、否定的比較をやめてほしいこと、健康を守るために仕事量を減らす必要があること、を伝えた。彼女がとくに気に入ったのは、ケンを味方に引き入れる方法だった。その理由は、彼女によれば――

私は職場の法律をつくり、自分の意思を押しつけることのできるような立場にはいませんが、こういう職場で必要な役目を果たすことはできます。すなわち、よきチームプレーヤーになることです。以前はよきチームプレーヤーとは、人に頼まれたことはいかなる犠牲を払おうとも引き受ける人のことだ、と解釈してたんですが、最近は本当の意味でのチームワークができる人だと考えるようになりました。できるかぎり最善をつくして、仕事が大変なときには懸命に働く、そして自分の人生と健康のために必要なときにはペースをゆるめることのできる人だ、と。

キムはケンの圧力作戦にも終止符を打たせたいと思っていた。そこで、私とともに次のような話の持っていき方を考え出した――

ケン、あなたは気づいていないかもしれませんが、私、あなたがしつこく私とミランダを比較しているってことに気づいたんです。いままでは、それは私に力以上の力を発揮させるのに実に効果的なやり方でした。でも、もうそのやり方は効かなくなっています。私は自分の健康を損なわない範囲で、持てる力を十分に出して、会社のために精いっぱい働くつもりです。それは私の希望でもありますし、この仕事が本当に好きだからでもあります。あなたが私の力を認めてくださるのはうれしいし、私も心からあなたを尊敬しています。でも、お願いですから、私を相手に「いい子／悪い子」ゲームをするのはやめてください。私たちは大人なんです。あなたは私の父親じゃありませんし、私もあなたの娘じゃありません。第一、私はあなたより三歳上なんですよ。それに、ミランダも私の姉じゃありません。だから、こんな機能不全の家族ごっこはやめにします。

キムは文章で自分の気持ちを表現することは得意だったが、人と面と向かったときに言葉がスムーズに出てこないタイプの女性だった。だから、練習が不可欠だった。そこで、友人に頼んでロールプレイングの相手になってもらったり、車を運転しながら声に出して言ってみたり、夫の助けを借りたりしながら、言うべき台詞を完璧に言えるようになるための練習に取りかかった。

戦術3　取り引き（等価交換）

相手に行動を変えてほしいと思い、同時に自分の行動も変えなければならないと考えたときには、「等価交換」をする潮時かもしれない。私たちのほとんどは、子どものころからさまざまなものを交換してきた。スーパーヒーローの出てくる漫画本二冊と物語一冊、ツナサンドイッチとピーナツバター・アンド・ジャムサンドイッチというように、何かをあきらめるかわりにそれと等価値の何かを手に入れた経験のある人は多いはずだ。ブラックメールの影響を少なくするためにも、その手法を使うことができる。この方法のすばらしいところは、当事者の一方だけがそれまでの行動を変えねばならない、という不公平感を持たずにすむ点だ。ギブアンドテイクがなければ「等価交換」は成立しない。ギブアンドテイクのあるところには敗者はいない。

私が「等価交換」方式の威力を目の当たりにしたのは、いまから数年前、マットとエイミーというカップルに出会ったときのことだった。当時二人はブラックメールの袋小路に入り込み、動きが取れなくなっていた。エイミーは自分を無視するマットに激しい怒りを感じていた。

この人は私を透明人間みたいに扱うんです。朝起きて、仕事に出かけて、夕食に帰ってくるのはいいんですが、そのあいだろくに口をききませんし、夕食がすむとテレビの前に座ったきり、寝るまでそのまんま。もう何週間も、私には触れようともしません。生まれてこの方、これほど寂しい思いをしたことはありません。

マットに言わせれば、問題はエイミーの体重増加にあった。

いまの彼女はぼくが結婚した女性ではありませんよ。彼女の趣味は食べることだと思います。見てのとおり、その結果、彼女はとても太ってしまいました。これじゃ、すごく魅力的だなんて、到底言えませんよ。彼女はぼくが彼女に魅力を感じていないと言ってますが、そのとおり――魅力なんて感じてやいません。こんなに体重が増えちゃったんじゃね。体重が増えたかどうかなんて関係ない、というふりをするつもりはありません。

マットとエイミーの関係は、エイミーが「あなたがもっと私に優しくしないなら、私は別れるつもりよ」、マットが「きみが体重を減らさないなら、おれは今後もきみから遠ざかることで罰し続けるつもりだ」というところにまでいってしまっていた。むろん、二人ともそれを言葉に出して言ったわけではない。しかし、その必要はなかった。二人の気持ちはすでに行動にはっきりと出ていたのだから。

エイミーは、ないがしろにされていると感じたために食べていた。そしてマットは、彼女が食べすぎるからないがしろにしている、と言った。膠着状態に陥った二人は、自分の不幸の責任をそれぞれ相手になすりつけ合っていた。そこで、私は「等価交換」という考え方を持ち出した。すなわち、エイミーには翌日からダイエットを始めることを、そしてマットには彼女と話し合い、関係を修復するために毎日帰宅後の三十分を充てることを求めたのだ。むろん、エイミーの体重は一夜にして減るわけではなかったし、マットもただちに彼女と心を開いて話し合えるようになったわけではなかった。しかし、二人は行きづまりを打開するための、そして最終的には関係修復のための、大きな一歩を踏み出すことができた。

自分が相手の要求に屈しているように見えたり、感じたりするのが好きな人はいない。しかも、自分が一方的に折れることで問題解決をはかることを好む人もいない。そのため、ほとんどの人は自分のほうからいさかいを解決するための最初の一歩を踏み出すことをためらうものだ。しかし、「等価交換」なら、誰にでも受け入れられやすい「双方が勝者《ウィンウィン》」という状況をつくりだせる。しかも、問題解決の努力を妨げるもうひとつの力――相手が私にひどいことをした、私はそれに腹を立てている、相手は苦しむ必要がある、という思いを克服させてくれる。私たちのなかには、こちらからは何があっても譲らない、相手がもっと罰せられるべきなのだから、という思いがある。しかし、どういうわけか、相手からも何かの譲歩を引き出せると感じれば、自分の怒りをそれまでよりも容易に脇に置くことができるようになる。

「等価交換」がとくに効果的な戦術になるのは、当事者の双方が、ほとんどのいさかいに典型的に付随する、相手に対する非難・攻撃なしに、それぞれが求める何かを手に入れることができるからだ。

ブラックメールの袋小路を解消するために

「等価交換」の手法を使うことによって、国税調査官のリンと夫のジェフはそれまで互いに仕掛けあっていた圧力戦法をやめることができた。二人は内心では、自分たちの結婚生活には、収入の格差という問題が未解決のままに残されていることを認識していた。とくにリンはそれを意識していた。しかし、私のオフィスに来て、話し合いを進めるうちに、二人はお互いを怒りの対象としてではなく、再び人間として見るようになり始めた。二人はともに関係修復の条件をたずさえてきており、できるかぎり自己防衛的ではない話し方をする努力をした。リンがまず口を開いた――

私としては、お金の問題をもっとちゃんとしておかなきゃならないと思うの。最初のうちは、収入に差があったってかまわないと思ってたし、事実、一緒になったときに、私は収入の差を振りかざして、あなたをおこづかいをあてがわれる子どもみたいに扱わない、と約束したわ。だから、その約束はこれからも尊重するつもりよ。ただ、あなたには、何か問題が起きたとき、例えば新しいトラックを買いたいというようなときには、二人でわが家の経済状態を検討して、その余裕があるかどうかをもとに買うかどうかを決める、という約束をしてほしいの。言いかえれば、今後は、欲しいものが手に入らないからといって、姿をくらますなんていう圧力をかけるのはやめてほしいということ。私が知りたいのは、そんなことをすれば私の頭が変になりそうになるのを知ってて、あなたがどうして行き先もいわずにぷいと出ていってしまうのか、ということよ。

ジェフは答えた——

ときどき、自分の必要なものを手に入れるのにいちいち頼み込まなきゃならないということにやたらに腹が立って、家を出ていかなきゃいられない気持ちになることがあるんだ。そうでなきゃ後悔するようなことをしでかしそうな気がして。ガス抜きをしなきゃいられないんだよ。飛び出したときは、どれくらいすれば頭が冷えるか、自分でも分からないんだ。行き先さえ分かってないこともしょっちゅうなんだよ。

リンが応じた——

お金についての私の態度にあなたが頭にきてるのは分かるわ。その点については謝るし、今後は改めると約束するつもりよ。私さえ、普段は自分の気持ちを抑えつけてるくせに、あるとき急にそれをあなたに向けてぶちまけるというやり方をしないで、普段からあなたと話し合っていれば、お金の問題は解決できると思うの。でも、あなたのほうも、ぷいと飛び出すのではなくて、せめて出ていくということくらいは知らせてほしいし、いつ帰ってくるのかおおよその見当くらいは教えてもらいたいのよ。そりゃまあ、必ずしもどれくらいで帰ってくるのかは、あなた自身にも分からないのかもしれないけど、せめてだいたいのことを教えるくらいはしてくれなきゃ。ついでに、居場所と帰る時期が決まったときには、どこにいるか、いつ帰るかくらい電話してくれてもいいでしょ。それだけで、私の気持ちはぐっと楽になるんだから。

ジェフは言った――

ぼくがきみを愛してることや、どこかに行ったとしてもいつまでも帰らないわけじゃないことは、きみも知ってるはずだ。でも、それで気が楽になると言うなら、これからは行き先と期間を具体的に知らせることにするよ。それに、たしかに、わが家の経済状態について考え直す潮時だっていうのはほんとなんだろうな。きみと一緒に検討してみたいと思ってるよ。ぼくは、きみが思っているより金に関してはちゃんとしてるんだぜ。それに、ぼくも金を稼ぐためにいろいろな副業ができるというのも分かってる。実は、この谷周辺の馬の調教をすることをずっと考えてたんだ。ところが、きみに頭にきてたものだから、それを口にする気にさえなれなかった。口にしたってばかにされるだけだと思ってたんだ。それくらいのことじゃ、きみの稼ぎには追いつかないだろうからね、おそらく絶対に。

ジェフとリンにはまだほかにも話し合い、相手の意見に耳を傾け、交渉すべきことがいくらでもあった。しかし、「等価交換」方式を採用することによって、二人はそれをするための土台づくりに成功した。

言葉ではなく、行動を

職場の上司であり、恋人でもあるチャールズに、ロマンスに終止符を打ちたいと申し出て、解雇すると脅されたシェリーは、双方にとって利益のある「等価交換」方式により、彼に三つのことを要求しようと決心した。そのひとつは、今後何があろうと、彼とはいっさいベッドをともにしないことだった。これは基本的な統合性にかかわる問題であり、話し合いの余地はなかった。二つ目は、当面は職場にとどまり、進行中のプロジェクトを完成させるとともに、チャールズが新しい社員を雇い、彼女の代役としての訓練を終えるまでそれを助け、そののちに退職することだった。三つ目は、二つ目の交換条件として、チャールズがシェリーに嫌がらせをしたことについての謝罪と、きちんとした接し方をするという約束を求めることだった。

彼にその場でクビを申し渡されるんじゃないかと怖くてたまりませんでした。でも、言いたいことをきちんと言う練習をさんざんしていましたし、彼のほうも私が彼を恐れていないことに驚いたんだと思います。最初のうちは、「セックスなしなら、仕事もなしだ」と言われそうな雰囲気がいっぱいだったんですが、その点はいっさい妥協できないと言ったら、彼も引き下がりました。でも、「毎日きみの顔を見ることに耐えられるかどうか分からない。私にだって感情はあるんだからね。われわれの関係はそんなにいい加減なものじゃなかったんだ」って言うんです。だから私も、とにかくやってみましょうよ、それで様子を見ましょう、と言いました。そうしたら、それがいいだろう、って彼も言ってくれました。私にも提供できるものがあったのと、私がとことん闘うつもりでケンカ腰で乗り込んでいったんじゃなかったのがよかったようです。私がいま取りかかっているプロジェクトは、新人に引き継ぐには難しいと思われる仕事です。だから彼のほうも、私をいますぐクビにするより最後までやらせるほうがいいと思ったようです。

しかし、チャールズはシェリーとのあいだに交わした約束を守ろうとしなかった。

ほんとにひどいんです。彼、このところずっとクライアントの前で私をめちゃくちゃに批判してますし、ことあるごとに私に嫌みを言ったり、恥をかかせたりします。彼は私との取り決めを守っていません。どうすればいいいか、分からなくなりました。

そうなった以上、もう一度チャールズのところに行って、彼が約束を守っていないことを知らせるよりほかにない、と私はシェリーに言った。言葉だけでは十分ではない。行動の裏打ちがなければならない。ブラックメール発信者のなかには、簡単に謝罪し、今後は態度を改めると言いながら、その約束を守れない人が多いものだ。そうした人々には、例えば「私たちは約束をしました。あなたがそれを守ってくださると本当にありがたいのですが」というような言葉で、約束の存在を思い出させることが重要だろう。シェリーは穏やかかな、自己防衛的ではないやり方でチャールズと対決した。

私、彼に言いました。「あなたは自分の言葉が相手をどれくらい傷つけるか気づいてもいないのかもしれません。でも、私はそういうことをやめてもらいたいんです」って。もちろん彼には自分のどの言葉が私を傷つけているかなんて、尋ねるまでもありませんでした。私が何を言っているかくらい、ちゃんと知ってたんですから。で、彼、薄笑いを浮かべてこう言うんです。「セラピーなんか受けるようになる前は、きみもほんとにすてきな女性だったんだけどねえ……」

シェリーのように、最終的な目標が自分自身を困難な状況から解放することであるようなケースでさえ、大切なのは油断せず、あくまでも相手に約束を守らせるよう仕向けることだ。

戦術4　ユーモアを利用する

基本的には良好な人間関係では、ユーモアを利用して、相手の行動が傍目《はため》にはどう見えるかを知らせる方法が効果を発揮することがある。その実例を二つ紹介しよう。

ある日、ジョーの「悩み苦しむ人」ぶりをこぼしていたパティは、何気なくこんなことを口走った。

「まったくもう、誰か、彼にオスカーをあげてくれないかしら。『主演男優賞、悩める人部門』の」

「じゃあ、あなたがあげれば？」

そのアイデアが大いに気に入ったパティは、さっそくトロフィー専門店に出かけ、オスカー像のレプリカを購入した。そして、次にジョーが例によってふくれっ面になり、ため息を連発し始めたとき、にこやかな笑顔で拍手をして、彼にオスカーを差し出した。「『見事だったわよ』って彼に言ったんです。そして『とくに、最後の小さなため息が絶品だった』とつけ加えました。とたんに、雰囲気がこっけいになり、二人とも笑いだしてしまったんです」とパティは報告した。以来、ジョーは効果的な「悩み方」ができなくなったという。

セアラとフランクの関係はほころびの兆しを見せ始めてはいたものの、お互いに対する愛情は損なわれてはいなかった。そこでセアラは、ユーモアで彼の関心を得られるかもしれないと考えた。ある日、クローゼットに入っていた古いフラフープを取り出した彼女は、フランクがまたしても結婚についての条件を持ち出したときに、こう切り出した――「あなた、これ持っててくれない？　私、そのなかを飛び抜けてみせるから」

「何をしようっていうんだよ？」

「実はねえ、気づいちゃったのよ、私、いつもいつも自分を証明するために、あなたにこういう輪《フープ》を飛び抜けさせられてるってことに。そのことについて、話し合えるかしら？」

「なんの話だ？　ぼくはそんなことしてないぞ」とフランクは言った。

「まあ、あなたは気づいてないでしょうね。それに、あなたが私を愛してくれているのは分かってる。でも、私はいつになっても終わらないテストをされてるような気がしてしょうがないのよ」

「フープを飛び抜けさせられてる……？　分かった、話し合おうじゃないか」

セアラの報告は次のとおりだった。

「彼、私の大好きなあのにやりとした笑顔を見せて、言ったんです。『ただし、まじめな話し合いに入る前に、まずきみがあの小さいフラフープを飛び抜けられるかどうか、やってみせてくれないか』って。おかげで、ぴりぴりした雰囲気がすっかり消えてしまいました」

誰かと内輪のジョークを共有するほど親密感を増すことはほかにない。ユーモアは人と人をつなぐ絆であり、ユーモラスな経験を思い出すことはたしかな人間関係を織りなす不可欠な糸である。ブラックメール発信者に向けて言うべきことを言うときにユーモアを使えば、あなたと発信者の両方をリラックスさせ、あなたたちがお互いの存在にどれほど慰められているかを思い出すとともに、お互いに心地よさを感じるというのはどういうことかを思い出す大きなきっかけになることがある。ユーモアとは癒しなのだ。それは血圧を下げ、いさかいを続けてきた相手との対決が火を噴く可能性を取り去ってくれる。

あなたの日常にユーモアがあり、それを違和感なしに使うことができれば、あなたは自分を表現するすばらしい手段を持っていることになる。むろん、どんなときにもユーモアが威力を発揮するとはかぎらない。しかし、陰鬱な気分を大幅に消し去るには役に立つはずだ。

結果の評価

ブラックメール発信者が受信者の要求にどう反応するかは、受信者が自分の気持ちを表現し、相手との関係に設定する必要のある限度を決めるまで分からない。長年にわたり、私はブラックメール受信者とともにカウンセリングにやってきた発信者にかかわってきたが、その間に思いがけない人物が

「態度を変えてほしい」という受信者の要求に前向きに反応するのを見て、驚かされることがしばしばあった。この人は怒っている、あるいは薄情だ、あるいは意固地だ、だからとても前向きの反応など期待できないだろうと思えた人々が、実際には相手との人間関係を確かなものにすることに進んで参加する例が多かった。その反対に、友好的で柔軟だと思えた発信者が、その実、取りつく島がなく、自己防衛的で、受信者の要求にまったく鈍感だった、ということもあった。

肯定的な結果

マイケルは私の予想とは正反対の反応をした発信者の劇的な例だった。彼に条件を提示したとき、リズは彼が怒りを爆発させるのではと恐れていた。ところが、実際のやりとりにぞくぞくするほどの喜びを感じることになった。

例の手紙（三二八ページ）を書いたあと、どうしたものかとさんざん考えました。手紙を彼に手渡してしばらく家を出るべきか、彼のオフィスに行って置いてくるべきか、彼の目につくところに置いておくだけにするか、と。最終的に、私は別に彼を肉体的に恐れているわけじゃないんだから、いちばんいいのは「私と一緒に腰を下ろして、手紙を読むから聞いてほしい」と頼むことだ、と決めました。二度ばかり、彼が口をはさもうとしましたが、何か本当に心に触れることがあったらしくて、そのあとはものすごくおとなしくなりました。彼が一生懸命聞いてくれているのが分かりました。ほんの短いあいだでしたが、目の前に座っているのは、コントロール大好きの嫌がらせ人間ではなくて、私が恋したときの彼だ、と思ったりもしました。そのあと、彼の弁解が始まって、私をなじり始めました。「きみさえ離婚するなんて脅さなきゃ、こんなことにはならなかったんだ。きみさえあんなふうにぼくに食ってかからなきゃ、ここまでこじれることはなかったんだ」。私、つい怒鳴り返してやりたくなりましたが、気持ちを鎮めてこう言いました。「マイケル、私は責任の五〇パーセント以上を引き受けるつもりはないわ」

そしたら、彼も落ち着いて、こう言いだしたんです。「たぶんぼくは、自分がきみを傷つけてることを見たくなかったんだろうな。どうして言ってくれなかったんだ？」私はどうしようもないほどの楽天家じゃありませんし、この問題が解決するにはそれなりの時間がかかるだろうということも分かってます。でも、すごくうれしかったのは、彼がセラピーを受ける、と言ってくれたことです。本当の問題は、彼の瞬間湯沸かし器みたいな短気さなんです。それに彼も「おれターザン、おまえジェーン。何もかもおれの言うとおりにしろ」というやり方がもうきかないことは分かってると思います。

多くのブラックメール発信者と同じく、マイケルもリズがどれほど傷つき、怯えているかを知って驚いた。そういえば、私もブラックメールに頼る人が「なぜ彼女はぼくに言ってくれなかったんだろう」とか「私の行動がそれほどまでに彼を傷つけていると知ってさえいれば、こんなにひどい状態になる前になんとかできたでしょうに」と言うのを耳にすることが多い。これはけっして言い逃れではない。ブラックメール発信者は、自分たちの言動や圧力がどれほど相手を痛めつけているかに気づいていないことが多い。受信者のほうが、怯えや怒り、あるいは落胆のあまり、それを発信者に知らせようとしないからだ。そんなことをしてもなんにもならない、と思ってしまうのだ。言いかえれば、受信者は十分に大きな声で「痛い」と言わなかったということだろう。

私たちはしばしば「不平屋になるな」「自分を哀れむな」などという警句に自己規制される。なかには、とくに男性のなかに、強く、自信にあふれ、容易なことでは傷つかない人間に見られたい、と思う人もいる。だから、自分の感情を外に出そうとしない。「きみはぼくを傷つけている。頼むからやめてくれ」とは言わない。

したがって、相手があなたの気持ちを知って驚いたからといって、あなたまで驚いてそのまま引いてしまってはいけない。相手がどんな反応に出ようとも、話し合いを続け、あなた自身を正直に出し、自己防衛的でないコミュニケーションを心がける決心をしてほしい。そのうえで、あなたが提供した新しい情報に相手がどう対処するかを見守ろう。

「悪かった」だけでは不十分

これはリズにも言ったことだが、相手と率直に話し合ったあとの私たちに必要なのは、時間がくれる情報だけだ。「いまはあなたにとって希望のときであるのは分かっています」と私はリズに言った。「私はいまあなたのためにわくわくしてますし、マイケルがセラピーを受けることを喜んでもいます。これが単なる蜜月で終わらないことを願っています。ものごとが望ましい方向に向かっていることを確かめるために、状況を再評価する必要があるでしょう」

私たちは往々にして、相手の最初の反応に感激し、相手が言葉で私たちの条件に同意してくれたから、これで葛藤は解決される、と信じ込んでしまう。ところが、時間がたつにつれて、約束は忘れられ、昔の習慣がまたしても顔を出していることに気づくことがあるかもしれない。相手との関係のなかで、番犬になったり点数記録員になったりするのは私たちの本意ではないが、何が変わりつつあるか、それは私たちが求め必要としていることとどう整合するかを、現実的に見なければならない。

だからこそ、相手が何をするかを見極めるまで、最終的な行動を決めないという決断をすることが大切なのだ。人間関係の将来について重要な決断をするときには、相手に時間を与えよう。期間は三十日から六十日程度欲しい。そして、言葉による反応だけでなく、行動による反応も観察しよう。「悪かった――この問題はもう話さないでおこう」という言葉を聞くだけでは十分ではない。

何があれば十分なのだろう？　相手が――

①自分のやり方を貫くためにあなたの恐怖心、義務感、罪悪感（ＦＯＧ）を利用した責任を受け入れる。
②自分の要求を伝えるにはもっと良い方法があることを認識し、その方法を学ぶことを約束し、それを守る。
③これまでの自分のやり方が無情で、あなたに苦痛を与えたことを認識する。
④あなたとともにより健全な関係を築くための作業をすることに同意する。その作業には、当人同士で問題を解決することが不可能な場合には、第三者の助けを借りることも含まれるかもしれない。
⑤あなたが自分とは異なる考え方、感じ方、行動の仕方をする権利を進んで認め、「異なる」というのが「間違っている」「悪い」という意味ではないことに同意する。
⑥自分がこれまで使ってきた「ＦＯＧ」をつくりだす手法を今後は使わない努力をすると約束し、それを守る（すなわち、今後は否定的比較をしない、思いが通らないからといって出てゆくなどと脅さない、あなたに罪悪感を押しつけない、など）。

いったん定着してしまった言動を変えることは、ブラックメール発信者にとっても、受信者にとっても、時間と努力の必要な作業だ。あなた自身に、そして相手に、時間という贈り物をしよう。

あなたはもっと強くなるだろう

他人に向かって「これが私という人間だ。これが私の求めることだ」というのは恐ろしいものだ。そして、それよりももっと恐ろしいのは、相手に自分の決断を受け入れるか否かの選択肢を提供するときに、自分自身の真理、すなわち統合性を守り抜くことだ（統合性を守り抜くことは、この際不可欠だ）。時として私たちは、自分の要求を口にするのは相手にそれを強要するのと同じことなのではないか、という思いにとらわれる。しかし、思い出してほしいのは、私たちがブラックメール発信者に求めていることは絶対的に筋が通っている、という点だ。私たちが求めているのは、相手に私たちをあやつるのをやめてほしい、ということなのだから。私たち、あるいはブラックメール発信者に害を与えるようなことを求めているわけではない。

私たちの多くは、結果を恐れるあまりに、相手に自分の決断を知らせることを先延ばしにするものだ。しかし、そんなときには一歩引き、「相手に自分の決断したことを知らせた場合、起こり得る最悪のことはなんだろう」と自問してほしい。よくあるのが、相手との人間関係が修復不可能なところまで壊れてしまうだろう、という不安だろう。しかし、あなたが自分自身のために立ち上がらなければ、もっと悲惨な結果を生むことになるだろう。なぜなら、そのときには、あなた自身が壊れてしまうだろうから。そうなったが最後、あなたはときとともに自分が何者であるか、何を求め、何を信じているのかが分からなくなるだろう。あなたの自我は木の葉のように薄っぺらになるだろう。

ブラックメール発信者との関係が今後も維持されるかどうかは、あなたが発信者に絶えず屈服するかどうかにかかっているとすれば、あなたはこの関係は自分の心身の安定を賭けるに値するのか、と自問しなければならない。もしあなたがもっと強く、もっと健康になり、もっと自信を持つようになり、しかもそれが相手の気に入らないなら、あなたがいま必死になって救おうとしている相手との人間関係の対等性はどうなるのだろうか。その人間関係は何を基盤にしているのだろうか。

この章では、好ましい方向に変わった人間関係を数例と、結局は続けることのできなかった関係をいくつか考えてきた。しかし、どのケースでも、ブラックメールの対象とされていた人々は、ブラックメールの呪縛から逃れ、かけがえのない統合性を強化することができた。自分が変化を始めたとき、その結果がどうなるかを予言できる人はいない。しかし、ブラックメールに屈するのではなく、ここに挙げたいくつかの戦術を駆使して毅然と対処すれば、結果がどうであれ、あなたはそれまでよりも強く、健全になれる。

第11章 総仕上げ――あなたの「ホットボタン」を解除しよう

ひょっとしたら、あなたはもう誰かの圧力に抵抗し、それなりの成功をおさめているかもしれないし、あなた自身だけでなく、相手との関係にもいくつかの変化が起き始めているのに気づいているかもしれない。もしそうなら、あなたはいま統合性を取り戻せたことによる満足感と新しい力を味わっているだろう。にもかかわらず、過去にあなたを苦しめてきた恐怖心、義務感、罪悪感（ＦＯＧ）がまだかなりの程度残っていることにも気づいているかもしれない。その感じは、古いビルを取り壊し、その跡地に新しいビルを建てようとしているのに、いまのビルの住人が立ち退いてくれないときの気持ちに例えられるかもしれない。

だからといって、心配することはない。人間の感情とは、こちらが期待するほどすんなりと変化するものではないのだから。「ＦＯＧ」の要素である恐怖心、義務感、罪悪感は長いあいだあなたに取りつき、それなりの年月をかけて「ホットボタン」へと進化していったのだから、一戦を交えずに退散することなどありえない。そこでこれから、いまも消えずに残るその「ホットボタン」を解除するための直接的かつ実践的な方法を提示しよう。

これから紹介する手法の大部分は、私とクライアントとのかかわりを通して説明されることになるが、ロールプレイング、宿題、視覚化などの練習はいずれも、あなたがひとりでもこなせるようになっている。

おなじみの気持ち、新しい反応

人間なら誰しも過去の傷跡を持っている。そして、ほとんどの人は、少なくとも自分が誰にどれほど傷つけられたかを、それなりに意識している。少しでも自己分析をしたことのある人なら、精神的な傷と対人関係における自分の行動とに重大な関係があることに気づいたことがあるだろう。

しかし、一部の人がいつになってもブラックメールに毅然と立ち向かうことができないのは、彼らが自分の傷を「かばっている」からだ。彼らは不快な感情をコントロールする方法を学ぶより、ブラックメールに屈して不快感を避ける道を選ぶ。いわば、〝サボリ〟と同じだ。それを例えるなら、足首を捻挫《ねんざ》した人が、普通に歩けば痛むかもしれないと恐れるあまり、その必要がなくなったあともずっと足を引きずっているようなものだろう。この章でも子ども時代の一部の経験については触れるつもりだが、ここではむしろ現在という時点にとどまり、あなたがいま不快感を引き起こす人々と付き合っていくうえで、おなじみの感情への新しい対処法を学ぶ手助けをしたい。

警告――作業を始める前に、ここでもう一度大切なことを繰り返しておこう。場合によっては、なんらかのかたちで専門家の助けを求めねばならないこともあるからだ。もしあなたがいま周期的な抑鬱症、深刻な不安発作、薬物乱用、子ども時代の肉体的・性的・精神的虐待の後遺症などに苦しんでいるなら、大きな時間的・金銭的負担を必要としない医学的・心理的・生化学的治療法がいくつもある。ここ二十年ばかりのあいだに、心理療法のありようは短期の双方向心理療法《インタラクティブ・サイコセラピー》、新しい抗鬱剤療法、支援グループ、アルコール依存症患者などのための十二段階のセラピーなどによって大きく変化してきた。助けを求める人には、いつでも支援の手が差しのべられている。

まず感情から始めよう

ひょっとしたら、あなたは誰かに「ホットボタン」を押されたら自分が何をするかを知っているのかもしれない。ひょっとしたら、あなたは「喜ばせたがり屋」かもしれない。あるいは、アトラス症候群（二〇九ページ）の説明を読み、「これは私のことだ」と思うかもしれない。おそらく、あなたは相手の怒りを何がなんでも避けようとしているのだろう。「ＦＯＧ」を消し去るという大切な作業を始める前に、まずあなたは「ＦＯＧ」のどの要素（複数の場合もあるだろう）にいちばん敏感に反応するかを考えてほしい。以下に挙げる項目のうち、あなたに当てはまるものにマルをつけよう。

私が相手の圧力に屈するのは――

①彼らの非難が怖いから。
②彼らの怒りが怖いから。
③変化が怖いから（もう彼らに好いて／愛してもらえず、捨てられることさえあるかもしれない）。
④彼らに借りがあるから。
⑤彼らがいままでいろいろなことをしてくれたので、「ノー」とは言えないから。
⑥屈するのが私の義務だから。
⑦屈しなければ罪悪感が大きくなりすぎるから。
⑧屈しなければ自分は身勝手（薄情、ケチ、卑しい）だと感じるから。
⑨屈しなければ、私は善良な人間ではなくなるから。

最初の三つは恐怖心（F）に、次の三つは義務感（O）に、そして最後の三つは罪悪感（G）に関係があることが分かるだろう。この項目のほとんど、あるいは全部が、あなたに当てはまるように思えるかもしれない。イヴの場合がそうだった。彼女はエリオットの息苦しくなるような依存癖から逃げ出そうとすれば、世間の人に非難されるだろうと恐れ、エリオットは自分に住む場所と生活費を提供してくれているのだから、彼には恩義があると思い、そんな彼を捨てると考えて罪悪感に押しつぶされそうになっていた。

ほかの人の場合、「ホットボタン」は、むろん、三つの感情が重なり合うことが多いにしても、主としてひとつの優勢な感情につながっている傾向がある。例えばリズは、とりたてて義務感や罪悪感は感じていなかった。しかし、マイケルの怒りを恐れていた。

先に挙げた①から⑨までの項目を利用すれば、あなたのいちばん敏感な「ホットボタン」はどれか、しっかりした永続的な変化を定着させるには「ＦＯＧ」のどの要素を取り去る必要があるか、が見えてくるだろう。

恐怖心という「ホットボタン」の解除

1　非難に対する恐怖

この種の恐怖は取るに足りないものと思えるかもしれない。しかし実際には、多くの人がそれを耐えがたい恐怖と感じている。非難を恐れる気持ちは、私たちの自尊心という感覚の基本的な部分に組み込まれている。もし私たちが他人の承認もしくは非難によって自己を規定するなら、他人に不快感を持たれるたびに、自分にはどこか根本的に間違った（あるいは、おかしい）ところがあると思い込むことになる。

　むろん、あなたが大切にしている、あるいは高く評価している人に、おまえは間違っている、と言われたときに自分の統合性を守るのが容易でないことは分かっている。しかし、守ることはできる。

　セアラとフランクの関係は、セアラがフランクに、彼との結婚の権利を手に入れるために彼に小さなテストをいくつも仕掛けられてきたと訴えて以来、着実に改善されていた。しかし、まだ彼の非難を恐れる気持ちを完全に消し去ることはできなかった。

　彼との話し合いが大いに役に立っています。でも、彼に「オーケイ」と言ってもらわないかぎり自分自身や自分の決断に安心していられない、という気持ちをいまだに振り払うことができません。大人にならなきゃ、そんな気持ちは克服しなきゃ、と自分に言い続けているのですが、うまくいかないんです。私、母のようにはなりたくありません。母は父の許可がなければ道も渡れないような人だったんです。


〈特殊な勇気〉

　他人の非難を恐れる気持ちから解放されるための作業には、さまざまな価値観や判断のうち、どれが自分自身のもので、どれが外部から押しつけられたものかを識別する作業も含まれる。その作業とはすなわち、あなたは自分の何を高く評価しているかを知り、ついで他人の非難に立ち向かい、自分の信念と欲求を固守する勇気を持つことである。
まさにそれができたことを報告するセアラは喜びに満ちていた。

あなたに自分のいちばんいいところは何か考えるように言われて、考えてみました。そして、いちばんに挙げたのは心意気とチャレンジ精神です。仕事こそその両方を生かす道ですし、現にいままで必死に考えなくても、仕事の幅を広げるには前に進まなきゃということが分かってました。私、フランクを愛しています。でも、彼は私の人生のすべてじゃありません。彼に、しばらく考えてもらえれば、私は自分のしていることを心から楽しんでいたほうが一緒に暮らしてずっと楽しい女だってことがあなたにも分かるはずだ、って言いました。彼、不満そうに少しぶつぶつ言ってましたが、私もひるまずに自己防衛的でないフレーズを繰り返したんです。そのうちに彼も、私が引き下がる気がないってことが分かったようです。いまは彼もそういう状態に満足しています。なんだか、クリスマスみたいに心がうきうきしてます!

アーティストの卵のイヴの状況はセアラのそれとは異なっていた。セアラは成功したキャリアウーマンで、パートナーとの関係が確かなものになる可能性も見えていた。それに対してイヴはたくさんの未知の要因——と人生を立て直すための作業——に直面しようとしていた。しかし、彼女もまた、著名な画家であり、同居人でもあるエリオットからの非難を恐れる気持ちを鎮める作業に取りかかろうとしていた。

> 長いこと私は「おまえは心の冷たい雌犬だ」「薄情だ」「なんとばかなことを」「おまえのすることは何もかもばかげている」と言われ続けてきました。でも、もう他人の考えることをあまり気にしないでおこうと思います。世間の考えることがかなりどうかしている、ということだってあるのですから。ナチスのユダヤ人大虐殺《ホロコースト》はなかった、なんて言う人さえいるんですから！

他人の非難に対する恐怖の対極にあるのは、本当の意味で自分の人生を考え、それをつくりだす自由だ。それが簡単にできるなどと言うつもりはない。しかし、自分の人生航路の舵《かじ》は自分で取ると決め、それを守るたびに、セアラとイヴのように、あなたは（他人がどう思い、何を言おうと）あなたが知り、あなたが自分にとって正しいと信ずるものを反映した人生に向けて、大きく近づくことになる。それができれば、「認められたい病」を蹴飛ばすことができるだろう。

2　怒りに対する恐怖

マイケルは怒りのコントロールに努力するという約束をよく守った。しかし、リズ自身もまもなく、怒りへの対処の仕方を考える必要があるのは彼だけでないことを悟ることになった。以下は、リズの言葉である——

この前の夜、マイケルが子どもが出しっぱなしにしていたおもちゃにつまずいて、わめいたりののしったりし始めました。私はそのとき別の部屋にいましたし、彼は私にわめいていたわけじゃないのに、彼の声を聞いただけで、もう心臓がドキドキし始めたんです。このところ、彼、本当に変わろうとしていましたから、私も彼さえ怒りをうまくコントロールできるようになれば何もかもうまくいくだろうと思ってたんですが、私のほうがいまだにすごい過敏状態を扱け出せなくて……。誰かが大きな声を出すたびにパニックになるような生き方はしたくないんです。

リズは、マイケルに肉体的な危害を加えられることを恐れていたわけではない。たしかに言葉による虐待はあったが、彼がそれ以上の行動に出る気配はまったくなかった、と言いきっていた。それでは、彼女のなかにそこまで強力な本能的反応が引き起こされたのはなぜだろう。

私は彼女に三つのことを尋ねた——

①あなたは何を恐れているのか。

②起こり得る最悪のことは何か。
③あなたは何が起こり得ると想像しているのか。

彼が自制心をなくして、私を踏みつけにすることを恐れているんだと思います。これは簡単には説明できないことです。なんだか、自分が二歳児で、完全に無力だという感じがするんです。彼が怒ると、包み込むような熱気に焼かれるみたいな……。

マイケルのわめき声を聞くと、リズはタイムスリップをする。彼女はもはや三十五歳の大人ではなく、大声に危険だけを聞き取る幼児になってしまう。わめき声が縮こまって頭を覆う合図だった激しやすい家庭で育ったことを考えれば、それはとりたてて驚くほどのことではなかった。しかし、人の怒りをなだめよう、あるいは避けようと必死になるブラックメール受信者の多くと同じように、彼女は過去を現在と混同し続けていた。そこで私は、いつかの時点で実の父親と弟に会って、彼女が昔どれほど不安を抱いていたかを話すのはいいと思うが、いまはマイケルの「怒り」に対処することに焦点を絞ってほしい、と伝えた。

私たちに他人の怒りにどう対処すべきかを教えてくれる人はあまりいないし、私たちの大部分は、限られた反応の仕方しか持っていない。怒鳴りちらす癖のある人に対処するときに真っ先にしなければならないのは、穏やかなときを選んで彼らに通告することである。彼らにはこう言ってほしい――「私は進んでわめかれることを受け入れるつもりはありません。今度あなたがそんなことをしたら、私はこの部屋を出ていきます」。それだけであなたは早くも強い立場に立ち、自分のために予防的な行動を取ったことになる。そのうえで、次に実際にわめかれるような事態になったときには、通告を実行に移そう。それによって、相手があなたの言葉を真剣に受け止めるよう仕向けるのだ。

いさかいの現場から自分を遠ざけると同時に、強い、はっきりした声で、次の言葉のどれかを言ってほしい――「やめて！」「黙れ！」「静かにして！」。リズは驚きの表情で私を見つめた。「ほんとにそんなこと言っていいんですか？」

「いけないわけがある？」と私は応じた。「私がいいと言ってるのよ」

私たちはとかく、そんなことを言えば、かえって相手は興奮し、自制心をなくして暴力に訴えるのではと考えがちだが（もしあなたが相手に危害を加えられるのではないかと心底から恐れているなら、その人物はあなたと人間関係を結ぶにふさわしくない人物だ）、そのくせほとんどの人は、自分がいまよりも強く自信に満ちた方法で反応すればどうなるかについては、ほとんど考えたことがない。いったん恐怖心にすくんだ幼児の役割から踏み出し、大人にふさわしい行動に出さえすれば、あなたは怒りへの恐怖心を克服する道に踏み出したことになる。

〈過去の書き換え〉

ブラックメール受信者がもっと自信を持って怒りに対処するにはどうすればよいのだろう。私のこれまでの経験から、極めて有効な練習法のひとつが、恐怖心のために相手に屈した最近の出来事を再現してみる、という方法であることが分かっている。

目を閉じて、ブラックメール発信者の言葉を再現し、それに対してあなたが返した言葉に耳を傾け、当時の記憶――不安、早鐘を打つ心臓、がくがくする膝、相手の怒りが爆発し、あなたに向けられるところを想像したときに頭を駆けめぐった破局のイメージ、などを思い出してほしい。

そのときの情景を再現しよう。ただし、今回は相手の怒りが高まるところまで再現したら、情景を書き換えてみよう。きっぱりと、はっきりと「いいえ。私は屈服しない！　私に圧力をかけるのはやめて！」と言ってみよう。説得力のある言い方ができるようになるまで、そのフレーズを繰り返してほしい。ほとんどの人は、初めのうちはおずおずとしか言えないものだ。そのフレーズがあなたの耳にどう響くかをじっくりと聞き、自分がどれほど強くなったかを感じてほしい。そう、あなたには言える。そして、そのフレーズはたしかにあなたに力を与えてくれる。

あなたがいままでに経験したブラックメールのシーンを好きなだけたくさん、好きなだけ頻繁に書き換えて、自分の力を取り戻すのがどんなことかを経験するために、想像力を解き放とう。もしあなたの相手が「罰する人」なら、この練習はとくに大切だ。なぜなら、彼らは時として、私たちを途方もなく怯えさせることがあるのだから。あなたに恐怖感を抱かせることこそ彼らの手口なのだから。

〈ブラックメール発信者になってみる〉

「私がこれほどまでに怒りを恐れるのは、ひとつには……」とリズが話し始めた。「怒りが自分に向けられていると感じると、その怒りの背後にいる人物が消えてしまうような気がするからです。そこにはすでにマイケルはいなくて、わめき声だけが猛然と襲いかかってくるように感じるんです」

そこで私はリズに、「わめき屋」の役割を演じて、最悪の状態のときのマイケルの真似をしてほしい、と言った。

「冗談でしょ、そうですよね？」とリズは言った。「そんなこと、できません」

「自意識を捨てて、やってみてちょうだい」と私。「おもしろいことが起きるかもしれないわ。二〜三分ブラックメール発信者になりかわってみると、すごくたくさんのことが分かることもあるのよ」

リズはためらいがちに始めたが、やがてその作業にのめりこみ、怒り狂っているときのマイケルをほぼ忠実に再現し始めた。

ぼくと別れようと考えてるなら、出ていくだけですむと思ったら大間違いだぞ。この家庭を壊そうたってそうはいかない。それでも壊すと言うなら、あとで後悔することになるからな！　きみは一文無しになる。子どもも渡さない！　聞いてるのか？

それだけ言い終えたリズはしばらく黙りこくっていた。やがて、彼女が口を開いた――

すごく妙な感じでした。あんなことを言ってても、ちっとも力を感じませんでした。怖くて、ほとんど無力さを感じました。誰かに自分が本当に求めているものを取り上げられようとしているような。泣かずにいるには、わめいたり叫んだりする以外にありませんでした。なんだかかんしゃくを起こしてる最中の子どもみたいな気がして。言うべき言葉が見つからないものだから、ただ大声を出してる、そんな感じがしました。

もしあなたにブラックメールを突きつけている人が押し黙ることで怒りを表現する人なら、あなたもすねて引きこもるモードに入り、自分の内面で何が起きているかにチャンネルを合わせてみよう。そうすることで、自分が怒りをどれほど恐れているか、自分をどれほど無能だと感じているかにチャンネルを合わせられるかどうか確かめてほしい。

あなたの思い描く怒りがどのようなものであれ、いままで強くてその場を仕切っていると見えた人が、本当は精神的な臆病者であったことが分かるだろう。それが嫌がらせやいじめの正体なのだ。自信のある安定した人は、自分の希望を通したり自分の強さを証明したりするために、他人に嫌がらせをする必要を感じていない。理性のうえではあなたにもそれが分かっているのかもしれない。しかし、相手に「なってみる」ことで、あなたはそれを肉体的・精神的に意識することができる。

意識すること、それだけでもあなたは怒りに対処するためのかなりの成果を手にすることができる。それは、あなたが最終的に相手との関係を続ける決断をするのか、続けない決断をするのかにかかわりなく、大切なことだ。大声をあげて怒りを表現する「罰する人」と受動的なかたちで攻撃する「すねる人」は、実は同じように内面は子どもなのだ。だからといって、彼らの言動がそれだけ受け入れやすくなるというわけではない。しかし、それを知れば、そのぶん恐ろしさを小さくすることができるだろう。

3　変化に対する恐怖（世間に好いてもらえないかもしれないという恐怖）

人生に大きな変化を起こすことを好む人はいない。なじんだものは心地よく、たとえそのせいで人生がみじめになっているとしても、少なくとも自分に何が求められているか、他人に何を期待すべきかは分かっているからだ。

病院理事のマリアは、医師で夫のジェイと別れることをはっきりと決断していた。しかし、先に待ち受けているものを思って極度の不安にとらわれていた。

心配なんです、スーザン。離婚した女として、また世の中に出てゆくと思うと心配だし、離婚したことによる苦しみや悲しみも、不安定さも心配なんです。もう一度やり直さなければならないというのも、私と子どもたちだけになったときにどうすれば彼らに安全と安心感を与えられるかが分からないというのも、人がどう思うだろうかというのも、心配です。いけないのは私だ、すべてを持っていたのに、私がそれを台なしにしてしまった、と世間の人は思うでしょう。離婚をやめて、なじんだ不幸に舞い戻りたいという気持ちがすごくあります。少なくとも、どうすればいいかは分かってますから。

マリアは忠実な妻であり母であるという自分に課せられた役割を、プロのようにこなすことができたし、なじみある状況のなかでどうふるまえばよいかも知っていた。しかし、言うまでもなく、その安楽さこそが問題だった。それは手放しがたいものだった。大きな変化を起こそうと考えると、わたしたちのほとんどはそのとたんに、大なり小なりパニックに見舞われる。しかも、そのパニックこそが、より破壊的なブラックメール発信の糧《かて》となっている。パニックに襲われるがゆえに、私たちは古い行動パターンから抜け出せず、有害な人間関係や状況にしがみつくことで、自分を押しつぶそうとする心配や不安をやわらげようとする。

マリアには、私も彼女と同じ不安にとらわれて不必要に長いあいだひどい結婚生活にとどまった経験がある、と話した。

「それを知って、とても気が楽になりました」とマリアは言った。「それに、こんなふうに感じるのは私がどうかしているわけじゃない、ということが分かったのもいいことでした」

変化を恐れるのは人間なら誰にでもあることで、ブラックメール発信者はしばしばそうした受信者の恐れを次のような言い方で利用する——

＊ぼくがいないと、きみはほんとに寂しい思いをすることになるだろう。

＊きみは後悔することになるだろうが、そのときはもう手遅れだ。

＊独り者の女には世間はすごく厳しいぞ。

＊きみは頭が混乱してる。自分が何を求めているか分かってないんだ。

＊離婚してみじめになっている世間の連中を見てみろよ。

相手に対して自分が恐れていることを認めるのは悪いことではない。しかし、そのときには、変わろうと決心してあなた自身に約束したことがらを復唱してほしい。「あなたの言うとおりかもしれない。たやすいことじゃないのは分かってるわ。でも、私は離婚するつもりよ」というようなことを言ってみよう。あるいは、相手が配偶者でないなら、「あなたの心配はありがたいと思うわ」と言って、それ以上何も言わないという方法もある。相手があなたの決めた将来について陰惨な絵を描くことに固執するなら、自己防衛的でないコミュニケーション手法に戻り、「この問題はこれ以上話し合わないことにしてるの」と言ってみよう。**あなたには相手と同じように、ある問題について話し合う権利もあるし、話し合わない権利もある。**それをぜひ忘れないでほしい！

人生で重要な意味を持つ人と別れる、あるいは関係を断ち切ると決めたとき、あなたは危機状態に入ることになる。いまはあなたにとって大変な精神的騒乱と不安定の時期だ。しかし、危機的な時期イコール危険なだけの時期とは言えない。それはまた、思慮深く勇気を持って対処しさえすれば、危機を人間的な成長とより良い人生へのすばらしいチャンスにすることのできる時期でもある。

さらにそれは、同じような状況にある人々のグループやセミナーを見つけるのにうってつけの時期でもある。それを見つけるためには、まず心を割って話し合える友人や知り合いに、彼らに効果のあったプログラムを紹介してもらうことから始めよう。コミュニティカレッジや大学には成人のためのさまざまな夜間講座があるし、キリスト教の教会やユダヤ教会堂にも誰でも参加できる支援グループが設けられている。ＹＷＣＡ（キリスト教女子青年会）、ＹＷＨＡ（ユダヤ女子青年団）、各地の女性センターなどにもさまざまな支援組織があるし、アメリカ心理学協会に電話して情報を手に入れてもいいだろう。ひとりで困難に耐える必要はない。

ただし、何かのグループに参加するときには、それがただ寄り集まって傷をなめ合い、お互いの境遇を嘆き合うのではなく、変化のために努力して作業するグループであることを確認しなければならない。変化を敵としてではなく、ひとつの挑戦としてとらえることができるよう、互いに支え合ってつらい時期を乗り越え、自信を取り戻そうと努力する人々は、すばらしい癒しのエネルギーを発散している。

4　変化に対する恐怖（捨てられることに対する恐怖）

捨てられることに対する恐怖（遺棄恐怖）は、すべての恐怖の源かもしれない。専門家のなかには、それは私たちの遺伝子に組み込まれていて、非難されることに対する恐怖、怒りに対する恐怖を含む、人間関係におけるすべての恐怖の終着点と考える人もいる。私自身は、それが本能的なものか、学習によって後天的に身についたものか、あるいはその両方の複合したものかは問題ではないと思っている。問題は、私たちのすべてが遺棄恐怖を持っているということだ。なかには、その恐怖をかなり巧みに扱える人もいるが、なかには、それを心底深刻にとらえる人もいる。捨てられるのではないかとの不安から、繰り返し自滅的なかたちでブラックメール発信者に屈するとしたら、それは「私はなんでもいたします。だから、どうか捨てないでください」と言っているのと同じことになる。

国税調査官のリンは、話し合いの最中にどこへ行くか、いつ戻るかをいわずに出ていくことはしないという同意を夫のジェフから取りつけて、大いに安心した。しかし、長年彼女に取りついていた遺棄恐怖は、一朝一夕には消えなかった。

それがあるために、どうにもならないんです。もし誰かが私に腹を立てたら、私は最後にはその人に捨てられるだろう、と思ってしまいます。だから相手の要求を受け入れてしまうんです。臆病者の逃げ道だというのは分かってます。でも、それでもいいんです。

それは「あなたは私に腹を立てている」という認識から「あなたは私を永遠にひとりぼっちにして出てゆくだろう」という認識への、大きな、あまり論理的とは言えない飛躍だ。しかし、ネガティブな思考とは、もともと論理的ではないもので、いとも簡単にエスカレートし、単純な意見の不一致を迷路への第一歩に変えてしまう。

もし、リンのように、破局的思考の大渦に引きずり込まれてしまったら、そこから逃れる最善の道のひとつは、相手に向ける時間と関心を積極的に制限することだ。

〈ネガティブ思考を止める〉

これからの一週間、捨てられるというネガティブな考え方に焦点を絞るために、毎日少しだけ考える時間を取ってほしい。あなたのなかに組み込まれた破局予言マシンのスイッチを心おきなく「オン」にして、恐ろしいイメージがほとばしるにまかせてみよう。ただし、そのためにはひとつだけコツがある。マシンのタイマーを五分間に設定し、そのあいだだけネガティブな思考に身をまかせることだ。

マシンのスイッチを入れるのは一日に一度だけ。五分が過ぎたら、あなたのネガティブな思考に向かって、歓迎されざる客に対するように「さあ、消えてちょうだい」と命令しよう。それ以外の時間にその思考が舞い戻ってきたら「あなたたちの出てくる時間は決められている。明日会おう」と言ってほしい。ネガティブ思考に費やす時間を毎日一分ずつ減らし、五日目には一分になるようにしよう。ずいぶん単純な、と思われることは承知している。しかし大切なのは、感情――いかにつかのまのものであれ――の引き金を引くのは思考であることを忘れないことだ。私たち人間は精神的注目という糧を与えることによって、恐怖心にエネルギーを与えている。こうして思考を途中で停止するというテクニックを使うことで、思考↓感情↓行動の連続を根元から断ち切り、あなたは優位な立場に戻ることができる。

〈ブラックホール〉

一週間のネガティブ思考停止訓練によって、リンは激しい精神的落ち込みを回避することができたが、彼女自身が言うところの「ブラックホール」にはいまだに真正面から向き合おうとはしていなかった。ブラックホール――それは万一ジェフに捨てられたときに彼女が落ち込むであろう、そして二度と出てこられないであろう、心の穴だった。ブラックホールという言葉を使ったのは、リンが初めてではない。私自身も、遺棄恐怖を持つ人々から何度もその言葉を聞かされている。したがってブラックホールというのは想像に現れる地獄をイメージする普遍的な言葉と思われる。

リンはものごころついてからずっと、恐怖を感じると、必ずブラックホールに落ち込むというイメージを持ってきた。彼女はそれを取り巻く恐怖にすっかりなじんでいて、その境界を越えてなかに入り込みたいとは思っていなかった。しかし、そのなかに入り込むことこそ彼女がしなければならないことだ、と私は言った。

「できるかどうか分かりません」とためらいがちにリンは言った。

「今日できなければ、いつできるの?」と私はたたみかけた。「さあ、私の手を取って、いっしょにブラックホールに入りましょ。何が見える?」

「暗くて、すごく寒い。人間との接触はまったくありません。話しかける人もいない隔絶感だけ。私、完全に切り離されています。連れのいない毎日はとても長い……、四方の壁が迫ってきて……、私を愛したり気づかったりしてくれる人はひとりもいないし、私が存在することを知る人さえいません」

リンの描き出すような、荒涼として陰鬱な穴に落ち込む以外に選択肢がないと思うとすれば、人が屈服を選ぶのも無理はない。しかも、自分が精神的に生きのびられるかどうかがひとりの人物だけにかかっていると考えるなら、相手の心理操作に乗りやすくなるのは当然だろう。

「オーケイ」と私はリンに言った。「あなたは私をブラックホールに連れてきてくれたわ。今度は出口を探してちょうだい」

「そう、そうなんですよね」とリン。「魔法の杖をひと振りすれば、この恐怖は消えるんですよね」

「ブラックホールからは出られるのよ」

「連れだせるのはジェフだけです」とリンは応じた。

「それは違うわ。ここはあなたがひとりで出なきゃ。そうでなきゃ意味がないわ。あなたにとってジェフがどれほど大切な人かを過小評価するつもりはないけど、彼はあなたの人生を豊かにするいくつもの要素のひとつにすぎないのよ。さあ、何かクリエイティブなことを考えましょうよ。あなたにとって、ブラックホールの対極にあるのは?」

リンは目を閉じた。「いま、私の人生で大切な、ジェフ以外の人のことを考えてます――親、きょうだい、友人たち、職場のすてきな同僚たち……、私の大好きなこと――ちょっと待って、特別な日のことを思い出しました。私は十二歳くらい、父が初めての馬を買ってくれたんです。淡い金茶色のきれいな馬。信じられませんでした! その馬は私だけのものだったんです。思い出します、干し草のにおい、顔に当たる太陽の光……。あれはいままでに経験したなかでも、完璧な幸せにいちばん近い瞬間だったと思います」

「自分がパニックになりそうだなと感じるたびに、その瞬間に戻ることができるのよ」と私は言った。「その気になればいつだってその瞬間のぞくぞくするような喜びと興奮を取り戻すことができるわ。同じような気持ちになったほかの日だって。あなたにはあなたを愛する夫やほかの人がいて、すばらしいキャリアがあって、ものごとを深く感じる能力がある。すばらしい天の贈り物じゃありませんか！　それにほら、あなたはブラックホールから出る道をひとりで見つけたのよ！」

リンの体験した視覚化は、恐怖を感じたときに誰にでも応用できる手法だ。腰を下ろし、目を閉じ、四、五回大きく息を吸おう。そして、あなたの人生で最良だったある日のことを思い出そう。それは、もしかしたら、まだ浮世の苦労を知らなかった子ども時代の一日かもしれない。あるいは、あなたの五感が鮮やかに息づき、周りを取り巻くすべてがかもしだす美とロマンを吸収した美しい場所かもしれない。あなたの心とからだをその日のことで満たそう。美しい景色と物音、空気の感触、野の花や刈り取られたばかりの草のかぐわしさなどで。思い出があなたの心を落ち着けてくれるまで、その一日を存分に追体験しよう。ブラックホールに光をもたらすために、あなたはいつでもこの視覚化という手法を利用することができる。それを忘れないでほしい。

大人が恋愛関係で感じる遺棄恐怖は、言ってみれば、ひとりぼっちにされると生きてゆくことができなかった子ども時代に感じた、あの遺棄恐怖に通じている。不幸にして、私たちの多くは大人になっても依然として、深い絆で結ばれた人に捨てられると一種の心理的死に直面すると信じ込んでいる。しかし、ブラックホールは想像のなかにしか存在しない。それは真実の仮面をかぶった偽りなのだ。恐怖を感じると、私たちの心の糧となっている楽しくて大切な人々や経験が、ともすれば私たちの頭のなかから抜け落ちてゆく。しかし、そうした過去の経験は、現実の生活のなかでも記憶や想像力を通しても、利用できるものだ。もし恐怖があなたのなかを流れる暗い川のように感じられたら、その暗黒のなかに、それを伝って向こう岸に渡れるように、踏み石をいくつか置いてみるといいだろう。

義務感という「ホットボタン」の解除

私たちはいったいどこで、自分の抱く義務感は自分自身がつくりあげたものだという思い込みを持つようになったのだろう。それをつきとめることは容易ではない。もともと義務感とは、私たちがつくりあげたのではなく、両親、学校、宗教、文化一般から学んで身につけたものだ。しかし、長い目で見れば、それがどこから生まれたのかなどはどうでもいいことだ。問題は、あなたがそうした思い込みを過剰に持っていること、そしてそれがあるためにブラックメールに屈しやすい状況が生まれているのかもしれない、と思えることだ。もしあなたが自分以外の人の要求はあなたの要求よりも重要だという思い込みによって行動しているなら、そしてどんな人間関係においても習慣的に自分のことを最後に回すというパターンにはまり、肉体的にも、精神的にも、情緒的にも、経済的にも疲れはてているなら、そろそろその思い込みを吟味し、変える必要がある。

そんなことどこに書いてある？

あなたに義務についての過剰な思い込みがあり、その義務感に憤りと耐えがたいストレスを感じてそんな状況を変えたいと思うなら、その手始めとして最善の方法のひとつは、ものごとを白か黒かに分けてはっきりと理解することだ。そうすれば、義務感に挑戦することができるようになる。

相手があなたに何を期待しているか、そのリストづくりから始めよう。以下に挙げるのは、そのとっかかりとなるいくつかの提案である。

――（相手の名前）は私が――

*彼（または彼女）を助けるためにすべてを投げうつ
*彼（または彼女）が呼べば駆けつける
*彼（または彼女）を肉体的（精神的、経済的）に世話をする
*休日、休暇旅行、暇な時間のあいだ中、彼（または彼女）の望むことをする
*私の気持ちがどうあろうと、彼（または彼女）の悩み（問題）に耳を傾ける
*彼（または彼女）を必ずトラブルから救い出す
*私の仕事、興味の対象、友人、活動を最後に回す

＊私が彼（または彼女）にみじめな思いをさせられているにもかかわらず、けっして出ていかない（別れない）

と決めてかかっている（期待している、強要している）。

次に、それぞれの項目に大きな文字で「**そんなことどこに書いてある**」という言葉を続けて書き直してみよう。例えば「私は夫の両親と過ごさねばならないから、休暇を楽しむことを許されていないなんて、**そんなことどこに書いてある？**」という具合に太字の部分を大きな文字で書く。「夫は休暇には必ずみんなそろって彼の両親のところに行くことを期待している」というのと、どれほど異なった響き、見た目、感じがするかを考えてほしい。

あなた以外のすべての人の要求することのほうがあなたの要求よりも重大だなんて、**そんなことどこに書いてあるのだろう**。自分で自分のことが十分にできるくせにやたらに要求の強い母親の世話をするために、あなたの幸せを犠牲にするものだなんて、**そんなことどこに書いてあるのだろう**。そうした一見不変のものと思えるルール（実は、そのルールに縛られて、あなたは他人を手厚く遇しているのに、自分自身のことはその半分も手厚く遇していない、という状況が生まれているのだが）は、石に刻み込まれているわけではない。それはあなたの頭に強烈に焼きつけられた、自分はこの世でこうあるべきだという思い込みシステムのなかにのみ存在している。

宣告を切り替える

元看護師で、娘にブラックメールを突きつけられているカレンは、心に深くしみ込んだ「娘はとてもつらい思いをしてきたのだし、それは全面的に私のせいだから、私は娘の望むことを何もかもする義務がある」という、まるで呪文のような自虐的な思いを振りきることができずに苦しんでいた。彼女には理性のレベルと同程度に、情緒のレベルで義務感に対処する必要があった。言ってみれば、彼女は自分が犯したわけでもない犯罪行為（夫の命を奪った自動車事故）のために、裁判官と陪審員の両方の役割を務め、自分に「義務感という名の牢獄」送りの刑を宣告していた。そこで私は、私のオフィスにあった辞書で「accident（事故）」という言葉を調べるよう要求した。

「事故とは、『予見されない、予期されない、そして……』」そこまで読み上げた彼女は、しばらく口をつぐんでいた。そんな彼女の目に涙がにじみ始めた。「そして、意図されない！」

「そのとおりです」と私は言った。「意図されないです」。そして、彼女に頻繁にその言葉を復唱するよう要求した。事故は彼女が起きることを願ったものではなく、彼女が計画したものでもなく、彼女にはまったくかかわりのないことだった。保釈の可能性なしの終身刑を受けた殺人者ならいざ知らず、それ以外の受刑者は全員が遅かれ早かれ刑務所から出てくるものだ、と私は彼女に言った。なのに、あなたはなぜいまだに刑務所に入っているのだろう、と。

私はカレンが豊かな精神生活を送っていることを知っていた。彼女はアルコール依存症患者自主治療協会の会合に定期的に出席していたし、キリスト教の静修会（訳注――修行や黙想のために閉じこもること）にも頻繁に出かけていた。ヨガの熱心な修行者であり、毎日の瞑想も欠かさなかった。にもかかわらず、依然として自己赦免《しゃめん》への敷居をまたぐことができずにいた。

そこで彼女には、彼女を義務感という牢獄から連れだす力を持つ人物、彼女がある情景のなかで自分で演じることのできる人物を呼び出すことを要求した。「そうですねえ……いくらなんでも神を演じるのは畏《おそ》れ多いことですが、私にはたしかに守護天使がいると信じています。その天使の役なら演じられるでしょう」

「すばらしいわ」と私は言った。「じゃ、守護天使になってください。カレンをそこの誰も座っていない椅子に座らせて、このみじめな牢獄から今度こそきっぱりと連れだしてあげて！　ただし、まず『私はあなたを許します』という言葉から始めてちょうだい」

話し始めた彼女の頬を、それまで目にたまっていた涙がつたい落ちた。

私はあなたを許します、カレン。あなたはピートの死にいっさいかかわりはなかったのよ。あれは事故だったの。あなたは今日までいい母親だったし、子どもたちを保護する優しい母親でもあったし、いい娘であり、すばらしい看護師でもあった。あなたは本当に人を大切にしているわ。そろそろ自分に与えることを始めてもいいときよ。私はあなたを許すわ、カレン――あなたを許す、あなたを許す。

これはそれまでカレンが自分にかけることができずにいた言葉だったが、守護天使の役を演じることによって、彼女はそれまで必死に求めていた確認と解放を自分自身に与えることができた。あなたもぜひこの方法を練習してほしい。守護天使という考え方がしっくりこないなら、あなたの人生を彩る正真正銘優しい人の役割を演じることで練習してもいい。そのとき大切なのは、あなたがどの点で義務感という牢獄に閉じ込められているのかに焦点を絞り、自分を解放することだ。

そのときのセッションはカレンにとっての本当のターニングポイントだった。一時間が終わるころ、彼女は次のように言った――「だからって、娘がいますぐ家を買わなきゃならないから私は退職金を切り崩さなきゃならないなんて、**そんなことどこに書いてあるのよ**」

私はカレンに、それでもやはり娘のメラニーを経済的に援助したいと思うなら、本当の意味でそれができて、娘の仕返しが怖いからではなく、愛情と寛大さからそれをするかぎりにおいて、いいことだと思う、と言った。カレンはそれに応えて、メラニーの要求する五千ドルは、いますぐに出すにはあまりにも大きすぎるお金だが、千五百ドルなら気持ちよく出せる、と認めた。

「もしそれでメラニーにぎゃあぎゃあ言われたら？」と私は尋ねた。

カレンはにこりとして、大きく一度息を吸った。「そうですねえ……、もうすでにぎゃあぎゃあ言われましたし、いずれまた言われるでしょうね。そのときには、それが私の出せる最高額よ、もし誰かに文句を言いたいなら、スーザンに言ってちょうだい、私が変わったのはスーザンのせいなんだから、って言います」

人は成長し、進化する。しかし、ときにはそれに合わせて思い込みが変わらないこともある。ただし、カレンだけでなくあなたにも、はるか昔に自動的に、なんの疑問もなく取り入れた掟と信念ではなく、大人として自由に受け入れた掟と信念に基づいて生きる権利がある。

どれくらい与えられるか

アーティストの卵のイヴは、画家のエリオットと別れねばならないことを知っていた。しかし、「FOG」の要素のすべてが彼女を金縛りにしていた。

彼は私をとても必要としています。私は彼のためにすべてをしています。それに、彼にはものすごく恩義があるんです。彼の家を出ることはできません。

美しく才能にあふれた若い女性であるイヴは、エリオットの介護者でいるためにあまりにも多くをあきらめていた。そのため、心理という名の自分の銀行口座がマイナスになっているのに、相変わらず引き出し続けていた。いつしか彼女は友人たちとも疎遠になり、自分に喜びを与える娯楽も活動も放棄し、キャリアへの野望を彼のキャリアのために覆い隠し、自分の世界を極限にまで狭めていた。

人は環境に恵まれていればいるだけ、そのぶん人に与えることができる。ことはそれくらい単純なのだ。もしあなたが豊かな人生を送っているなら――愛し愛される人々がいて、精神的にも職業的にも満足し、友人や楽しみ、金銭にも恵まれているなら、おそらくあなたは自分の幸せを縮小することなく多くを与えることができるだろう。反対に、もし離婚問題を抱えていたり、職場でトラブルを抱えていたり、金銭的にぎりぎりの生活をしていたりするなら、他人の要求を満たすためにたくさんの時間とエネルギーを使うことははるかに難しいだろう。これは学ぶになかなか難しい教訓だが、もしあなたが自分の頭を水の外に出していることさえ難しいなら、溺れる人を助けることはできないというのは、間違いなく真理なのだ。

罪悪感という「ホットボタン」の解除

家具会社を経営するアレンは、妻のジョーとの穏やかな話し合いの結果、出張に出かけられることになった。しかし、その幸福感は五分ほどしか続かなかった。ほとんどその直後に、自分が正しいことをしているという思いと、妻への接し方をあまりにも大きく変えたことに対する強烈な居心地の悪さとの板ばさみになってしまったのだ。

ジョーが家に残ることに同意して、それほど動揺しているようにも見えなかったのは分かってます。でも、いまものすごい罪悪感に悩まされています。家にぽつんとひとり取り残された彼女が、泣きながらテレビの前のソファに縮こまって、物音がするたびに飛び上がっている姿が目に浮かぶんです。罪悪感というのは、わけもなく生まれるものじゃありませんよ、スーザン。ぼくにはいろいろな面がありますが、妻が苦しんでいるのを見るのが好きな男じゃありません。

私はアレンに、いくつかの質問に答えれば、彼の抱く罪悪感が適正なものか、状況にそぐわないほど過剰なものかをすぐに評価できるはずだ、と伝えた。そこで、彼には次のような質問をすることにした――

□あなたのしたこと、あるいはしたいことは悪意のあることか。
□あなたのしたこと、あるいはしたいことは残酷なことか。
□あなたのしたこと、あるいはしたいことは虐待的なことか。

□あなたのしたこと、あるいはしたいことは相手を侮辱する、見くびる、あるいは相手の品位を傷つけることか。
□あなたのしたこと、あるいはしたいことは相手の幸せを本当の意味で損なうことか。

もし以上の項目にひとつでも心当たりがあるなら、あなたの抱く罪悪感は、それが自己嫌悪ではなく後悔の念を引き起こすかぎりにおいて、適正なものだ。そして自分の統合性を尊重するということは、自分の行動の責任を取り、修正を加えることを意味している。あなたが道義的に異常な人間だということを意味してはいない。

しかし、アレンのように、もしあなたが自分にとって健全なことをしようとしているのであって、相手を傷つけたりおとしめたりしようとしているのではないなら、あなたの罪悪感は抱くに値しないものだから、正面から向き合う必要がある。向き合わなければ、過剰な罪悪感が定着し、やがては壁紙のように、すなわち私たちの日常の背景のようになってしまうだろう。

アレンは私の挙げた項目のすべてに「心当たりがない」と答えた。にもかかわらず、ジョーを連れずにサンフランシスコに出かけたときに、相矛盾する思いに引き裂かれていた。

最初の夜がいちばん大変でした。恐れていたとおり、夜になって電話をかけてみると、ジョーは話しながら泣いていました。一瞬、本能的に、いろいろなことを提案しようか、例えば、友だちと会ってみたらとか、外出してみたらとか、両親を訪ねてみたらとか、その手のことを言おうかと思ったんですが、彼女を助ける唯一の道は、彼女にあれをしろこれをしろと指図するのではなく、彼女に自分でどうすればいいかを考えさせることだ、と気づいたんです。だから、きみの顔が見られなくて寂しいよ、旅はうまくいっている、明日の晩もまた電話する、と言いました。

二日目はぼくにとっての本当の意味でのターニングポイントでしたね。彼女に電話したら、いないんですよ。心配になって、留守番電話にメッセージを残しました。そしたら、彼女が電話をかけてきて、友だちのリンダと映画を見に行ってきた、と言うんです。元気そうな声でした。なんて言うか――よけいな取り越し苦労をしたという感じでしたね。その週のあいだ、まあ、彼女の気分は上がったり下がったりしてましたが、自分ですることを見つけて、なんとかうまくやってくれました。けっして簡単だったと言うつもりはありませんが、二人ともなんとかうまくできました。次の出張のときには、もっとうんと楽になるでしょう。

アレンと同じように、引き金となった出来事に比べて罪悪感が大きすぎるのではと感じたときには、そのつど先に挙げたリストの質問項目を利用してほしい。

健康な良心が、罪悪感の大きさを出来事にふさわしいところにまで抑えてくれるだろう。もしあなたが親友の夫と不倫をしたのなら、罪悪感があるのは当然のことだ。先のリストが犯罪的行為に対する罪悪感から人を解放するためのものでないことは、言うまでもない。だからといって、トーストを焦がしてしまったとか、ある映画を見に行こうと提案して、結果的にそれがつまらない作品だったからといって、罪悪感を抱く必要はない。

ましてや、自分の人生を豊かにすることをしたいと思うからといって、それに罪悪感を抱く理由はない。たとえそれが相手の気に入らないことだったとしても。

それは事実ではなく、意見にすぎない

ブラックメールに頼る人は、こと罪悪感となると、見境がない。ほんの些細な問題についても、大きな問題の場合と同じ重さの罪悪感を相手に抱かせようとする。しかも、悲しいかな、罪悪感を押しつけられる側である私たちは、自分から進んで扉を開き、それを迎え入れようとする。

株式仲買人のリーは母親にいとこのキャロラインと否定的比較をされることにどれだけ傷つけられてきたかを伝え、母親もそれを理解したかに見えた。ところが、長年の習慣は容易なことでは消えなかった。リーが素直に聞き入れてくれそうにない要求を出すときに、母親はそれまでとは別のかたちの圧力作戦に出た。

母が、週末に一緒にサンディエゴに行こうと言いだしたんです。私の兄一家を訪ねたいからと。ところが、私は今度の週末にはデートの約束があって、お芝居のチケットまで用意しちゃってましたから、どうにもならなくて。だから母には、大人なんだからひとりでも行けるでしょ、って言いました。たしかにいやな言い方をしたとは思いますが、相手が必要ならキャロラインを誘えばいいじゃないの、とも言いました。そしたら、母はいつものような否定的比較戦法にこそ出ませんでしたが、こんなふうにまくしたて始めました――「どうせ忙しすぎて私と過ごす時間なんかないんでしょうよ。あなたは自分のことに夢中で、他人のことになんかかまっちゃいられないのよね。信じられないわよ、そんな人間になっちゃったなんて！」。心理操作的な言い草で、母が徹底的に犠牲者を演じているのは分かってます。でも、しゃくだけど、やっぱり罪悪感に悩まされてます。たしかに、前ほどじゃありません。でも、必要以上に悩まされてるんです。デートを中止して、お芝居のチケットは誰かにあげちゃおうかとさえ思いました。でも、やめました。その点は進歩したんだと思います。

もちろん、リーは進歩した。母親に圧力をかけられたにもかかわらず、それまでの行動パターンを変えた。そして、私たちの多くと同じように、そんな自分に十分な自信を持てずにいた。行動を変えれば気持ちのほうもそれに応じてすぐに変わる、と期待していたのにそうはならなかったからだ。リーは母親の要求を断ったことに、依然として必要以上に大きな罪悪感を抱いていた。その罪悪感を縮小するプロセスをスピードアップするために彼女にできることのひとつは、母親に貼りつけられた否定的なレッテルと事実を分ける方法を身につけることだった。

そこで私は彼女に、過去に母親が彼女に腹を立てたときに貼りつけたレッテルのなかで、もっとも批判的なものをリストアップするよう求めた。彼女の挙げるリストは大勢のブラックメールの受信者にとってもなじみのものだろう、と私は予想した。

以下はリーのリストからの抜粋である――

＊親身さがない。
＊身勝手。
＊思いやりがない。
＊気がきかない。
＊強情。
＊意地が悪い。
＊筋が通らない。
＊無礼。

リーが事実と虚構を分けるのを手助けするために、私は彼女にリストを取り上げ、それぞれの項目に「**これは相手の意見であって、事実ではない！**」というフレーズを大きな文字で書き加えるよう要求した。彼女のリストは次のようになった――

＊親身さがない――これは相手の意見であって、事実ではない！
＊身勝手――これは相手の意見であって、事実ではない！
＊思いやりがない――これは相手の意見であって、事実ではない！
（以下、同様に続く）

すでにお分かりいただけたと思うが、大切なのはこうしたコンセプトを自分のものとして取り込むことだ。むろん、ときには、私たちにも親身さや思いやりに欠けたりすることがあるだろうから、相手の貼りつけたレッテルの妥当性を吟味することは大切だろう。そのためには、私がアレンに答えてもらった質問項目（四三三ページ）が参考になるだろう。しかし、ブラックメール発信者を相手にした場合、彼らの貼りつけるレッテルのほとんどは独断的で、偏った、彼ら自身に都合の良い考え方の産物にすぎない。

ただし、ブラックメール発信者が、リーの場合のように、親だったときには、それを見極めることはとくに難しい。なぜなら、誰しも幼い時代を、両親はいつも正しい、と思い込んで過ごしてきたからだ。しかし、私がここまで一貫して書いてきたように、ブラックメール発信者は彼ら自身が抱える恐怖心やフラストレーションから行動しているのであって、彼らが受信者を非難する言葉そのものが、彼ら自身の行動や性癖をそのまま表していることが多い。発信者は自分の欠点をそのまま受信者に投げつけ、受信者がそれを受け取ってくれることを期待している。それを彼らに送り返そう。

リターン・トゥ・センダー（送り主に返そう）

無意識というものは、シンボリックなしきたりや儀式に引き寄せられるものである。私の仕事のいちばんエキサイティングな部分のひとつは、クライアントが新しく興味深い方法で自らの「悪霊」（すなわち、困難）に立ち向かうのを助けるための、単純な儀式をつくりだすことだった。ここでは、罪悪感という「ホットボタン」を解除するときにとりわけ有効な方法を紹介したい。

まず、ふたのある小さな箱をひとつ用意してほしい。靴箱などがいいだろう。それをあなたの「罪悪感の箱」にしよう。今日からの一週間、毎日、誰かがあなたに圧力をかけるために使い、しかもあなたがこれはアンフェアで心理操作的だと思った、罪悪感を誘発する言葉（センテンス、フレーズ、単語）をそれぞれ別の紙に書き留め、用意した箱の中に入れてほしい。

一週間たったら、郵送するときのように箱をラッピングペーパーで包み、左上の隅に罪悪感を押しつけた人の名前と住所を書き、中央にあなたの名前と住所を書こう（つまり、かたちのうえでは罪悪感を押しつけた人が差出人になり、あなたが受取人になっている）。次に、箱の表に、大きな文字で、できれば赤で「差出人に戻す《リターン・トゥ・センダー》」と書いてほしい。そして、あなたの気のすむような儀式で、箱を処分しよう。裏庭に埋めてもいいし、燃やして灰を蹴散らしてもいい。ゴミ箱に放り込んでもいいし、くずかごごと外に放り出してもいい。

ポイントは、本来あなたが引き受けるいわれのない罪悪感の受け取りをやめることにある。その罪悪感はあなたが受け取るべきものではないのだから。

パラドックスの練習

さまざまな「悪霊」に悩まされていたにもかかわらず、アーティストの卵のイヴは考えられるかぎりもっとも思いやりのあるかたちで画家のエリオットと別れる勇気をふるいおこした。まず、彼の家を出ていく具体的な日時を決め、それまで彼女が彼のためにしてきた仕事のほとんどを引き継いでくれる個人的なアシスタントが見つかるまで、彼のもとにとどまった。さらに、彼の家族に連絡して、彼が鬱状態にあることを知らせて注意をうながし、そのうちの数人から、彼と密接に連絡を取り合うとともに、彼を専門家に診せるよう努力するという約束を取りつけた。

だが、それまでにめざましい進歩をしていたとはいえ、イヴが依然として、背負う必要のない大きな罪悪感を容易に振り払えないだろうことは目に見えていた。そのころ彼女はすでに一時的に母親のもとに身を寄せ（これは大いに有効だった）、仕事を見つける努力を始めていた。しかし、エリオットから電話がかかり、彼に電話口で泣かれるたびに、またしてもあのおなじみの「FOG」のなかに投げ込まれるのだった。

そこで私は彼女の前に誰も座っていない椅子を置き、そこにエリオットが座っているところを想像するよう要求した。次に、椅子の前にひざまずき、こう言うように求めた――「私がいなければあなたはやっていけないということは知ってるわ。だから、私は絶対にあなたのそばを離れない。あなたのもとに帰って、二度と離れないつもりよ。私はあなたのために夢も、野心も、人生さえあきらめるわ。自分のためには何ひとつ求めない。永遠にあなたの世話をするわ」

イヴは、頭がおかしくなったのではないか、というような顔で私を見つめ、「あたしをからかってるんですか」と金切り声をあげた。「そんなこと、絶対に言うつもりはありません！」

「とにかくやってみてちょうだい」と私は言った。

イヴはしぶしぶ言われたとおりにした。私の言ったとおりの言葉を半分ばかり復唱したころ、彼女はいきなり言葉を切って、こう言い始めた。

「ちょっと、待って！　ばかばかしくって。たしかにあたしはだまされやすい女です。でも、完全なばかじゃありません！　戻るつもりなんてありません！　あたしには人生があるんです。あたしが彼をあんなふうにしたわけじゃありません。どうしてあたしが彼を治さなきゃならないんですか⁉」

これは「逆説療法《パラドックス・セラピー》」と呼ばれる手法だ。「パラドックス」とは、一見矛盾しているようでいて、よく考えると基本的な真理を含む所説・提言などのことだ。そして、パラドックスセラピーにはすばらしい効力が秘められている。すでに見たように、私が復唱するよう要求した言葉のばかばかしさに気概を呼び覚まされたイヴは、反逆してみせた。

むろん、彼女は実際にはそうした言葉をエリオットに向かって言ったことはなかったのかもしれない。しかし、最近まで、彼女の態度が彼女に代わってそうした言葉を語っていたのだ。パラドックスによって、彼女はばかばかしいほど極端に罪悪感を引き受けさせられてきたこと、そしてその罪悪感がいかにいわれのないものだったかを知らされた。いったんそれを知れば、彼女は自己解放に足を踏み出したことになる。

数週間後、イヴは広告会社に新人レベルの仕事を見つけた、と報告してくれた。そのときの彼女は五カ月前に初めて私の前に現れた、罠にとらえられて希望をなくした女性とは別人のようだった。エリオットを捨てたら、きっと「あたしは罪悪感で死んでしまう」と言ったことを覚えているか、と私は尋ねた。

「そうですよね、あたしの知り合いに罪悪感で死んだ人なんかひとりもいませんし、あたしがその第一号になるつもりもありません」と彼女は言った。「いまはとにかく強くなって、経済的にも自立しなきゃ。あたしにはひとりでやっていけるだけの腕がありますし、ワンルームのアパートとちゃんと走る車さえあれば十分なんです。ちゃんと水の出るキッチンと走る車さえあれば。それくらいは手に入れられますから、大丈夫です」

そのとおり、彼女は大丈夫だった。

想像力で罪悪感と闘う

妹にお金を貸せないと言ったあと、私に会いにきた宝石業者のジャンは混乱していた。

> それでよかったんだということは分かってるんです。でも、ひどいことをしてしまったという思いを振り払うことができません。妹は経済的に困ってるんです。それを考えると、手垢のついた決まり文句が次から次へと頭に浮かんできます——家族は人の持つすべてだ、許して忘れよ、血は水よりも濃し、過ぎたことは過ぎたこと。基本的には彼女は私の妹ですし、その妹が困った状態にあるのですから、彼女をそのままにしておくというのはいい気持ちがしません。

ジャンは、自分の知っていることと期待せずにはいられないこととのあいだで繰り広げられる、内面戦争の最中だった。妹のキャロルとの長年の確執から苦労して勝ち取ったつらい知恵も、彼女の罪悪感に立ち向かうほど深く浸透してはいないようだった。

無意識が健全な変化に抵抗するとき、私の経験では、従来の話し合いによるセラピーではなく、比喩と物語を通して無意識に働きかけるのが効果的だった。そこでジャンには、妹のキャロルとの関係をおとぎ話として書くことを要求した。「本当の意味でのグリム童話になりそうですね」とジャンは苦く皮肉な口調で言った（訳注――スペリングは違うが、同じ発音の「グリム」に「残忍を、陰惨な」という意味がある）。「で、どんなふうに書くんですか?」

書きたいことを書いてくれればいい、ただし、おとぎ話の言葉とイメージを使うこと、三人称で書くこと、ハッピーエンドではないにしても、せめて希望の持てる締めくくり方をすること、と私は彼女に指示した。

ジャンが書いた物語は特異だった。それをここで紹介しよう――

むかしむかし、あるところに二人のお姫さま姉妹がいました。

妹のお姫さまは王さまのお気に入りで、クローゼットにはきれいなドレスや宝石がぎっしりとつまっていました。彼女は金色の馬車を乗り回し、望みさえすればどんなものでも手に入るのでした。

姉のお姫さまはお妃さまのお気に入りでした。彼女は頭がよくて勇敢でしたが、ほしいものは何ひとつもらえません。妹のお姫さまが王さまに、彼女が悪い子に見えるような嘘をついていたからです。だから、わがままな妹が捨てたドレスを着ていました。

あるとき、かわいそうなお姫さまは「おもちゃか、かわいがっている小馬に食べさせるためのニンジンが欲しい」と、王さまに頼んでみたのですが（彼女は馬車ではなく小馬しか与えられませんでした）、王さまの返事はこうでした――「町に行って、商人の見習いになることだ」。

それは「仕事につけ！」という意味の、持って回った王さま流の言い方でした。そこで、かわいそうなお姫さまは町の宝石屋に弟子入りしました。宝石屋はお姫さまにすてきなアクセサリーのつくり方を教えて、お姫さまの才能と熱心さをほめました。

やがて、二人のお姫さまも大人になり、わがままなお姫さまは、彼女がお料理も仕事もできないことをなんとも思わないヒキガエルと結婚しました。ヒキガエルはたしかにハンサムでしたが、無駄づかいが大好きで、そのうえ何をしてもうまくできませんでした。彼がわがままなお姫さまを愛したのは、彼女がたくさんの宝石を持っていたからです。彼はその宝石を沼の不動産を買うために使いたいと思っていました。やがて、宝石はすっかりなくなり、わがままなお姫さまとヒキガエルは物乞いをしなければならなくなりました。わがままなお姫さまにとって、それはがまんできない屈辱でした。

一方、かわいそうなお姫さまは一生懸命働いて、すばらしい腕を持つようになっていました。やがて、歳をとり仕事を続けてゆくのが難しくなった親切な宝石屋は、お店をお姫さまにまかせました。そして、お姫さまは王国でいちばん美しい冠《かんむり》と指輪をつくることで有名になりました。やがて、お姫さまは「プリンセスの宝石の店」という自分のお店を開き、そのためにしてきた努力を誇らしく思える身の上になりました。でも、そんなお姫さまにもたったひとつ悲しいことがありました。小さいときにお父さんの王さまと妹にひどい扱いをされた記憶です。

そこで、わがままなお姫さまが彼女の戸口にやってきて、王家の馬車を差し押さえられないように、お城が抵当流れにならないように、宝石を少し欲しいと言ったとき、一生懸命働いてきたお姫さまは恐ろしいジレンマに直面することになりました。「どうか助けてちょうだい」とわがままなお姫さまが情けない声で言いました。「お姉さまに一度も優しくしたことがないのは分かってるわ。でも、いままでお姉さまが一生懸命働いて手に入れたものを少し分けてくれさえすれば、これからは妹にふさわしい親しさを見せるつもりよ」

一生懸命働いてきたお姫さまは妹の言葉を信じたいと思いましたし、心から妹が欲しいとも思いました。でも、妹はいままで一度も優しくしてくれたことはありませんでしたから、彼女が少しも変わっていないのではと心配になりました。そこで、頭の混乱を鎮めるために、森に散歩に出て、水晶のように澄んだ泉のほとりに行きました。そこに腰を下ろし、鏡のような水面に映った自分の姿を見つめて尋ねました。

「どうすればいいの？　どうすればいい？　妹に何かあげても、全部無駄につかってしまうのは分かってるわ。でも、妹の愛情が欲しくてたまらないの！」話しているうちに、彼女の涙がひとつぶ泉に落ちて水面にさざ波が立ちました。波がおさまったとき、お姫さまは水面に映っていた自分の顔が親友の顔に変わっているのに気づきました。

「あなたには妹がいるわ」と親友の顔が言いました。「私はあなたの血を分けた妹さんがけっして見せたことのない愛情と思いやりをあなたに持っているのよ。あなたにはこの先もずっと私のような家族がいるはずよ」

そのとおりだ、とお姫さまは思いました。そして、家に帰ると、わがままなお姫さまに言いました――「私のお店の宝石をあげるわけにはいかないわ。あなたには何をあげても、沼につぎ込んでしまうのだから。あなたと姉妹らしく付き合うことができていたらどんなによかったかと思うけど、それはできなかった。これからも、たぶん、無理でしょう。宝石でいままでの状態が変わることはありえないわ」

この物語を書くことは、自分にとても力を与えてくれた、とジャンは言った——

本当に事実が分かりました。妹は絶対に変わらないでしょう。千ドル出したからといって、それでおかしいところがなおるなんて、期待することはできません。小さいときから、キャロルはいろいろなものを取ろうとしてましたし、私のことで嘘をついて、私を両親とのトラブルに陥れようとしてました。彼女とは一度も親密な関係だったことはありませんし、これからも、たぶん、ないでしょう。でも、自分が本当の姉妹関係を書いてることに気づいたとき、ぐんと気持ちが軽くなりました。いまの私にとっては、二人の親友のほうが家族よりも近い存在ですし、実の妹より近い存在です。だから、私は何も失ったわけじゃありません。ずしりと重い罪悪感のほかは。

物語を三人称で書くことで、ジャンは必要な情緒的距離を置くことができた。おかげで、妹との関係を本物の明晰《めいせき》さで見ることができた。しかも、おとぎ話のかたちを取ることで、想像力、それもすばらしい創造性とユーモアを持った想像力を解放することが可能になる。それは、まさに罪悪感に対する力強い武器なのだ。罪悪感は重い。そして、想像力はそれに反比例して軽やかで、私たちのもっとも暗い感情を次第に変えてくれる。

あなたに罪悪感を抱かせている人間関係についてより深い洞察を得るために、あなた自身のおとぎ話を書いてほしい。とくに有効なのは、家族についてのおとぎ話を書くことだが、友人や恋人についてを書いてもやはり効果がある（「むかしむかし、あるところに、王さまとお妃さまが住んでいました。王さまは自分の思いどおりにならないことがあると、よく森に行ってすねていました……」というように）。自分の書いた物語が何をあばいてくれるかを知り、罪悪感のために見えなくなっていた状況を明晰に見られることに、あなたは驚いたり喜んだりすることだろう。

この章にはたくさんの情報と作業が盛り込まれていて、その一部があなたのなかに強烈な情動を呼び覚ましているかもしれないことを、私は承知している。ある人との関係に安心感をなくしたことに悲しみを、あるいはあなたを翻弄するブラックメール発信者や、あまりにも頻繁に屈服するあなた自身に、必然的な怒りを感じているかもしれない。この章で紹介された作業をすることで、子ども時代から解決されないままに持ち越されたことのいくつかが呼び覚まされた人さえいるかもしれない。

あなた自身に優しく接し、あなたの感情とそれが語りかけていることに目と耳を向けてほしい。もしそうしたことに押しつぶされそうな気がするなら、このあたりで一度短いカウンセリングを受けてみるのもいいかもしれないし、身近な人の支えをさらに求めたいと思うかもしれない。覚えておいてほしいのは、すべてを次の二十四時間でする必要はない、ということだ。あなた自身のペースで進めよう。そして、あなたに適した練習と課題を選ぼう。やってみるだけの価値はある。

エピローグ

行動変化は一直線に、しかも一瞬のうちに起きるものではない。身につけた技術《スキル》をあなたの人生の統合的な一部にする過程で、それがいつもうまくいくわけではないことが見えてくるだろう。途中でくじけそうになることがあるかもしれない。怖じ気づいて先に進めなくなることもあるかもしれない。いくら頑張っても、失敗することもあるだろう。それはあなただけでなく、誰にでも起こり得ることだ。しかし、あなたは勝利と失敗の両方から、さまざまなことを学び続けることだろう。

あなたがいましていることは山登りに似ている。ただし、その山の頂にたどりついた人は誰もいない。どんなときにもその場にうってつけの言葉を思いつき、相手の圧力や脅しをかわせるほど、理路整然として、不安とは無縁の人はいない。あなた自身に優しく、寛容であってほしい。変化という名の山を登っている最中に、山頂を見上げて、「やれやれ、まだあんなに登らなきゃならないのか!」と思うこともあるだろう。そんなときには、ちょっとうしろを振り向き、登り始めたところを見下ろしてみよう。どれほど登ってきたかが分かるはずだ。

変化の奇跡

いったん相手が変わるのを待つことをやめ、あなた自身の行動を変える努力を始めると、本当に奇跡が起きることがある。新しく身につけたいくつかの手法のうちのたったひとつを使うだけでも、あなたの人間関係に変化という名の小さなさざ波が広がるだろう。ここではリズとマイケルのあいだに起きた変化を紹介したい。

「信じられますか？　マイケルがものすごく変わったんです」と、ある日、リズが言った。「正直言って、あの危機を乗り越えられるとは思っていませんでした」

「でも、誰が最初に変わったの？」と私は尋ねた。

「私だと思います」とリズ。「最初、あなたからあの手法のことを聞いたときには、そんなにうまくいくだろうか、と疑ってました。でもいまは、もしあのころのままのやり方を続けてたら、いまごろ私たちの仲はだめになっていただろうと思います」

リズはそこで満面の笑みを見せながら、ハンドバッグを開け、一枚の折りたたまれた紙を取り出した。「マイケルがセラピーのために書いた手紙です。彼があなたに見せてほしいと言うものですから」

すばらしい手紙だった！

ぼくのなかのブラックメール発信者へ

やあ、こんちは。

実は、きみと少し話したいことがあるんだ。これはぼくにとってとても大事な問題だから、全身を耳にして、ようく聞いてほしい。

きみはもう長いこと、ぼくにとってのいろいろなトラブルの原因になってきた。リズとジョン（マイケルのセラピスト）にきみのことを指摘されるまで、ぼくは何が起きているかにまったく気づいていなかった。いまは以前に比べればいろんなことがずっとはっきりと見えるようになっている。だからきみと力を合わせて、いますぐ問題を解決したいと思っている。

ぼくはいま、きみにそそのかされてぼく自身がもたらした緊張と不幸を思って、つらい思いを味わっている。ぼくはいままで、妻に嫌がらせをすることで彼女を自分の思うようにあやつろうとし、彼女がそれに従わないときには彼女を罰することで自分が本物の力を持ち、すべてを意のままにできると感じられる、と愚かにも信じ込んでいた。そのため、もう少しで愛するものを何もかもなくすところだった。それを思うとぞっとするし、同時にきみに激しい怒りを感じる。

ぼくは自分の途方もない鈍感さに愕然としている。妻の目を見て、卑劣で、侮蔑的で、精神的に残酷な態度を取り、自分は間違いを正そうとしているのだなどと考えていたことを思い出すと、彼女を傷つけてしまったこと、失われた時間のこと、失われた愛情のこと、自分の気持ちと逆の行動に出てしまったこと、何よりも大切な人間の尊厳と個性を尊重しなかったこと、などに対する悲しみでいっぱいになる。

ブラックメール発信者君、どうか知ってほしい。いまやぼくのなかにはきみのやり方を容認するための場所はない。この点については妥協するつもりはない。もう妥協するわけにはいかないのだ。

簡単なことでないのは分かっている。まだ学ばねばならないこと、断ち切らねばならないたくさんの悪習、克服しなければならない弱虫に見えることへの大きな不安があるのは確かだ。だが、ぼくはこれまでにも、今回ほど大事なことではないにしても、いろいろつらいことを成し遂げてきた。今度だって、やり遂げてみせるつもりだ。きみの華やかなりし日は終わった。今日から、そしてそれに続く日々は、新しい日々だ。

さようなら。

マイケル

ほとんどのブラックメールの受信者と同じように、かつてのリズも妥協することが正しいことだと信じていた。マイケルの要求に屈することで安定を買える、と信じていたのだ。自分の妥協がマイケルの行動をエスカレートさせ、彼との仲を引き裂こうとしているだけであることを知るよしもなかった。しかし、そんな彼女が彼に対する反応を変えたとき、彼女は二人が渇望していた親密さへの扉を開くことになった。

「私に言えるのは、こういうことが起こり得るなら、奇跡を信じられる、ということだけです」とリズは言った。「私はマイケルを取り戻しました――そして、私自身を取り戻しました」

私の紹介した手法で対処したからといって、あなたを悩ませているブラックメール発信者の反応がいつもマイケルのそれのようにドラマティックに変わる、と保証することはできない。しかし、たとえあなたの周りの人々がほとんど変わらないとしても、あなたは変わるはずだ。そして、この世の中もあなたにはそれまでとは異なったものに見えるようになるだろう。あなたがブラックメールの従順な受信者であり続けなければ生きながらえられないような人間関係は、あなたに幸せをくれる人間関係ではない、ということが分かるようになるだろう。

本来のあなたに戻る

「ＦＯＧ」に断り込み、ブラックメール発信者の精神的な嫌がらせを断ち切ることができたとき、あなたにはすばらしい正常感とバランス感が戻ってくるはずだ。あなたの気持ちと自己イメージの大きな部分を占めていた混乱と自責の念が消え、そのすき間を新しい自信と自尊心が埋めるだろう。

あなたにブラックメールを突きつけていた人物を武装解除する技術を学び、利用するために一歩前進するたびに、あなたはあなたの存在の核である統合性の回復へと近づくことになる。あなたがその喪失を悔やんでいたこの貴重な全体性、すなわちあなたの統合性は、本当は失われていたのではなかった。ただ置き忘れられていただけなのだ。

それはあなたの帰りを待っていた。

訳者あとがき

この本は、アメリカの著名なセラピスト、スーザン・フォワードの『心理的恐喝――身近な人々が恐怖心、義務感、罪悪感を利用してあなたをあやつるとき』（〝Emotional Blackmail――When the People in Your Life Use Fear, Obligation and Guilt to Manipulate You〟HarperCollins, 1997）の翻訳です。

著者は、二十年以上におよび、心理療法の現場でさまざまな人の悩みを分析し、その解決法を探るうちに、身近な人々からの激しい圧力に直面し、自分の意志に反してその圧力に屈してしまったために、深刻な精神的危機に陥っている人々が多いことに気づきました。

そして、そんな危機をつくりだしたものは、まぎれもなく相手から突きつけられた「エモーショナル・ブラックメール（心理的恐喝）」であるという結論に達しました。そして、その認識をもとに、彼らを相手の圧力から解き放ち健全な人間関係を取り戻すための方法を開発してきました。それをまとめたのがこの本です。

＊ちょっとした意見の行き違いがもとで、それまで内にためていた不平不満が一気に噴き出し、離婚話にまで発展してしまった。
＊職場の上司との不倫関係を清算しようとしたら、失職の危機に追い込まれた。
＊親に結婚したいと思う相手を認めてもらえない。
＊絶えず自殺を口にする繊細な恋人にからめとられて、身動きが取れない。
＊「三高」を絵に描いたような夫の傍若無人なふるまいが原因で家庭はすでに崩壊しつつあるのに、「世間体」が気になって離婚の決断がつかない。
＊キャリアウーマンとしてばりばり働いてきたが、より多くのノルマを押しつける上司の圧力を受けて仕事と家庭と健康のバランスが取れなくなった。
＊職場の部下からの無理難題でノイローゼになりそう。

右に挙げたのは、この本で取り上げられた事例のいくつかを抜き出したものです。

ここに至るまでに、当事者の全員が相手からの「心理操作」を武器にした強烈な「エモーショナル・ブラックメール」を突きつけられてきました。離婚するなら子どもは渡さない、恋愛関係を清算するならきみはもうこの職場にはいられない、世間は離婚した女にどんな目を向けるだろうな、このノルマをこなさなきゃ昇進はおあずけだ、などなど。

できることなら、そんな脅しとは無縁で一生を送りたいものですが、それがなかなかできないのが人生というもの。一生のある時期に、そうした「ブラックメール」に直面し、人間関係の袋小路に迷い込んでしまったような気分になった覚えのある人も少なくないのではないでしょうか。

そんなとき、問題をどう解決し、健全な人間関係を取り戻せばいいのでしょう。そんな悩みに答えるために、著者は通常の人間関係で見られる「罪のない心理操作」と異常な心理操作である「エモーショナル・ブラックメール」とのあいだに明確な一線を引きながら、とるべき方法を分かりやすく具体的に説明しています。先に挙げた事例のほかにも、私たちがわが身を重ねて考えることのできる、ごく普通の人間関係のなかに生まれる典型的な軋轢や葛藤がたくさん取り上げられていますから、きっと参考にしていただけることが多いはずです。

例えば、日本でも近年離婚が増えているといいますが、そこに行き着くまでに、当事者同士がそれに気づいているかいないかはともかく、「ブラックメール」を突きつけ合って、決定的な破綻へと進展してしまった例も少なくないものと思われます。

夫婦のあいだに亀裂が生まれる理由のひとつに、どちらかの「浮気」があることはよく知られていますが、そうした相手への信頼に対する深刻な裏切りに直面したときにも、きちんと対応することで破局を回避できる具体的な方法が提示されています。

人はなぜ大切な人に「ブラックメール」を突きつけるのか、著者はその根底に幼いころからの育てられ方が原因の「心的外傷」がある場合が多いことを認めたうえで、いたずらに過去にこだわるのではなく、現在の時点でできることがある、それによって健全な人間関係が取り戻せることが多いといいます。そうした現実的な視点こそ、この本の最大の特徴だと思います。

それにしても、この本を訳しながらあらためて感じたのは、人間関係に生じた問題を解決しようとするときのアメリカ人の積極性でした。もともと彼らの精神分析やセラピー好きは定評のあるところですが、こんなふうに専門家の助けを借りながら積極的に問題と対処することによって、多くの人間関係が救えるとしたら、私たち日本人も彼らに学ぶべきことはたくさんあるように思います。

日本人はいまだに個人的な問題や悩みを専門家に相談することをいさぎよしとしない面があるようですが、気軽に相談できる態勢がまだ十分に整っていないというのもその理由のひとつでしょう。しかし、人と人とのコミュニケーションが難しくなっていると言われるいま、専門家の助けを必要とする人はますます増えているはずです。そんなときに、それぞれが自分の抱える問題の根を知り、そこから積極的な一歩を踏み出すために、まずこの本を役立てていただけるなら、訳者としてこれにまさる喜びはありません。

亀井よし子

本書は『ブラックメール——他人に心をあやつられない方法』
（ＮＨＫ出版／一九九八年五月）の新装改訂版です。

■著者紹介

スーザン・フォワード（Susan Forward）

意欲的に講演、著作活動をするセラピストとして国際的に注目されている。南カリフォルニアを中心に医療機関のコンサルタント、グループセラピスト、インストラクターを務める傍ら、アメリカABCラジオのリスナー参加番組のホストとして活躍する。主な著書に『毒になる親』（講談社）、『毒になる姑』（毎日新聞社）、『男の嘘』（TBSブリタニカ）、『その恋を捨てる勇気がありますか』（早稲田出版）、『ジェットコースター・ロマンス』（メディアファクトリー、全米200万部ベストセラー）がある。

■訳者紹介

亀井よし子（かめい・よしこ）

翻訳家。主な訳書に『空のおくりもの――雲をつむぐ少年のお話』（ブロンズ新社）、『みんなのためのルールブック――あたりまえだけど、とても大切なこと』（草思社）、『人類、月に立つ（上・下）』（NHK出版）、『我が父サリンジャー』（新潮社）、『アトミック・ハーベスト』（小学館）、『ブリジット・ジョーンズの日記』（ヴィレッジブックス）など、フィクションからノンフィションまで多数。

2012年 7 月 5 日 初版第 1 刷発行
2018年 5 月 1 日　　第 2 刷発行

フェニックスシリーズ ①

となりの脅《きょう》迫《はく》者《しゃ》
――家族・恋人・友人・上司の言いなりをやめる方法

著　者　スーザン・フォワード
訳　者　亀井よし子
発行者　後藤康徳
発行所　パンローリング株式会社
〒 160-0023　東京都新宿区西新宿 7-9-18-6F
TEL 03-5386-7391　FAX 03-5386-7393
http://www.panrolling.com/
E-mail　info@panrolling.com
装　丁　パンローリング装丁室
印刷・製本　株式会社シナノ

ISBN978-4-7759-4103-4

好評発売中

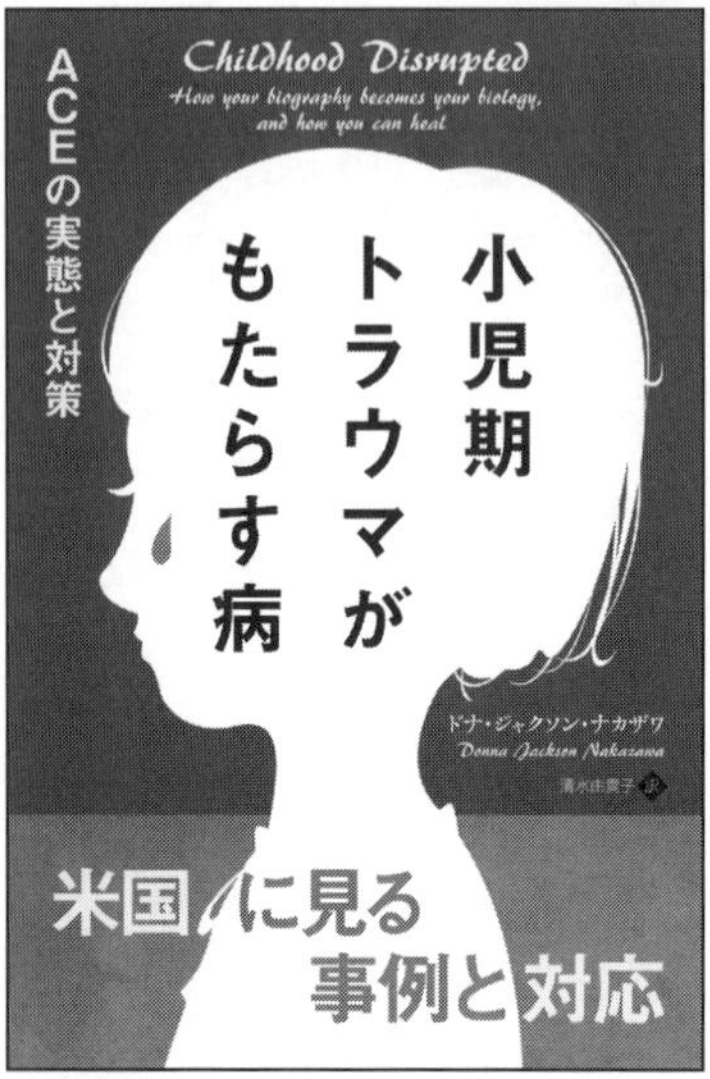

小児期トラウマがもたらす病

ACEの実態と対策

ドナ・ジャクソン・ナカザワ【著】
ISBN 9784775941935　328ページ
定価：本体 2,000円＋税

ACE＝逆境的小児期体験、理解に向けた1冊

小児期のストレスと成人後の身体・精神疾患発症の相関関係を調べる ACE（Adverse Childhood Experiences：逆境的小児期体験）研究。本書では、トラウマ克服の体験談を交え、脳をリセットし、愛する子どもを救う道筋が示される。

【新装版】オプティミストはなぜ成功するか

マーティン・セリグマン【著】
ISBN 9784775941102　384ページ
定価：本体 1,300円＋税

前向き（オプティミスト）＝成功を科学的に証明したポジティブ心理学の原点

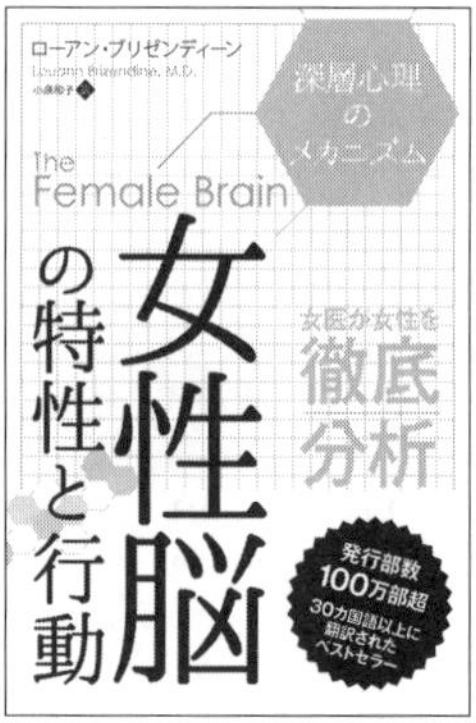

女性脳の特性と行動

ローアン・ブリゼンディーン【著】
ISBN 9784775941904　280ページ
定価：本体 1,600円＋税

なぜ女性はよくしゃべる？女医が女性を徹底分析